本丛书为北京市属高等学校科学技术与研究生教育创新工程
与北京市重点建设学科民商法学项目建设成果

商法研究

2015年卷

Studies on
Commercial Law

吕来明◎主编

学术顾问：（以姓氏笔画为序）
　　　　　王家福　石少侠　刘俊海
　　　　　李仁玉　赵旭东
执行主编： 董　彪

中国政法大学出版社

2016·北京

承蒙学界同仁的关注与支持，《商法研究》2015 年卷得以面世。2015 年卷继续以弘扬商法理念、反映商法实践成果、促进商法理论研究为宗旨。设置包括商事制度改革研究、热点问题评论、疑案探究、商事组织法、商事投资法、金融法专论、域外商法、电子商务立法研究、调研报告等栏目。

"十二五规划"与"十三五规划"交替之际的商法研究呈现出薪火相承、与时俱进、求真务实、开拓创新等多重特征。一方面，在全面推进依法治国战略、建设法治中国的目标下，继续深化商事制度改革，探索法治化、国际化营商环境建设。商事法律理论与制度研究趋于视角多元化、方法多样化、对策建议精细化。另一方面，顺应时代发展与制度创新的要求，与互联网以及金融服务模式创新相关的商事法律理论和制度研究成为新的研究热点。《商法研究》2015 年卷主要围绕上述问题进行讨论。

取消最低注册资本制后如何深入推进工商注册制度改革，保障债权人的利益，重建企业信用体系？商事制度改革研究部分，关注公司资本制改革后，企业信用体系的建构、市场监管、法律规范适用及实施效果等。吕来明教授从监管视角下的信用治理与信息公示、权利视角下的商业信用权保护、交易行为视角下的信用提供等三个方面对企业信用建设进行了深入研究并提出了建设性意见。熊英教授等提出了工商注册变化后构建新型市场监督机制的建议。白慧林副教授就公司资本制度改革背景下抽逃资本禁止性规范的司法适用问题进行了研究。况旭处长等对北京市注册资本登记制度改革的背景、现状以及未来发展趋势进行了分析。曹稷对央企改革的必要性以及借力资本市场助力央企改革进行了探讨。

热点问题评论部分，李仁玉教授等结合案例对优先购买权制度进行研究，并就商事拍卖中优先购买权的实现提出了独到的见解。张保红教授认为商法公法性之说法有待商榷。刘素芳律师分析了隐名股东的法律风险，并提出了防范风险的对策建议。陈凤芝副教授等就非法添加及滥用食品添加剂问题进行研究。张倩如等对新修订的《食品安全法》进行解读。

疑案探究部分，周楠等针对司法实践中存在的矛盾判决，就机动车责任保险中车上人员与第三人之间身份转化问题进行了探讨。

商事组织法部分，姚栋律师从内部控制的角度研究了公司治理问题。李可书律师分析了小微企业职工监事制度中存在的问题并提出对策建议。张世君副教授等对宗教组织法人化路径进行了新思考。张凌云博士在对公司裁判和破产裁判进行比较的基础上，研究了破产审判职权主义的裁判思维。

商事投资法部分，刘弓强副教授利用动态分析的方法研究了企业国际投资环境。

金融法专论部分，李洹法官通过类型化方法对股指期货风险法律控制问题进行研究。张龙副教授等以光大"乌龙指"事件为例，对证券市场异常交易的法律规制进行了研究。张星律师对私募股权基金治理结构进行了分析。王亦平教授对民间借贷法律边界的认定标准进行了阐释。刘影副教授等界定了内幕交易行为并提出了监管建议。侯雪梅副教授探讨了动产融资租赁登记问题。董彪副教授等就股权信托制度设计问题进行思考并提出完善建议。

域外商法部分，丁铭澈博士以中国经理和韩国执行官的引进和发展为中心对中韩公司法制度进行了比较研究。刘筼筼教授等对欧盟婴幼儿食品法规标准进行了介绍和比较研究。

随着互联网的推广应用和普及，电子商务深刻影响社会生活。2015年全国人大财经委已经完成电子商务法草案的起草工作。《商法研究》2015年卷将电子商务立法研究独立设为一栏，以示关注。史紫伟对电子商务立法的定位进行了思考。崔佳慧对电子商务中经营主体的商事登记制度进行了研究。刘慧芹关注电子商务向社交平台领域拓展出现的微商现象，就建立微商诚信机制提出了建议。

调研报告部分，刊登了贺明星等就城市公共空间商业化利用现状及法律问题进行社会调查和分析形成的报告。

2015年，《商法研究》文丛主编徐学鹿教授和学术顾问王保树教授相继辞世。对他们的离去,《商法研究》文丛编辑部深感惋惜与哀悼。感谢两位教授为我国法学研究、教育以及法治建设做出的杰出贡献。

　　本丛书由北京工商大学法学院和商法研究所主办。中国政法大学出版社魏星编辑对本卷出版给予了大力支持,在此表示感谢!

《商法研究》编辑部

2015 年 12 月

CONTENTS 目录

■ 疑案探究

■ 商事组织法

■ 商事投资法

■ 金融法专论

■ **域外商法**

■ **电子商务立法研究**

■ **调研报告**

商事制度改革研究

论企业信用的三个视角及其法律调整

吕来明[*]

一、信用的内涵及相互关系

信用有不同角度的含义，一是道德范畴的概念，主要指遵守诺言，实践成约，从而取得别人对他人的信任，[1]主要是一种道德评价范畴，它以人们的道德观念作为内在动力，依靠舆论和道德力量来维系。讲信用给信用主体带来的利益也主要是道德方面的，包括在一定社会群体关系中所获得的声誉、威信、尊重和融洽的交往关系等等。从长远角度来看，讲信用更容易得到经济帮助和交易机会，也会给信用主体带来相应的经济利益。信用的第二个含义主要是商业能力的评价，美国《布莱克法律辞典》阐述的信用的基本含义中其中之一主要指商家或个人贷款或取得货物的"能力"。此种意义上的信用也是一种经济上的信赖，来源于债权人对对方当事人的评价。[2]信用所涉及

   * 吕来明，北京工商大学法学院教授。

   〔1〕 中国社会科学院语言研究所词典编辑室编：《现代汉语词典》（第五版），商务印书馆2005年版，第1520页。
   〔2〕 张俊浩主编：《民法学原理》（修订第三版），中国政法大学出版社2000年版，第158页。吴汉东：《无形财产权基本问题研究》，中国人民大学出版社2013年版，第471页。杨立新：《人格权法》，人民法院出版社2009年版，第348页。

的法律关系主体的能力，不是一般性、综合性的经济能力，而是专指以偿债能力为主要内容的特殊经济能力。这种能力与法律关系主体的政治态度和一般道德品质不同，也与其生产经营能力、服务态度、人事或人际关系等其他经济能力无关，是一种经济上非即时交易情况下债权人对债务人的信赖评价。信用的第三个含义是一定期限的远期履行债务的方案，指债权人向债务人提供延期支付或承担债务且缓期偿还的一种交易。信用与赊购、信贷等交易活动有关，是当事人之间非即时交易的形态。[1]

以上三个角度的信用含义既有区别又有相互作用、相互影响的联系。从商人角度观察，信用实质上就是商业信用，其内涵的核心是偿债能力。商业信用是商事主体所具有的特定经济能力、履约能力在社会上获得的相应的信赖和评价，它以交易对方建立信用关系时的信赖要求能力为基础，包括主体的生产能力、偿付债务能力、履约率等历史和现实状况等，与主体的产品质量、服务态度、人事或人际关系等其它商誉性的经济能力无关。但是，社会对商事主体的经济评价固然是以偿债能力为主要标准的，然而如果一个经营者虽然具有经济实力，但其不能信守承诺，实质上不能履行合同，这就对其偿债能力的评价产生消极影响。因此，商业信用可以理解为商事主体在商事经营活动中形成的，以资产为基础，以偿债能力为核心，以守信履约为外在表现形式的社会信赖度。

在现代社会中，借用先进的交易手段，交易的机会、范围、对象大大增加，呈现出经济交往的全球化趋势，信用对于商业实践的作用范围和方式也发生了变化，仅仅依靠道德的制约难以实现其功能，需要建立与之相适应的信用法律制度，减少交易风险，保证交易顺畅。上述三个不同层面上的信用含义，需要不同的法律制度予以规范、调整。

二、监管视角下的信用治理与信息公示

（一）信用监管的原则

第一个层面上信用的含义的核心是信守承诺、诚信，其适用范围不仅仅限于商业信用，主要属于道德规制的范畴。但是，就商事主体而言，第一个层面意义上的信用仍然属于自身商业信用的有机组成部分。因为商业信用的

---

〔1〕 前引《现代汉语词典》第15、20页。

取得依赖于主体是否按期履行义务以及兑现承诺的能力。商业信用不是自然产生的，它必须通过长时期的积极作为来体现。在商事领域，讲求信用的商主体会获得更多的交易机会，而信用不好的商主体则会丧失很多交易机会。商主体为了得到良好的信用评价，在交易过程中，就会相互守信，按约定履行合同。监管层面意义上的信用治理主要就是对监管对象在信守承诺、诚信状态等方面的信用状况进行披露、评价、规范、引导等监督管理活动，即信用监管。

2013 年以来我国实行了注册资本认缴登记制，取消了法定最低注册资本制，公司股东（发起人）应当对其认缴出资额、出资方式、出资期限等自主约定，并记载于公司章程。公司设立取消了验资程序，过程监管方面取消了年检制度。《公司法》也进行了相应的修改。上述制度变革进一步放松了对市场主体准入的管制，降低了准入门槛，优化了营商环境。在此情形下，企业及其投资者的诚信状况对于保障债权人和社会公众利益而言更加重要，对于企业信守承诺、诚信交易的治理，不仅仅需要原则性的引导，更需要用一种能够量化的可操作的标准或方式来规制，单纯依靠道德约束不足以完成这一任务，需要在法律规则层面上改变原有的市场主体监管方式，加强信用监管。信用监管是多元的，应通过政府、行业、社会、市场共同协作完成，而信用监管的主要优势在于通过信息透明、开放、流动而发挥作用。这里的开放包括三个层面：一是各个监管部门，对于各有关部门在监管中收集的信息进行互通共享，避免信息屏蔽和不对称，实现监管信息资源的互通共享；二是监管部门、公共服务机构、行业协会等将其掌握的信用信息相互开放，根据各自的权限，进行联动监管；三是在法律法规范围内，将市场主体的基本信息、良好信用信息、不良信用信息，以公示、查询等方式，向社会公众予以披露。政府、市场、行业不同的监管机构，其监管的角度不同。作为政府监督管理部门，其对企业信用监管是有限度的，主要管理违反社会经济公共秩序中的企业失信行为，即只对企业失信违法行为进行监管。而对于具体的履约信用，如拖欠货款、一般性违约等，只要不属于欺诈性质，没有侵害公共行政管理秩序，则属于民事权益争议，监督管理部门可以进行行政指导，不具备直接管理职能。对于开展个性化的企业信用评价，监督管理部门是信息提供者和监管者，而不是参与者，即应由中介组织或公共服务机构进行评价，以市场评价为主，监管部门只向其提供本部门信息并对其评价行为依法监管，不是直接从事评价。

（二）企业信用监管的实现途径及信息公示的主要内容

信用是通过相关信息为人们所了解和评价的，信用监管的前提是信息公开，因此信息公示是实现信用监管的基本途径。现代社会中技术的发展和商业模式的创新使得交易形态、规模、地域等发生了巨大变化，信息的公开不仅仅需要向交易相对方公开，而且需要向社会公开才能够产生信用治理的效果，这就需要建立以网络信息技术为依托的信息公示系统予以实现。2014年8月23日国务院公布的《企业信息公示条例》确立了企业信息公示及信用监管的基本制度，根据这一制度建立的全国企业信息公示系统也开始运行。企业信用信息都将通过企业信用信息公示系统向社会公示。

《条例》建立的一整套企业信息公示及监管制度，无疑是对政府传统监管方式方法的一次重大革新，成为了在传统监管基础上的"第三维度"监管。[1]第一，规定了企业应当自主申报公示信息的义务和政府部门的信息公示义务。企业不但要公示年度报告信息和其他信息，还要公示其受到政府部门处罚的信息。这一规定对于身在竞争激烈的市场环境中的企业来说，对其主动申报公示信息的自觉性要求无疑是十分严格的。如果不给予严厉监管，信息瞒报、信息欺骗等行为有可能泛滥而一发不可收拾。这就需要通过法律手段来保障企业自觉履行公示义务。由企业通过政府部门搭建的信息公示平台，自主申报公示信息，并对其信息申报公示行为加以监管，可以加强企业本身的自律，保证信息的真实可信，也为生意合作伙伴及时了解企业经营状况，保障双方交易安全，促进市场公平竞争起到关键性作用。[2]《条例》规定的承担企业信息公示义务的主体包括企业和政府两类。企业应当承担通过信息信用公示系统进行年度报告的义务和临时信息报告义务。企业年度报告公示制度是指企业应当于每年1月1日至6月30日，通过企业信用信息公示系统向工商行政管理部门报送上一年度年度报告，并向社会公示。年度报告内容包括：①企业通信地址、邮政编码、联系电话、电子邮箱等信息；②企业开业、歇业、清算等存续状态信息；③企业投资设立企业、购买股权信息；④企业为

---

[1] 吕来明："信息监管是政府监管市场主体的'第三维度'——《企业信息公示暂行条例》解答三"，载中央政府门户网站 www.gov.cn，2014年8月27日访问。

[2] 赵旭东："确立企业信息公示制度是中国社会信用体系建设的里程碑——《企业信息公示暂行条例》解答一"，载中央政府门户网站 www.gov.cn，2014年8月27日访问。

有限责任公司或者股份有限公司的，其股东或者发起人认缴和实缴的出资额、出资时间、出资方式等信息；⑤有限责任公司股东股权转让等股权变更信息；⑥企业网站以及从事网络经营的网店的名称、网址等信息；⑦企业从业人数、资产总额、负债总额、对外提供保证担保、所有者权益合计、营业总收入、主营业务收入、利润总额、净利润、纳税总额信息。第一项至第六项规定的信息应当向社会公示，第七项规定的信息由企业选择是否向社会公示。企业临时信息公开义务是指企业在某些信息形成之日起二十个工作日内通过企业信用信息公示系统向社会公示的一种义务。包括：①有限责任公司股东或者股份有限公司发起人认缴和实缴的出资额、出资时间、出资方式等信息；②有限责任公司股东股权转让等股权变更信息；③行政许可取得、变更、延续信息；④知识产权出质登记信息；⑤受到行政处罚的信息；⑥其他依法应当公示的信息。政府管理部门承担的信息公示义务主要如下：工商行政管理部门应当自以下信息产生之日起20个工作日内予以公示：注册登记、备案信息；动产抵押登记信息；股权出质登记信息；行政处罚信息以及其他依法应当公示的信息。工商行政管理部门以外的其他政府部门（以下简称其他政府部门）应当公示其在履行职责过程中产生的下列企业信息：①行政许可准予、变更、延续信息；②行政处罚信息；③其他依法应当公示的信息。其他政府部门可以通过企业信用信息公示系统，也可以通过其他系统公示前款规定的企业信息。工商行政管理部门和其他政府部门应当按照国家社会信用信息平台建设的总体要求，实现企业信息的互联共享。第二，作出了政府部门要对企业公示信息情况进行抽查，以及对社会公众举报公示信息存在隐瞒真实情况进行处理的规定。《条例》建立了完善的信息监管制度，包括抽查制度、举报制度等。《条例》规定工商行政管理部门可以采取书面检查、实地核查、网络监测等方式，对企业公示的信息依法开展抽查或者根据举报进行核查。第三，规定了经营异常名录制度、严重违法企业名单制度、企业信用联动惩戒制度等。"异名录"制度是指企业未按照条例规定的期限公示年度报告或者未按照工商行政管理部门责令的期限公示有关企业信息的，或者企业公示信息隐瞒真实情况、弄虚作假的，由工商行政管理部门列入经营异常名录，通过企业信用信息公示系统向社会公示，提醒其履行公示义务。严重违法企业名单制度是指企业被列入经营异常名录的事由自列入之日起届满3年仍未消失的，工商部门将其列入严重违法企业名单的一种约束性制度。严重违法企业名单与企业经营异常名录是不同的两个概念，前者要更严重一些，并且以后者为前提。在后果上也有所不同，被列入严重违法企业名单的企业的法定代表人、负责人，3年内不得担任其他企业的法定代表人、负责人，对于"异名录"企业则没有该项规定。政府及其有关部门在政府采购、工程招投标、国有土地出让、授予荣誉称号等工作中对被列入经营异常名录的企业依法予以限制或者禁入的联动方式来进行规制，实行"一处失信、处处受限"，发挥信用监管特有的作用。

（三）注册资本认缴制下公司信息公示内容的完善建议

注册资本认缴制扩展了公司自治的范围，降低了投资门槛，有利于鼓励创业。但是，当公司资本认缴和实缴差额较大、分期缴纳时间较长的情况下，公司的债务履行能力和资本实缴情况也存在着一定的关联性。由于认缴制的目的不是为了限制公司的经营活动，因此公司的经营活动的规模、频率与认缴和实缴的比例、时间间隔没有关系，这样在分期缴纳时间较长、某一时点认缴与实缴数额相差较大的情况下，对于同一个公司而言，其违约的可能性或者未清偿到期债务的可能性增大。而这又与其它债权人、消费者、潜在投资者的利益密切相关。目前条例规定股东或者发起人认缴和实缴的出资额、出资时间、出资方式等信息为必须公示的信息，但企业负债情况则是自由公示的信息。笔者认为，对于封闭性公司而言，其企业负债情况虽然在一般意义上可以归于自由公开的信息之列。但是，如果一个企业不履行生效判决和裁定确定的债务，则不是一般意义上的债务情况，而是法律文书确定的失信的表现，而且由于判决是公开的，仲裁裁决虽然可以不公开，但仲裁裁决的司法执行也应当是公开的，从这个意义上讲，不履行司法、仲裁文书确定的债务不得以此种债务属于商业秘密为由，拒绝履行信息公示义务。建议把"未履行人民法院或仲裁机构生效法律文书确定的债务的数量"列入企业必须公示的内容。此外，股东认缴出资以后，不履行认缴义务，除了公司公示实缴情况外，建议在企业信息公示系统中纳入失信股东名录，将未按期缴纳的股东予以公示。

三、权利视角下的商业信用权保护

（一）保护的对象与方式

如前所述，作为以偿债能力为核心的商业能力评价意义上的信用，是一种参与经济活动能力的评价。这种能力与法律关系主体的政治态度和一般道德品质不同，是一种经济上对非即时交易情况下债权人对债务人的信赖评价。与名誉、商誉等并不完全相同，此种意义上的信用是具有量化评价指标和特定经济利益的信用，是商事主体在商事经营活动中形成的，以资产为基础，以偿债能力为核心，以守信履约为外在表现的社会信赖度。这种信赖度可以通过信用等级评价等方法予以量化，信用等级不同，给企业带来的潜在利益和市场机会不同，因此，等级高的或良好的信用评价，是企业的一种利益。

对于信用权的保护，各国在立法例上可以分为两种类型：一种情况是不承认信用权为一种独立权利的国家。在这些国家法律当中，信用不是一种独立的权利，只是法律保护的一种法益，从而规定在其他部门法中。另一种情况则是承认信用权为一种独立民事权利的国家。在这些国家的法律当中，信用被视为一种权利，法律对其予以保护。对侵害信用权的行为，直接确认其侵权民事责任。具体说来，就是规定信用权为一项独立的民事权利，把它从其他权利中分离出来，同时还明确规定了侵犯信用权的法律后果。采取直接方式保护信用权的国家以德国为代表。[1]从我国的立法现状来看，我国对商业信用利益的法律保护采取的是间接保护的方式。即以法人名誉权保护为基础的对市场经营者的商业信誉、商品声誉予以保护。在实践中的主要依据就是《反不正当竞争法》第14条。然而，这种信用权的保护方式具有很大的片面性，无法满足我国市场经济发展中对信用利益保护的要求。第一，商业信用利益本质上是一种财产利益，传统民法理论中的信用权是作为一种人格权予以出现的。其核心涵义是人的信誉、守信，与现代社会中作为偿债能力意义上的商业信用基本涵义不同。因此传统民法理论中信用权保护制度不能套用到此处用于保护以偿债能力为核心的商业信用评价结果所产生的利益。第二，商誉与偿债能力意义上的商业信用虽同为社会评价，但二者的具体内容和本质还是有根本不同的。前者是一种声誉的综合评价，包含一定的褒扬或贬损内容、肯定或否定意向等。而后者则是一种履约能力的中性评价或判断，

---

〔1〕《德国民法典》第824条（信用的危害）第1款规定："违背实情，声言或传播适于危害他人的信用或造成对他人职业或发展的其他不利益的情况的人，虽不知道不真实性，但应当知道的，也必须向该他人赔偿因此而发生的损害"。《德国民法典》，陈卫佐译注，法律出版社2006年版。在德国法中，信用权设立的目的涉及两个方面，即在于保护职业利益和交易利益。胡大武："信用权涵义的历史诠释——从比较法和历史演进的角度"，载《贵州师范大学学报》2008年第4期。

一般不包含道德判断。例如公司因不可抗力导致厂房毁损，将导致其信用评价等级或履约能力评价下降，但并不直接指向其商业声誉。因此，不能用商誉的保护制度代替或包括商业信用利益的保护，而应当把履约能力评价意义上的商业信用作为一种单独权利加以保护，即确立商业信用权保护制度。此种意义上的商业信用权是商事主体在进行商事活动中基于自身的经济评价与公众对其的信赖而获取利益的一种权利。

（二）侵权形式

商业信用权是商事主体在进行商事活动中基于自身的经济评价与公众对其的信赖而获取利益的一种权利。那么，一旦商业信用权被侵害，社会对权利主体的经济评价和信赖就会降低或受到贬损，从而给权利主体带来不利益，其主要表现是该权利主体相关的信用等级或评价的降低，随之而来的便是基于商业信用受损的负面影响而失去许多的交易机会，从而给权利人造成经济上的重大不利益。因他人的行为导致商业信用受损的情形有下列两类。

1. 因侵权导致他人商业信用受损害。根据侵权行为人实施的是直接损害特定主体的商业信用、侵害商业信用利益的行为，还是通过其他手段间接侵害了特定主体的商业信用，可以把侵害商业信用权的行为划分为直接侵害商业信用利益的行为和间接侵害商业信用利益的行为。直接侵害商业信用利益的行为就是侵权行为人直接针对他人的资产状况或守信履约能力采取捏造、散布虚假事实的形式，损害他人商业信用的利益的行为。直接侵害商业信用利益的行为有两种表现形式：一是加害方以作为的方式散布有关竞争对手商业信用的行为。其行为的表现形式为发布可能引起一般社会公众对该企业商业信赖度下降的言论，[1]该行为在客观上表现为行为人捏造、散布虚假事实，导致社会对他人的资产状况评价降低。虚假事实的捏造既可能是无中生有，也可能是对真实情况的歪曲；既可能是全部捏造，也可能是部分捏造。既可以是针对企业本身，也可以是针对对外代表该企业的公民，如某企业的法定代表人等。前者比如，甲企业捏造乙企业亏损严重，导致一般社会公众对乙企业的信赖度急剧下降。虚假事实的散布则是将捏造的虚假事实予以传播，既包括行为人将自己捏造的虚假事实予以传播；也包括行为人听到传言后，明知该传言传播的是虚假事实，仍将不利于竞争对手的虚假事实再度传

---

〔1〕 卢亮："信用与信用权刍议——从两个典型案例谈起"，载《金融法苑》2015年第1期。

播给他人。间接侵害商业信用行为是指侵权行为人故意或者过失导致他人财产受损，间接影响其资产状况，从而导致他人商业信用评价降低的行为。因为商业信用是以资产为基础、以偿债能力为核心的，行为人虽然没有直接损害他人商业信用的故意，但如果行为人给他人造成重大财产损失，使其资产明显减少、偿债能力下降，则客观上将导致他人商业信用等级的下降，从而间接损害了其商业信用。

2. 违约导致商业信用受损害。虽然商业信用主要是以偿债能力评价为核心，但是同时也以守信履约为表现形式，在资产偿债能力不变的情况下，如果一个企业出现不履约的行为，也会导致社会对其商业信用水平评价的下降。而如果一个企业违约，导致相对方不能履行其与第三人的合同，造成相对方对第三人连环违约，就可能会出现因违约导致他人商业信用受损的情形。例如，甲公司与乙公司合作，经营某种艺术品加工。合同约定，甲公司向银行贷款，乙公司负责经营。经营所得先偿还银行贷款后按照各自50%的比例分配。合同签订后，甲公司从银行贷款50万，用于此项目。乙公司经营过程中，违反合同约定，将所得款项投资用于其它用途，没有先用于偿还甲公司向银行所借的款项。导致甲公司没有能够及时向银行还款，形成甲公司对银行的违约，银行根据这一事实，在信用等级评价上，将甲公司的信用等级降低两个等级，增加了甲公司以后融资的条件，使甲公司后来难以再向该银行融资。

（三）侵害商业信用承担民事责任的要件

1. 归责原则。既然此处所指的商业信用是指偿债能力评价。那么对此种信用利益的损害，既可能是恶意为之，也可能是过失形成。侵权行为人主观过错中是故意还是过失，不应成为侵害商业信用权行为是否构成的区别性要件。但是，若行为人无过错时，则根据侵权责任法的一般原则，应实行过错责任原则。

2. 特定的行为。首先，损害商业信用权的行为，必须是一种违法行为。如果基于合法的事由或根据，导致他人商业信用受损害，则不存在承担责任的问题，例如强制执行、提起诉讼、揭露违法行为等。其次，并非所有的违法行为都将导致承担侵害商业信用权的责任，而是特定的一些损害商业信用利益的行为才承担此种责任。第一，直接侵害他人商业信用利益的行为，其行为指向的对象以及行为动机都是他人商业信用利益，自然应当根据商业信用权保护制度，承担侵害商业信用权的责任。第二，间接损害他人商业信用利益的行为，虽然客观导致了他人商业信用的下降，但由于此种行为侵害的直接对象也为法律所保护，通常属于其他权利保护制度规制的内容，行为人往往要根据相应的制度承担责任，无需再次承担侵害商业信用权的责任。

3. 违约侵害他人商业信用利益的行为。违约本身应承担违约责任。问题是，违约责任的范围是否包括商业利益受损害形成的损失。笔者认为，应当根据合同法中的违约方可预见规则处理。

4. 损害事实。侵害信用权的损害事实，是侵害信用权行为作用于社会，而导致公众对特定主体经济能力的信赖毁损和社会经济评价的降低的事实。由于商业信用是社会经济评价与信赖，具有直接的经济利益因素，因而商业信用利益的损害一般会带来财产利益的损失，尤其对经营者而言，更为明显。但是，商业信用权保护的目的是把这种信用利益本身作为一种权利加以保护，因此，受害方只要证明造成企业信用评价或履约能力评价本身的降低或信赖度降低即可，而无需证明由此导致其他财产或相关利益的损害。后者只是确定赔偿数额的参考依据，而不应当是构成信用利益损害的必要条件。

（四）赔偿责任问题

权利主体的商业信用权受到损害后，行为人承担何种程度的赔偿责任，是需要明确的问题。

对于侵权导致他人信用评价降低的情形而言，侵害他人商业信用利益，存在两种情形，一是仅仅造成了信用等级评价或履约能力评价的降低，并没有造成其它的损失。二是不仅造成了信用等级或履约能力评价的降低，而且造成了经济上的不利后果，产生了具体的损失，例如企业的产品市场份额短期内明显下降，企业失去现实的缔约机会等。笔者认为，在第一种情形，侵权人若采取其它补救措施能够恢复其商业信用评价的，赔偿损失的范围应以适当补偿直接损失为原则。主要是权利主体因为信用权被侵害而为了恢复信用进行弥补所支出的费用的损失。因为信用评价毕竟是一种动态的利益，在实际损失未产生前已经恢复信用评价的，不影响权利人的利益。在第二种情形，行为人应赔偿两个方面的损失：一是权利主体为恢复信用而支出费用成本；二是因信用权被侵害而遭受的短期内可明确估算的经营损失。如企业的产品市场份额短期内明显下降，企业失去现实的缔约机会等。确定赔偿权利主体直接损失的标准主要是以经营者的实际经营损失来确定侵权人的赔偿数额，经营者经营损失难以估算的，应确定一个法定的最低赔偿额。

四、交易行为视角下的信用提供

第三个层面意义上的信用指以偿还为条件的价值的暂时让渡，表现形式为商品赊销或货币资金的借贷，任何债权债务关系都是以信用为基础的。在商业交易中，信用无处不在，通常表现为出于对对方能够履行合同的信任而先期付款或先期提供商品或服务。在远距离、长时间的交易中，信用的作用愈益显著。

交易双方提供一定的信用应遵循意思自治原则，法律不必过多干预。具体的规则在以《合同法》为核心的法律制度中已经有比较具体的规定，在此不作赘述。需要说明的有两点，一是在交易活动中信用提供方面，除担保制度外，应当鼓励发挥信用保险和保证保险的功能，以分散远期交易的风险。二是对于一些特定的交易形态，如各类金融业务等，信用的提供应当符合特别法的规定。

工商注册便利化后新型市场监管机制的构建

熊　英　高建州*

2013 年 11 月 15 日中共十八届三中全会通过《中共中央关于全面深化改革若干重大问题的决定》，其中要求，推进工商注册制度便利化，削减资质认定项目，由先证后照改为先照后证，把注册资本实缴登记制逐步改为认缴登记制。之后，2014 年 2 月 7 日国务院发布《注册资本登记制度改革方案》。[1] 据此，工商部门放宽了注册资本登记条件，将注册资本实缴制改为认缴制，简化了登记事项和登记文件。2014 年 3 月 1 日新《公司法》实施，[2]注册资本登记制度改革也有了明确的公司法律依据。

工商注册制度便利化后，显现出了一些积极效应，如"从全国范围看，注册资本登记制度改革取得了重要的阶段性成果：一是激发了市场活力、创业动力和社会创造力，特别是激发了民间投资创业的热情，促进了产业结构的调整。二是工商注册便利化的步伐大大加快，各地普遍缩短了办事时间，优化了办事流程，节约了企业办事成本。三是对促进就业做出了显著贡献。"[3]

与此同时，也出现了一些负面的问题，例如，当事人进行工商登记时提

---

　* 熊英，北京工商大学法学院教授；高建州，北京市丰台区工商局法制科副主任科员。

　〔1〕 国务院关于印发注册资本登记制度改革方案的通知（国发〔2014〕7 号）。

　〔2〕 2013 年 12 月 28 日十二届全国人大常委会第六次会议审议并通过了公司法修正案草案，修改了现行公司法的 12 个条款。对公司法所做的修改，自 2014 年 3 月 1 日起施行。《中华人民共和国公司法》12 处修改：（一）删去第 7 条第 2 款中的"实收资本"。（二）将第 23 条第 2 项修改为："（二）有符合公司章程规定的全体股东认缴的出资额"。（三）将第 26 条修改为："有限责任公司的注册资本为在公司登记机关登记的全体股东认缴的出资额"。

　〔3〕 "注册资本登记制度改革取得重要阶段性成果"，载河北省人民政府网 http://www.hebei.gov.cn/hebei/10730489/10757006/10757168/11600439/index.html，2015 年 1 月 22 日访问。

供的经营地址子虚乌有，[1]或者认缴资金虚高不到位等。必须承认，工商登记便利化之后，也会有一定的风险，面对风险必须采取一定的应对措施。

一、工商登记制度改革后面临的主要问题

（一）证照分离的风险

在"先证后照"制度下，创办一个企业不容易，先要到主要部门取得相关行政许可证，才能到工商部门申办营业执照。然而市场机会瞬息万变，也许在等待行政许可过程中，因为不具有市场经营资格，无法开展招工、洽谈、签约、贷款等活动，丧失一些市场机会。

而"先照后证"改革措施降低了市场主体的准入门槛，降低了公司的设立成本，不仅为企业省去来回跑腿办证的时间、精力和费用，还可让企业有机会提前进行广告宣传、合同签订、进货备货等前期准备工作。

但"证照分离"的改革也存在一定风险。例如，企业会不会只拿营业执照、不办项目许可证就开业"违法"经营？另一方面，从企业的角度而言，企业领取执照后花费了很多精力进行装修、租房、签订合同、贷款等前期准备工作，但最后没有获得行政许可，企业的前期准备工作和投资还有何意义？

（二）注册资金认缴制的风险

注册资本实缴制严格限制了没有资金到位的情况下申请成立公司进行市场活动，严格的市场准入，导致一些活动资金的被闲置。

工商注册便利化后，根据修改后的《公司法》规定，公司登记时注册资金由"实缴制"改为"认缴制"，全国企业申请量猛增。以杭州为例：2014年，杭州新设内资企业 52 894 户，同比增长 35.82%；新设外商投资企业 658户，新设企业总量为 53 552 户，加上通过"个转企"转型升级企业 12 756家，全年登记企业量达到 66 308 户，历史上首次超过当年个体工商户新登记总量 56 404 户。[2]

---

[1] 例如厦门市工商局与市邮政局邮政信函广告局签订了专门的服务协议，2014 年 4 月 17 日，用于住所核查的软件功能模块投入使用。截至 2014 年 8 月 14 日，共发起住所核查任务 1983 起，完成核查任务 856 条，确认 698 家商事主体通过住所无法联系，并有 157 家商事主体主动纠正了该违规行为。高金环、颜秋丽："用假地址开公司？一封信就能验出真假"，载《厦门晚报》2014 年 8 月 15 日。

[2] 胡德辉、赵文琼："杭州放低门槛企业登记量首破 30 万户"，载《市场导报》2015 年 1 月20 日。

注册资金认缴制也有一定的弊端，尤其是为少数不诚信者提供了虚假认缴的机会。而这些虚假认缴导致的是一种市场繁荣的假象，同时也会影响到市场交易行为的安全。以深圳为例：2014年深圳市市场和质量监管委在全国率先启动商事登记主体注册资本实缴备案抽查工作，凡2013年3月1日《深圳经济特区商事登记若干规定》实施后新设立并且于2014年6月30日之前已经办理了实收资本备案的有限责任公司均被列入注册资本实缴备案抽查工作的抽检范围。在对随机抽取的441家企业检查，结果显示，截至2014年6月30日，有深圳市圆环科技有限公司等211家商事主体注册资本实际缴付情况与实收资本备案不相符。[1]这一抽查结果显示了"注册资金认缴制"对企业登记带来的便利和相伴随虚假出资问题。

（三）"一址多照"的风险

所谓"一址多照"是指工商部门进行企业登记时只对申请人提交的材料进行形式审查，不审查申请人住所（经营场所）的用途和使用功能，允许"一址多照"突破以往一个地址只能登记一家市场主体的限制，既免去企业管理多个证照的麻烦，又有助于实现企业规模化发展，也为个体工商户、小微企业、大学生创业提供便利。

不过，"一址多照"的便利也会产生一定问题。例如，"一址多照"情况下的经营和纳税地址不一致问题，增加了税收管理风险。以深圳市为例，工商登记改革后前几个月，每月约有1万户商事主体未办理税务登记，新增税务登记户中约有10%至15%借用或盗用他人身份证。宝安区国税局对292户新增纳税人核查发现，256家企业存在注册地址不实等问题。[2]

二、美国、德国市场监管模式与借鉴

（一）美国模式

1. 健全的市场法制。美国虽然是判例法国家，但在市场规制方面，有着健全的法律体系和严密的法律条款对市场主体的行为进行约束和限制，并针对各种垄断和市场欺诈行为，成立了美国联邦贸易委员会（FTC），以《雷克

---

〔1〕 米燕："近半新登记商事主体 注册资本实缴与实收资本备案不相符"，载深圳南都网 http://gd.nandu.com/html/201501/15/1047462.html，2015年1月21日访问。

〔2〕 蔡岩红："防范一址多照纳税人虚开发票"，载法制网，2014年7月10日访问。

顿法》、《谢尔曼反垄断法》、《联邦贸易法》等为依据实施监管和处罚，[1]从而使所有企业都能在公平的市场环境中发挥潜力。与此同时，在执法方面也很严厉，特别是对大企业的垄断行为和侵害消费者权益的行为，罚款数额都很高。

2. 依法独立监管。在美国，地方政府与州政府、州政府与联邦政府之间均没有行政隶属关系，各级政府原则上都是自主治理单位，联邦政府、州政府、地方政府分别按照国家宪法、州宪法和相关法律赋予的权力行使监管职能。

各级政府部门制定的任何规章制度，都必须在法律框架内经过法定程序进行，这实质上就是限制政府部门的权力，保证政府部门依法行政。

3. 行业协会参与监管。行业协会在美国市场监管中扮演重要的角色。美国的行业协会不仅数量众多而且力量强大，在行业准入、行业标准制定、违背行业规范的惩罚等方面都发挥着非常重要的行业监督和行业自律的引导作用。[2]例如，曾有一位好莱坞明星因为被证实没有使用过所代理的广告中的美容品被罚款 50 万美元——因为广告协会有明文规定，做广告的名人必须是此产品的直接受益者和使用者。[3]

4. 公开透明监管。美国政府市场监管的重要方式就是公开透明。1966 年和 1976 年，美国先后制定了两部涉及知情权的重要法律《信息自由法》和《阳光下的政府法》。而且，美国公众能够参与和监督行政立法过程，体现出较高的立法透明度和公众参与度；美国政府的行政执法"以公开为原则，不公开为例外"，最大限度地保障公众的知情权。

（二）德国模式

1. 健全的市场法制。德国通过完善的法律进行市场监管。世界上第一部反不正当竞争法在 1896 年于德国诞生，该法至今已修订过若干次。之后德国相继于 1932 年制定《附赠法》，在 1933 年制定《折扣法》等。由于德国市场经济发育较为成熟和稳定，对市场竞争行为的细分更加完善，也就制定出了更为完善和操作性更强的针对市场竞争行为的监管法律。以侵犯商标权行为

〔1〕 李天夫："基层工商部门市场监管依法行政中的问题及对策——以 D 区工商局为例"，沈阳师范大学 2014 级硕士毕业论文。

〔2〕 孟楠楠："基层工商行政管理部门市场监管中的问题研究"，山东大学 2012 级硕士毕业论文。

〔3〕 程胜利："当代中国市场监管问题研究——以 WTO 为背景"，华中师范大学 2003 级硕士毕业论文。

为例：德国规定，对于一般的侵权行为的处罚是判决不超过 3 年的徒刑或者罚款。对于商业性的故意侵权行为，即以假冒为业的，可以判 3 至 5 年的徒刑或罚款。

2. 市场监管主体多元化。德国式的市场监管体制下，既有政府的主导作用，同时也积极利用行业组织的力量参与市场管理。具体来说，政府更侧重于经济政策和整个市场的调整，而行业组织则侧重于行业市场的管理。德国强调秩序性、一致性的社团主义，强调从公共利益出发协调解决争端，注重行业内企业之间协商的"自组织行为"，倾向于将社会关系与法律责任条文化。[1]

（三）美国德国监管模式借鉴

1. 法制化监管。美、德都十分重视市场监管的法律、法规的制定和完善，在市场准入、反垄断、保护消费者权益方面都制定有相应的法律法规，并力图形成完整的市场监管法律体系。这些法律法规覆盖面广泛、条文规定详细，操作性很强，最大限度地减少了自由裁量权，确保政府部门依法行政、有效监管。在管理过程中还注重程序的合法性，通过这种法律上和程序上的保障，使得市场监管行为既能有效运行，也能最大限度避免行政腐败。

2. 多元化监管。市场监管有效性的提高有赖于监管主体的种类及监管主体之间的组合和互动，政府推行的部门管理向行业管理改革和民间自律组织的成长为多元市场监管模式的构建奠定了基础。构建以政府为核心的多元监管体制，是政府协同各监管主体并同时对其它主体进行监管，最终形成政府、行业自律组织、消费者组织以及公民等多个监督主体共同协调运作的格局。[2]

3. 行业化监管。行业协会的行业自律是市场经济条件下规范和约束企业经营行为的重要机制。美国行业协会在市场监管中扮演重要的角色，行业协会不仅数量众多而且力量强大，这些组织分享着政府市场监管的职能，在行业准入、行业标准制定、违背行业规范的惩罚、行业竞争秩序的维护等方面都发挥着重要的监管作用。

三、我国市场监管机制的设想

针对工商登记制度改革可能出现的风险，结合我国的国情，借鉴美国、

---

〔1〕 卞靖："发达国家市场监管体系建设的发展历程、共同特征及相关启示"，载《当代经济管理》2015 年第 1 期。

〔2〕 蒋悟真："市场监管法治的法哲学省察"，载《法学》2013 年第 10 期。

德国的市场监管经验，提出以下监管思路。

（一）市场监管依据的法制化

我们应借鉴美、德经验，重视市场监管的法律、法规的制定和完善，在市场准入、反垄断、保护消费者权益方面制定或完善相应的法律法规，力图形成完整的市场监管法律体系。在管理过程中必须注重程序的合法性，通过这种法律上和程序上的保障，使得市场监管行为既能有效运行，也能最大限度避免行政腐败。

（二）市场监管阶段的全程化

国家工商总局原局长王众孚曾指出，加强对市场主体的全面监管，就是以市场主体的准入、存续和消亡为主线，以信用监管为重点。由侧重对市场主体准入行为的监管，向强化对市场主体准入行为、经营行为和退出行为全过程的监管转变。[1]通过全程化监管，将一些不符合要求或欺骗方式申请工商登记者拒之门外，依法处罚不当的市场经营行为，防止违法经营者注销后的轻易重返，以保护市场公平竞争秩序、市场交易安全和消费者的合法权益。

1. 市场准入监管。工商登记制度便利化后，进入市场的门槛降低，但宽进不等于是自由进入，仍然需要工商部门的审查与登记。

（1）形式审查与实质审查相结合。在一般情况下，工商部门在接到申请人的申请材料后，都是进行形式审查（即书面审查），如果书面材料齐全并且审查后没有发现问题，就依法登记。

但如果只是形式审查，有可能导致虚假申请被登记。因此，工商部门在进行形式审查的同时，有必要根据需要进行适当的实质审查。

首先，实质审查有明确的法律依据。根据《行政许可法》，实质审查是指行政机关不仅要对申请材料的形式要件进行审查，还要对申请材料的实质内容是否符合条件进行审查。《企业登记程序规定》第3条规定："企业登记机关依法对申请材料是否齐全、是否符合法定形式进行审查。根据法定条件和程序，需要对申请材料的实质内容进行核实的，依法进行核实。"该规定第11条规定："企业登记机关认为需要对申请材料的实质内容进行核实的，应当派两名以上工作人员，对申请材料予以核实。经核实后，提交'申请材料核实情况报告书'，根据核实情况做出是否准予登记的决定。"

---

[1] 王众孚："中国工商将强化对市场主体全程监管"，载《企业世界》2004年第2期。

其次，通过实质审查，可以发现并及时制止虚假申请。当然，实质审查的范围不能随意扩大，一般来说对已经获得前置审批的或微小企业、个体工商户等没有必要进行实质审查。但如果申请设立的企业规模较大或为生产型企业等，[1]工商登记部门可以选择性的进行实质审查；如果工商登记部门对申请材料的真实性、合法性有怀疑，或者申请材料有涂改，或者申请人资格有问题等等，工商登记部门有权要求进行实质审查。

（2）建立注册登记信息档案。企业信息公示是适应行政审批制度改革，实施"宽进严管"，加强事中事后监管的重要制度保障。因此，企业注册登记信息档案的建立是必须的。从形式上而言，工商登记信息档案不仅仅是纸质档案，还要同时建立电子档案，方便企业信息的网络公开，便于社会通过网络平台了解企业的基本信息。最为重要的是建立企业注册信息档案，也是为今后信用手段监管市场作准备。

2. 市场运行监管。企业进入市场的目的是为了通过市场经营活动获得利益。在市场运行过程中，企业的行为主要表现为两个方面：一是进行各种经营活动；二是为了自己的经营活动得到消费者的了解，进行广告宣传。

（1）对企业经营活动的监管。首先企业必须在其登记的经营范围内进行活动。在工商登记制度便利化之后，注册登记的条件有所变化，营业执照上的登记事项内容也有不同，但是，便利化之后的新版营业执照上面的登记事项——经营范围没有变化。也就是说，任何企业都有自己的依法登记的经营范围，进入市场之后，必须在登记的经营范围内进行市场活动。[2]其次，企业的行为不得违背国家法律、法规，如果经营者的行为违反了法律规定，工

---

〔1〕 据了解，北京市工商局丰台分局对于注册资本在一千万以上的工商登记申请，必须进行实地核查。

〔2〕 例如，汾阳市工商局查获一起超范围经营金融业务的案件。该公司于2014年4月1日取得营业执照，其经营范围为：创业投资服务；代理其他创业投资企业机构或个人的创业投资业务；创业投资咨询业务；为创业企业提供创业管理服务业务；参与设立创业投资企业与创业投资管理顾问机构。经营过程中，当事人在未取得《金融机构营业许可证》的情况下擅自向不特定公众变相吸储，对外宣传"为客户理财"，印制"投资管理合同"、"产品收益与银行利率对照表"。当事人的行为已超出工商营业执照核准的经营范围，其行为严重扰乱了正常的金融秩序，存在重大财产安全隐患。汾阳市工商局责令当事人立即停止违法行为，并依法处以20 000元罚款。参见高永兴："汾阳一企业超范围经营金融业务被处罚"，载黄河新闻网 http://ll. sxgov. cn/content/2014－07/16/content_ 4756947. htm，2014年7月16日访问。

商行政管理部门有权依法予以行政处罚。[1]为了监管企业的经营活动范围，有些地方还制定了规范企业行为的规章制度，例如厦门市发布《厦门经济特区无照无证经营查处办法》（2014 年 10 月 1 日起施行），这是全国商事登记制度改革以来，以地方立法形式规范调整无照、无证经营行为的首次尝试。该《办法》实现了"证照分离"监管，无证经营最高罚 100 万元，构成犯罪的，还将依法追究刑事责任。[2]

（2）对企业广告宣传行为的监督。有谚云"酒香不怕巷子深"，但在市场竞争日益激烈的今天，"酒香也怕巷子深"。如果想让消费者知道自己的产品或服务，广告宣传是必须的。但广告的内容必须符合法律的规定。我国有专门的《广告法》，其中第 3 条规定：广告应当真实、合法，符合社会主义精神文明建设的要求。第 4 条规定：广告不得含有虚假的内容，不得欺骗和误导消费者。该法第 5 章对不合法的广告宣传行为的法律责任进行了规定。

3. 市场退出监督。

（1）退出注销登记的意义。无论哪种原因的退出，都必须要进行工商登记注销。如果不进行注销，表明其市场主体资格仍然存在。如果不及时注销，一些事实上"死亡"了的企业，由于其公章、营业执照等并没有被收回，便有可能进行超出其能力范围的活动，给市场交易带来风险。要求企业被撤销或其他原因终止退出市场进行注销登记的目的，一方面是避免这类企业行为带来的市场交易风险，另一方面也有利于监管这类企业的死后重生是否合法，并依法决定是否允许企业的新生。

（2）市场退出的原因。经营者退出市场的原因可分为主动和被动，主动

〔1〕例如，2013 年 1 月份，怀柔工商分局对庙城镇某商店进行检查时发现该商店对外销售"百年牛栏山"白酒涉嫌侵权，经商标权利人北京顺鑫农业股份有限公司牛栏山酒厂打假人员现场鉴定，该商店对外销售的"百年牛栏山"白酒确为侵犯商标权利人注册商标专用权的假冒商品。经调查，该商店共销售白酒 34 箱，非法经营额为 16 406.67 元。执法人员依法责令当事人立即停止侵权行为，并处罚款 49 220.01 元。该商店逾期未缴罚款，怀柔工商分局于 2014 年 4 月申请法院强制执行，共执行入库罚款 49 220.01 元及每日加处 3% 的罚款 49 220 元合计 98 440.01 元。参见陈敏姬："违法销售假冒白酒 工商部门依法严惩"，载中工网 http://www.workercn.cn，2015 年 1 月 9 日访问。

〔2〕厦门市人民代表大会常务委员会公告第十七号《厦门经济特区无照无证经营查处办法》已于 2014 年 8 月 29 日经厦门市第十四届人民代表大会常务委员会第二十次会议修订通过，现将修订后的《厦门经济特区无照无证经营查处办法》公布，自 2014 年 10 月 1 日起施行。

退出如经营期限已满、合伙人协议解散等，被动退出如破产、撤销登记、吊销营业执照等。从实践来看，无论哪种情况，主动进行工商注销登记的比较少，其中的原因多样，需要严管的是一些不法目的的企业，如有一些市场主体基于拖欠银行贷款、逃避债务等目的，拒不办理注销登记，以利用企业年检时被登记机关吊销营业执照的方法寻求"解脱"。

（3）退出主体档案的建议。一般来说，如果是自愿注销登记，且在注销前没有违法记录，那么，其退出之后再申请工商注册登记，不应受到限制；但如果是因为撤销登记而注销或被吊销营业执照后被注销登记等，那么，对法定代表人或合伙人再申请工商登记应该有一定的限制。通过建立退出主体档案，有利于通过信用手段对企业退出的监督。

退出监督实有必要。实践中，一些地方工商行政管理部门已经开始注重企业的退出监督问题，值得称道。[1]

（三）市场监管主体的多元化

市场监管有效性的提高有赖于监管主体的种类及监管主体之间的组合和互动，当前政府推行的部门管理向行业管理改革和民间自律组织的成长为多元市场监管模式的构建奠定了基础。

1. 工商与其他行政部门的协调监督。这种协调监管要求：一方面，工商部门内要注意登记地与行为地协调监督以及上下级之间的分工负责；另一方面工商部门与其他部门间的协作以及信息的共享，包括与银行、法院、房管部门、税务等；工商部门与社会公众，如东莞模式，工商与社区联动监督等举报平台的搭建如电话网络等途径。

2. 工商与社会的共同监督。

（1）借助各方力量，搭建工商社会化监管平台，是适应经济和社会发展形势、提高工商监管能力和服务水平、维护社会稳定与和谐的需要。

---

[1] 例如，无锡新区分局完善市场主体退出机制，建立健全失信惩戒制度。按照市场主体的不同，完善相应规范统一的市场主体退出程序，改善市场经济主体退出难的问题。强化惩戒措施，建立健全市场主体失信惩戒制度，对无序退出的市场主体不仅只是简单将企业法人纳入三年的黑名单内，在对相关责任人员（含企业法定代表人、股东、董事会成员或执行董事、监事会成员或执行监事以及经理等）进行相应的权限限制，确保市场主体退出市场的严肃性。江苏省无锡工商行政管理局："无锡新区分局完善市场主体退出机制"，载新华江苏网 http://www.js.xinhuanet.com/2014-03/12/c_119730053.htm，2015年12月12日访问。

（2）积极探索工商部门、社区、村组联合整治路径，依托 12315 投诉平台，以社区、村组、大型商场、超市为单位，开展联巡联管机制，充分调动社会管理力量，实现对市场主体的社会化监管。

（3）聘请专职联络员，设立社所联动站，通过多渠道收集监管信息，提升监管效能，对群众关心、关注的热点问题强化监督，逐步形成"工商负责、社区配合、群众监督"格局。

3. 行业化监管。行业协会的行业自律是市场经济条件下规范和约束企业经营行为的重要机制。在我国，虽然很多行业都已经建立起行业协会，但是这些行业协会对于会员缺乏足够的约束力，在社会上缺乏足够的公信力，在市场上缺乏足够的影响力，因此在维护市场秩序方面，如制止恶性竞争、控制市场准入、解决消费纠纷等方面还显得力不从心。

从美国或德国的经验看，有必要提高行业协会的地位和影响，赋予行业协会对企业的市场监管职能，同时，也应对市场监管不力的行业协会采取相应的制裁措施。

（四）市场监督手段的多样化

1. 工商主动巡查与受理社会举报结合。所谓巡查监管是指工商部门派人走进企业、商场等地监管市场行为。巡查监管必须按照"定人员、定职责、定内容、定区域、定任务"的要求，建立分区划片、责任到组、定期巡查、及时查处的巡查机制，实行对市场主体的动态监管，真正做到"底数清，信息准，动态明，反应快"。

但工商巡查必然受到时空的限制，如工商人员下班后，一些企业的经营行为仍在进行。因此工商部门应有举报受理平台，接受消费者的市场监督举报。

2. 传统手段与网络、高科技结合。传统的监管手段主要是工商人员亲自到场监管，如眼看、手摸、鼻闻，去发现企业运营问题。显然，传统的监管模式已不适用市场的发展。因此，必须由传统的手工监管模式逐步向以信息化、网络化、自动化为主的现代监管模式转变，努力实现监管网络化；由传统的监管资源条块分割、信息数据共享不足向依托现代网络技术，集市场准入、食品安全监管、执法办案、消费维权于一体的业务条线互联互通、信息数据共享共用的现代化、立体化信息网络系统监管转变，努力实现监管数据资源的网络化、监管系统的集成化。[1]

3. 信用手段。政府要加强大数据建设，做好各部门数据对接，完善企业信用公示制度，将企业监管由政府部门监管为主向社会监督为主，各部门要将受到行政处罚的情况及时录入系统，规范企业年报，对年报不实或不按规定进行年报的市场主体列入经营异常的"黑名录"，向社会公布，提高企业"失信成本"。通过信息公示、信息共享和信息约束，督促企业规范经营，杜绝不诚信行为。

（五）市场监督行为的服务化

在打造服务型政府的现代社会，工商工作不再是简单的以罚款为重点的监管，而是监管与服务"双轮驱动"。正如美德模式中，颁发营业执照的本质是确权而非赋权，因此登记注册理所当然的就是为潜在经营者提供服务。通过服务化监管，工商部门不再仅仅是市场主体产生的"助产士"，还要做市场主体运营的"导航仪"，更要做市场主体壮大的"助推器"。

工商部门在服务化监管过程中，把依法执法作为执法工作最基本的评判指标，在评优评先、奖励晋级中实施违法否决制；完善执法激励机制，在保留执法的利益驱动，克服执法惰性的基础上，将执法监督情况纳入激励机制中。

四、结语

工商登记便利化是大势所趋，这将对我国市场经济的发展有着积极的推动作用。但与此同时，必须承认便利化后的客观风险，并针对可能的风险采取相应的对策。以上有关市场监督机制的构建设想仍很肤浅，但希望引起大家的重视，千万不可盲目夸大工商登记改革的意义而忽视了随之而来的问题。

---

[1] 天津市工商局实现"四个转变"课题研究组："浅议监管手段由传统向现代化转变"，载《中国工商报》2009年12月24日。

公司资本制度改革后抽逃出资禁止性规范的适用

白慧林[*]

一、抽逃出资禁止性规范的立法分析

我国法律意义上的"抽逃出资"一词最早出现于 1993 年《公司法》第209 条，此后，《公司法》历经四次修订，都沿袭了关于抽逃出资的规定。虽然 1993 年《公司法》第 34 条出现过"抽回出资"的称谓，但从 2005 年《公司法》起就已用"抽逃"替代了"抽回"，并且一直延续至今。现行《公司法》上关于抽逃出资的规定只有 3 个条文，即第 35、91 和 200 条，其中因第 91 条调整的是股份有限公司设立期间发起人抽回股本的行为，而公司设立的结果可能是公司成立，也可能是设立失败，而在后一种情形下发起人抽回股本系法律所允许，所以《公司法》抽逃出资禁止性规范主要是规制公司成立后股东将出资抽逃的行为。分析上述条文，其立法特点和价值取向可见一斑。

首先，现行法上抽逃出资规范是一个禁止性法律规范。从文义上解释，2005《公司法》用"抽逃"代替"抽回"，"抽回"描述的是一个法律事件，不体现行为人的主观状态，也没有社会价值评判，而抽逃重在强调"逃"的主观目的性，体现法律的否定性评价。《公司法》第 35 条规定的"不得抽逃出资"，从文义解释来看，"不得"亦蕴含"禁止"的意思，所以抽逃出资是

---

* 白慧林，北京工商大学法学院副教授。

受法律否定性评价的违法行为，第35条应当是一个禁止性法律规范；[1]从立法目的分析，现行《公司法》第35条沿袭了2005年《公司法》第36条的规定，2005年《公司法》中抽逃出资规范维护公司资本确定、维持、不变的资本三原则和法定资本制。2013年公司法修订后，最低注册资本、最低出资比例和出资缴纳期限被取消，法定资本制的适用受到很大限制，一些舆论因此认为公司法改革后抽逃出资行为不再违法。其实，抽逃出资禁止性规范非但不与改革潮流逆行，且实时顺应了改革的需要。2013年公司法资本制度改革主要是实现资本认缴制度的改革，资本制度实现从资本信用向资产信用的转变。反观抽逃出资行为所损害的利益，不难发现其损害的恰恰是公司的资产信用，因为股东出资到公司的财产已经是公司资产的组成部分，抽逃出资就是抽逃公司资产。从这个意义上讲抽逃出资的禁止性规定并未背离现行立法政策。正如赵旭东教授所说："尽管资本制度有重大变革，但并未动摇传统资本制度的基本原理，并不否定公司资本真实的基本要求，并不免除资本之下的股东出资义务和出资责任。虚报注册资本、虚假出资和抽逃出资仍然是《公司法》当然禁止的违法行为。除刑事责任外，行为人依旧要为三种资本违法行为承担民事或行政责任。"[2]所以，第35条的禁止性规范性质未变。

其次，现行法上抽逃出资禁止性规范的立法目的在于保护社会公共利益。资本三原则具有排除任意设立公司、维系市场公司主体信用、维护交易秩序和交易安全等公共目标的价值。[3]抽逃出资禁止性规范就是要保障资本三原则的落实，维护公司资本的真实性。从这个意义上讲，保护社会公共利益是抽逃出资规范之所以为禁止性规范的根本原因。《公司法》第200条规定了抽逃出资的法律责任，其中仅有行政责任和刑事责任，没有民事责任，此种立法模式可以印证以上推论。其实，对于抽逃出资，除了《公司法》规定的行

---

〔1〕"不得"经常被视作对禁止性法律规范进行文义解释的关键词。其实，一直以来我国民商法理论对强制性规范与禁止性规范的概念使用区分不够，所谓强制性规范是指"命令当事人应为一定行为之法律规定"，而禁止性规范是指"命令当事人不得为一定行为之法律规定"，属于"禁止当事人采用特点模式的强制性规范。"王轶："论物权法的规范配置"，载《中国法学》2007年第6期。

〔2〕赵旭东："认缴资本制下的股东有限责任——兼论虚拟资本、虚假出资和抽逃出资行为的认定"，载《法律适用》2014年第11期。

〔3〕曹兴权："抽逃出资禁止规范的变革"，载《法治研究》2015年第3期。

政责任与刑事责任外，《刑法》还专门规定了抽逃出资罪，[1]这些规定表明在抽逃出资立法上，立法者更看重抽逃出资行为对社会公共利益、交易秩序的危害。对于私主体利益的保护，在最高人民法院《关于适用〈中华人民共和国公司法〉若干问题的规定（三）》（以下简称《公司法解释（三）》）中才作了补充规定。

二、公司资本制度改革后抽逃出资禁止性规范适用的价值取向

抽逃出资是法定资本制的保障。法定资本制要求公司资本实行实缴制度，公司资本被视为公司信用的基础和债权人利益保护的屏障，一旦公司资本被抽逃，就可能实质性影响公司债权人利益，扰乱市场交易秩序，所以抽逃出资是受法律和道德否定性评价的行为。但是，2013年以后以《公司法》修订为契机开始的一系列公司资本制度的改革，使得抽逃出资的法律规定产生很大变化。

首先，《公司法》广泛采纳认缴制，取消了公司注册登记的验资手续，股东无需通过借款、代垫出资等手段获取公司注册登记后再抽逃出资，原《公司法解释三》第12条"将出资款项转入公司账户验资后又转出"的规定和原第15条规定的代垫出资人的连带责任的规定因实际意义减弱而被删除。所以实行注册资本认缴制后，抽逃出资禁止性规范设立时所防范的滥设公司、扰乱市场经济秩序的政策背景已不存在，股东抽逃出资以逃避出资义务的可能性大大减弱，重新审度第35条，继续片面强调其对社会公共利益的保护显然已不合时宜。

其次，在《公司法》资本制度改革后，国家立法、行政机关对抽逃出资的行政责任和刑事责任范围也做了很大限制。2014年2月20日国家工商总局颁布的《公司注册资本登记管理规定》第17条将抽逃出资的行政处罚对象限定于注册资本实缴制的公司的股东或者发起人。对认缴制公司股东的抽逃出资行为如何处理，根据行政法上法无授权即禁止的原理，工商行政管理机

---

〔1〕《刑法》第159条规定："公司发起人、股东违反公司法的规定未交付货币、实物或者未转移财产权，虚假出资，或者在公司成立后又抽逃其出资，数额巨大、后果严重或者有其他严重情节的，处5年以下有期徒刑或者拘役，并处或者单处虚假出资金额或者抽逃出资金额2%以上10%以下罚金。单位犯前款罪的，对单位判处罚金，并对其直接负责的主管人员和其他直接责任人员，处5年以下有期徒刑或者拘役。"

关对认缴制公司股东抽逃出资的行为将不再处罚。2014 年 4 月 24 日，全国人大常委会颁布《关于〈中华人民共和国刑法〉第 158 条、第 159 条的解释》，该立法解释将抽逃出资罪的适用范围也限于注册资本实缴制的公司。最高人民检察院和公安部为了配合该立法解释，于 2014 年 5 月 20 日联合下发《关于严格依法办理虚报注册资本和虚假出资抽逃出资刑事案件的通知》，规定对于实行注册资本认缴制公司的股东抽逃出资的行为，不认定为犯罪。

上述法律政策的转变标志着一个新时代的到来，一个"大众创新、万众创业"的时代需要宽松的资本政策对公司松绑，需要更多创新型公司的崛起。在减少市场管制、减政放权的政策背景下，抽逃出资禁止性规范保护的社会公共利益的制度价值已经减弱。其实，禁止抽逃出资禁止性规范首先是私法规范，公司法缺失民事责任规定的做法恰恰说明一直以来我们片面强调了其保护社会公共利益的制度价值，而忽视了受抽逃出资行为影响的私主体的合法权益。公司资本制度的改革下，重新解读抽逃出资禁止性规范的制度价值，还原其本该具有的私法属性，重申其私法价值是新时期该规范适用的必然选择。

三、抽逃出资禁止性规范私法适用的基本原则

（一）实现从资本信用到资产信用的转变

虽然《公司法》使用了"抽逃出资"概念，但是股东出资后其所出资财产就已经成为公司的财产，即使有抽逃行为，损害的只能是公司资产。正是由于立法者在立法之初未厘清公司与股东的关系，未明确抽逃出资概念的含义，使得司法实践中很多困惑因此而生，比如抽逃他人出资是否构成抽逃出资？抽逃出资的数额是否应当相当于股东出资财产的数额？如何区分抽逃的是股东出资还是公司其他财产？等等。[1]最高人民法院在《公司法解释（三）》列举了抽逃出资的表现形式，但很多情况下其实很难举证证明这些行为必然都是故意、直接地针对"资本"进行侵害，有的可能是侵害公司"资产"。[2]2013 年公司法资本制度改革实现了从资本信用向资产信用的转变，

---

〔1〕樊云慧："从'抽逃出资'到'侵占公司财产'：一个概念的厘清——以公司注册资本登记制度改革为切入点"，载《法商研究》2014 年第 1 期。

〔2〕"最高人民法院民二庭负责人就《公司法司法解释（三）》答记者问"，载《人民法院报》2011 年 2 月 16 日。

在抽逃出资禁止性规范适用中适时澄清概念，将公司资产的不当减损作为评判抽逃出资违法性的标准，切实关注抽逃出资行为对公司资产的实质性影响，避免仅以股东出资财产的转移这一表面现象认定抽逃出资，妨碍公司正常的经营活动。比如，在股东利用关联交易将资本转出的情况下，如果关联交易是正当的，有合理对价，公司资产或者公司信用也不会因此而受损害，公司债权人的利益也不会受到影响，该行为就不应认定为抽逃出资。

（二）实现从公益向私益的转变

既然抽逃出资禁止性规范对社会公共利益的保护功能在减弱，那么在其违法性判断上应当逐步实现从公益向私益的转变，以抽逃出资行为对其他私主体的利益损害为衡量标准。在过去的司法实践中，很多判决是以抽逃出资行为损害债权人利益为理由作出，不排除公司债务不得清偿与抽逃出资行为之间确实存在直接因果关系的情形，但也不能排除一种司法适用上的惯性，即我们习惯于将债权人利益作为社会交易秩序的代名词使用。在资本信用逐渐弱化的趋势下，债权人利益所代表的社会公益色彩也在弱化，债权人利益应回归其私主体利益的本真，债权人利益是否确实受到损害应当个案衡量，看抽逃出资行为是否实质性损害了公司资产信用，影响了公司的偿债能力。如果股东利用关联交易将公司资产转出或者公司向股东退股并未影响公司的偿债能力，则债权人不能据此请求认定股东抽逃出资。此外，公司法上的私主体，除了公司债权人之外，还有公司、股东和善意第三人等，它们的利益会不会受到抽逃出资行为的危害？其实，股东要求返还出资款、补偿投资损失、请求退股的案件，损害的首先是公司的利益。此外，股东违反出资协议抽逃出资，对其他股东也构成违约。所以，公司、股东、债权人等私主体的利益均是抽逃出资禁止性规范要保护的合法权益。

（三）实现从形式判断到实质判断的转变

《公司法解释（三）》第12条使用了列举法，容易使人陷入对号入座的思维逻辑，即只要存在该条规定的四项行为之一，即可以判断构成抽逃出资；同理，只要不属于该条规定的范畴即不构成抽逃出资，而不论该行为是否实质性损害了所要保护的法益。这样的理解是片面的。以该条第3项规定的"利用关联交易将出资转出"为例，在很多情况下该关联交易可能是正当的，当事人并无损害公司利益的主观目的，且不会造成公司利益的损害，仅仅因为存在"利用关联交易将出资转出"的行为即认定构成抽逃出资，可能影响公司资本的正常使用并阻碍正当的交易关系。此外，抽逃出资的表现形式多种多样，虽然该条第（四）项规定了兜底条款，但是还有很多抽逃出资行为无法涵盖其中。比如公司退股、不当分配公司利益、不满足法定条件的股权回购、对个别投资者的利益补偿等，这些行为违反的不是"法定程序"，而是侵害了公司法保护的实体权益。所以，抽逃出资禁止性规定的适用中需避免对号入座，应当从考查行为的正当性入手来确定行为的性质。

四、放宽认缴制下抽逃出资禁止性规范的适用条件

从传统意义上讲，抽逃出资是指在股东履行出资义务之后，又将其出资转出的行为。如果股东尚未出资，则谈不上抽逃出资，即使有不出资、不足额出资或虚假出资的现象，公司法及《公司法解释（三）》也规定了相应的救济措施。但是，在注册资本认缴制改革后出现了一种新情况，即股东在认缴出资后，为逃避履行出资义务而非经法定程序减资的情形。在这种情况下，原信任公司资本实力而与其签订协议的债权人可否要求股东承担抽逃出资的责任？比如上海市普陀区法院审理的上海法院首例注册资本认缴出资案中，就涉及此问题。该案中，被告公司于 2013 年 11 月成立，注册资本为 2000 万元，股东为毛某与徐某，二股东实缴金额 400 万元，认缴出资期限均为两年。2014 年 4 月新《公司法》施行认缴制以后，毛某将股权转让给了林某，被告公司通过增资决议，将公司资本由 2000 万元增资到 10 亿元，新公司章程约定两名股东要在 2024 年 12 月 31 日之前缴纳出资。此后，被告公司与原告公司签订了一份股权转让协议，购买原告公司持有的某贸易公司 99.5％ 股权，近 8000 万元转让款在合同签订后的 30 日内付清。该合同签订后，原告公司交付了股权，某贸易公司也完成了股权转让工商变更登记，但被告公司一直未支付转让款。此后，双方签订了股权转让补充协议约定分期付款。可是此后被告公司作出一系列的股东会决议，将公司注册资本金由 10 亿元减至 400 万元，同时股东徐某也退出公司，由新股东接某接手相关股份，并向工商登记机关办理了相应变更登记手续。在提交给工商登记机关的"有关债务清偿及担保情况说明"材料中其记载"公司对外债务为 0 万元。至 2014 年 9 月 22 日，公司已向要求清偿债务或者提供担保的债权人清偿了全部债务或提供了相应的担保。未清偿的债务，由公司继续负责清偿，并由接某和林某在法律规定的范围内提供相应的担保"。在得知被告公司减资消息后，原告公司将被

告公司连同 4 名新老股东告上法庭，要求被告公司支付所拖欠的股权转让款首期款人民币 2000 万元；要求各股东在未出资范围内或减资范围内就公司债务不能清偿部分承担连带赔偿责任。[1]

该案中，被告公司显然存在非经法定程序减资以规避出资义务的行为。对于非经法定程序减资而抽逃出资的行为，最高人民法院在"申请再审人安徽新集煤电（集团）有限公司与被申请人如东县农村信用合作联社、上海恒德置地有限公司借款合同纠纷案"（以下简称"恒德公司抽逃出资案"）中对其违法性已予确认，认定其属于《公司法解释（三）》第 12 条第（4）款规定的"其他未经法定程序将出资抽回的行为"。[2]上述案例与"恒德公司抽逃出资案"类似，都存在非经法定程序减资的情形，侵害的都是公司的资本。只是"恒德公司抽逃出资案"中股东已经履行了出资义务，减资是为了抽回出资；而上述案例中股东只是"已经认缴出资"，减资是为了规避出资义务。"恒德公司抽逃出资案"发生在我国实施严格的法定资本制时期，适用上述第 12 条第（4）款不存在法律障碍。而上述上海案例发生于认缴制改革之后，是否可以突破"股东已履行出资义务"这一适用前提，将第 12 条第（4）款扩大适用于认缴出资后以减资方式逃避出资义务致公司资产信用受损的情形？如果该案不适用抽逃出资的规定，法院仅判抽逃出资减资无效，则因股东出资期限未满，债权人无法律依据要求股东提前履行出资义务，债权人的合法权益无法得到有效保障。[3]这种情况下，注册资本认缴制事实上会成为股东实施欺诈行为的保护伞。其实，注册资本认缴制改革后有一些人就认为股东可以设定长期出资期限以规避出资义务。虽然《公司法解释（三）》第 12 条也做了相应修订，但是该条适用的前提没变，抽逃出资只能发生于股东出资以后。上述案例中，虽然上海普陀区法院大胆创新强制股东履行出资义务，认为"认缴制下公司股东的出资义务只是暂缓缴纳，而不是永久免除，在公

---

〔1〕 郭羽、孙超："认缴注资 10 亿忽减至 400 万隐瞒欠债被判减资无效"，载《上海商报》2015 年 5 月 28 日。孙超："法官解读：认缴≠任性！上海法院首例注册资本认缴出资案判决"，载 http://blog. sina. com. cn/s/blog_ a20de76f0102vskg. html，2015 年 8 月 12 日访问。

〔2〕 参见最高人民法院（2010）民提字第 79 号民事判决书。

〔3〕 虽然该案法院在此问题的解决上大胆创新，认为"认缴制下公司股东的出资义务只是暂缓缴纳，而不是永久免除，在公司经营发生了重大变化时，公司包括债权人可以要求公司股东缴纳出资，以用于清偿公司债务"。但无论如何，如此判决尚无充足的法律依据。

司经营发生了重大变化时，公司包括债权人可以要求公司股东缴纳出资，以用于清偿公司债务。"但本文认为以抽逃出资判决认缴出资的股东对债权人承担连带责任更有说服力：首先，恶意减资的目的就是为了规避出资义务，其后果与抽逃出资一致；其次，将股东的责任限制在"抽逃出资范围内"比要求其全部履行出资义务更合理，因为有的情况下减资可能只是免除了部分出资义务，要求其在出资期限届满前全部出资恐怕处罚失当；最后，上述判决中所谓的"在公司经营发生了重大变化时"在适用上不好把握，容易造成新的混乱。

公司资本认缴制后废除了法定出资期限的规定，这其实是公司法赋予股东的特权，此种做法本身就加重了债权人的风险，是法律对股东的倾斜保护，如果股东利用此特权欺诈债权人实施抽逃出资的行为，该特权应当被取消，股东应当在抽逃出资范围内对债权人承担连带责任。既然最高法院在"恒德公司抽逃出资案"已经认定非经法定程序减资属于抽逃出资，则将抽逃出资的适用条件放宽至"股东认缴出资后"就可以有效解决上述问题。如果允许股东以出资期限未届满为由进行抗辩，则会助长股东利用认缴制肆意抽逃出资而免于承担法律责任。为实现抽逃出资禁止性规范的惩戒作用，只能撤掉股东在认缴制下的保护伞，还公平予债权人，股东"出资缴纳期限未届满"的抗辩理由应当不予认可。

首都注册资本登记制度改革探析

况　旭　许泽楠　张　硕*

改革注册资本登记制度，是深入贯彻党的十八大和十八届二中、三中全会精神，在新形势下全面深化改革的重大举措，对加快政府职能转变、创新政府监管方式、建立公平开放透明的市场规则、保障创业创新，具有重要意义。当前，要切实落实注册资本登记制度的改革精神，放松市场主体准入管制，优化首都营商环境，并通过完善政策配套、加强宣传引导、实施信用监管、开展社会共治等手段，维护首都良好的市场秩序。

一、注册资本登记制度改革的背景

（一）我国注册资本制度经历了由法定资本到折中资本制的沿革

"注册资本"的概念，在我国最早出现在 1979 年颁布的《中外合资经营企业法》。注册资本登记制度通常包括最低注册资本数额、资本缴纳方式、缴纳时间等方面的一系列条件和规定。纵观我国公司注册资本制度的发展沿革：关于最低注册资本制度的探讨开始于 20 世纪 80 年代。1993 年《公司法》颁布，鉴于当时的时代背景，公司法的设计遵循的是严格的法定资本制，即认股人必须实际缴清所认缴的全部股款，公司才能得以设立，对公司的最低注册资本额度规定自然也比较高。21 世纪之初，公司信用基础"从资本信用到资产信用"的思想引起了广泛讨论，2005 年的《公司法》修改，将有限责任公司、股份有限公司的最低注册资本进行了大幅下调，对注册资本缴付时限

---

* 况旭，北京市工商局登记注册处处长；许泽楠，北京市工商局登记注册处主任科员；张硕，北京市工商局综合经济处主任科员。

的规定也由一次性缴足改为分期缴足。2013年《公司法》的再次修改和2014年国务院《注册资本登记制度改革方案》的实施，标志着以"认缴制"为核心的新一轮的注册资本登记制度改革拉开了序幕。我国的注册资本登记制度的沿革，体现了根据特定时期的市场环境对注册资本登记制度的调整、修正，也符合大陆法系国家普遍遵循的，由法定资本制向折中资本制乃至授权资本制发展的趋势。

（二）新一轮注册资本登记制度改革是市场经济发展的必然选择

一个国家不同历史阶段的注册资本制度，是平衡安全、公平、效率等价值追求的选择。从我国注册资本登记制度的发展历程来看，在市场经济发展到当前阶段启动新一轮的注册资本登记制度改革有其历史必然性。

第一，注册资本登记制度改革是激发市场主体活力和创新动力的需要。法定资本制着重强调资本对债权人的担保价值，在一定程度上防止了空壳公司等欺诈行为，可以保证公司在初始阶段有较为充足的运营资金，对于保障债权人的利益和交易的安全性具有一定作用。但在具体实践中我们也不难看到，严格的市场准入制度在保障交易安全方面的作用非常有限，并没有有效地调节市场失灵；相反严格的注册资本登记制度已经成为经济发展的"瓶颈"，特别是限制了中小企业和个人的创业愿望，实缴制提高了公司设立的资金门槛，降低了资本利用率，造成资金的闲置和浪费，严格的验资程序也拖长了公司设立的时间成本。大量出现的虚报注册资本，股东虚假出资和抽逃出资等情况，在很大程度上也是因为投资者对资本信用的迷信所致。因此，有效降低市场准入门槛，是激发市场主体的活力和创新动力的迫切需要。

第二，新一轮的注册资本登记制度改革是政府简政放权、转变职能的需要。以往的注册资本登记制度中，营业执照担负着市场主体身份证明、经营权利证明、经营行为证明和资本信用证明等多重功能，政府无形之中在为商事主体的信用背书，模糊了政府和市场主体的责任边界，反而为部分不法企业提供了隐藏在政府登记审批"面纱"背后的机会。登记是国家对经济生活的间接管理活动，这种管理仅以确认市场主体资格，确保必要的市场效率和安全为宗旨，不可能也不应该承担太多的其他责任，必须要纠正以往政府对微观经济过多的管制和干预，重新厘清政府的职能定位、企业的权利义务以及市场的功能作用。因此，放松对企业注册资本登记的管制，也是充分发挥市场对资源配置的决定性作用的必然要求。

第三，新一轮的注册资本登记制度改革是加强企业自治、构建诚信社会的需要。市场主体成立以后，注册资本已完成了向公司资产的转化，对于债权人而言其债权的担保实际上取决于公司的真实资产而不是注册资本所显示的数额，债权人其实应该关注的是公司的资金流动和资产变现能力。营业执照承载的功能过多，会使利益相关的第三人放松对其资信能力的考察，企业的主体责任也更加难以落实，不利于社会信用监管体系的建立。因此，让市场主体通过信用公示昭示自身的注册资本信息，也是加强社会共治、健全企业信用体系的理性选择。

（三）我市对注册资本制度的先期探索为改革打下了良好基础

2000 年以来，我市开始按照经济发展上有需求、法理上有支持、国际上有参照的原则积极探索公司注册资本登记制度改革。

2000 年，以《中关村科技园区条例》出台为契机，我市出台了《北京市中关村科技园企业登记注册管理办法》（市政府 70 号令），提出在中关村科技园区实行新的企业登记制度。新登记制度结合企业现实需求和科技企业发展特点，不再限制高新技术成果作价出资比例、鼓励设立风险投资机构分期缴付注册资本等创新规定。

2004 年，北京市工商局积极推进登记制度改革探索，报请市政府批准出台了《改革市场准入制度优化经济发展环境若干意见》（京工商发〔2004〕19 号，以下简称为《若干意见》）。《若干意见》提出了公司注册资本分期缴付、取消验资报告等突破性改革措施，极大地降低了准入门槛，节省了准入成本，提高了工作效率，实现了我市市场主体连续三年以 12% 的速度高位增长。

2011 年，按照国务院关于建设中关村国家自主创新示范区的批复精神和国家工商总局给予的支持政策，以《中关村国家自主创新示范区条例》出台为契机，强化改革创新、大胆先行先试的原则，北京市工商局又积极推动出台了《中关村国家自主创新示范区企业登记办法》（市政府 234 号令），实行了"简化验资手续"、"放宽创业投资机构出资期限"、"降低企业集团登记标准"、"知识产权、科技成果出资比例自行约定"等措施，为中关村示范区企业投资创业和创新发展提供了更加便捷、顺畅、高效、优质的政策服务环境。

我市对公司注册资本登记制度改革的不懈探索，创造了良好的制度环境，积累了丰富的实践经验，为新一轮注册资本登记制度改革的顺利实施奠定了重要基础。

二、注册资本登记制度改革的进展和成效

（一）结合首都实际全面落实注册资本登记制度改革

按照国务院《注册资本登记制度改革方案》，自 2014 年 3 月 1 日起实行的注册资本登记制度改革主要有几个方面的改革举措：

1. 实行注册资本认缴登记制度。公司股东认缴的出资总额或者发起人认购的股本总额（即公司注册资本）应当在工商行政管理机关登记。而公司实收资本不再作为工商登记事项，公司登记时，无需提交验资报告。公司应当自行向企业信用信息系统公示股东的出资额、出资方式和出资期限。

2. 放宽注册资本登记条件。取消有限责任公司最低注册资本 3 万元、一人有限责任公司最低注册资本 10 万元、股份有限公司最低注册资本 500 万元的限制，股东可自主约定注册资本总额。但金融、保险、证券等特定行业，注册资本还要达到法律、行政法规以及国务院决定要求的最低限额。

3. 充分体现股东出资的"自主性"。股东可以自主约定公司设立时全体股东（发起人）的首次出资比例，也就是说可以"零首付"；自主约定出资方式和货币出资比例，对于高科技、文化创意、现代服务业等创新型企业可以灵活出资，提高知识产权、实物、土地使用权等财产形式的出资比例，克服货币资金不足的困难；自主约定公司股东（发起人）缴足出资的出资期限，不再限制两年内出资到位，提高公司股东（发起人）资金使用效率。

4. 建立企业信息公示制度。明确了企业及时信息的公示要求，将企业年度检验制度改为企业年度报告公示制度，企业对信息公示的真实性、合法性负责。对未按规定期限公示年度报告的企业，工商行政管理机关在市场主体信用信息公示系统上将其载入经营异常名录，超过三年未履行的，工商行政管理机关将其列入严重违法企业名单。

北京市工商局积极落实国务院改革方案，迅速出台了配套改革方案，就实行注册资本认缴制、取消最低注册资本限额、启用新版营业执照、年检验照改革为年报、简化登记流程等事项作出安排；同时多渠道加强宣传力度，向社会解读改革政策，帮助投资人用足用好政策红利，引导投资人理性投资。

（二）注册资本登记制度改革在激发活力方面显现了初步成效

目前，北京注册资本制度改革工作平稳有序，全市企业数量平稳快速增

长、主体结构持续优化、行业发展更趋合理、民间投资热情高涨。改革后，我市平均每 160 秒诞生 1 户企业，企业创业时间较改革前减少 10 天。改革取消了验资环节，为企业节约验资成本超过 1 亿元。

截至 2015 年 5 月底，全市市场主体存量 174.61 万户，同比增长 13.28%。其中，企业 107.83 万户，同比增长 21.16%。从 2014 年 3 月至 2015 年 3 月，改革一年来全市新设市场主体 26.14 万户，同比增长 34.67%；其中企业 20.22 万户，同比增幅为 55.08%。其中直接改革受益者公司制企业新设 19.53 万户，同比增长 60%。改革以后，新设企业的增速，远高于以往几年 10% 左右的增长水平。

改革一年来，新设 3 万元以下的小规模公司 1168 户，仅占新设公司总户数的 0.64%。其中 1 元公司仅 36 户，均为自然人投资企业。新设 1 亿元以上的公司 2740 户，占新设公司总户数的 1.5%，其中自然人投资或控股企业 1636 户，占亿元以上公司总户数的 59.71%。注册资本百亿以上公司 7 户，均为国资投资控股企业。

三、深化注册资本登记制度改革的实践思考

注册资本登记制度改革不是简单的从管制到放松的过程，不是随着"认缴制"的实施就已经改革到位。因此，必须切实推动从资本信用到资产信用的观念转变，加强改革统筹性、协同性，促进改革在各行业、各领域落实到位，健全以信用监管为核心的监管制度，真正体现注册资本登记制度改革效果。

（一）加快改革的统筹协同和政策配套

改革以前，我国"资本信用"的观念深入人心，无论是作为政府管理手段的许可、资质颁发，还是作为经营行为的招投标，注册资本都是必不可少的条件。注册资本登记制度改革实施以后，一些行业准入管理不衔接、不同步等问题逐步凸显出来，如有的行业准入中仍然要求企业实缴验资，有的行业设定了注册资本最低限额门槛，以注册资本数额作为特定行业准入的基本条件，有的行业准入依然将通过工商企业年检作为前提等，企业在投资兴业的过程中仍然会需要涉及注册资本登记制度限制的"小门"、"玻璃门"。目前，国家工商总局对需要提供验资报告、设立最低注册资本限制的相关规章进行了梳理，并协调启动了修改工作。工商部门要尽快落实注册资本登记制

度改革的相关政策，加大改革统筹协同，力争尽快实现政策配套，切实营造有利于投资创业的首都营商环境。

（二）加强对市场主体和社会公众宣传引导

注册资本登记制度改革取消了资本为公司主要信用基础的地位，重视资产在保护债权人和维护交易安全的作用，政府不再为公司注册资本的缴付情况提供信用背书，极大地促进了我国"资本信用"的观念向"资产信用"转变。但就整体而言，社会对于注册资本的认识转变仍然需要一个过程，还需要做大量的宣传引导工作。当前，需要加强对市场主体和社会公众的引导和服务，使"认缴不是不缴"的观念深入人心，明确股东或发起人要按照约定的认缴出资额、出资方式和出资期限向公司缴付出资，未按约定实际缴付出资的，要根据法律和公司章程承担民事责任；引导公司的股东或发起人在认缴出资时充分考虑到自身所具有的投资能力，理性地作出认缴承诺，并践诺守信。企业信息公示制度作为一项新的改革政策，工商部门要广泛开展法规政策宣传，通过进社区、进楼宇、进市场发放宣传材料、开设企业课堂等手段，扩大政策宣传的覆盖面和知晓度，为以信息公示和经营异常名录为核心的信用监管制度奠定基础。

（三）建立健全企业信用监管制度规则

注册资本登记制度改革在实施"宽进"的同时，也对后续实施"严管"进行了明确规定。要以商事制度改革为契机，立足北京市企业信用信息系统信息归集量大、参与部门多、应用范围广的优势，建立全市统一的登记审批信息共享平台、跨部门联动监管平台和市场主体信息披露平台，贯彻落实市政府出台的《关于做好先照后证改革衔接工作加强后续监管的实施意见》，实现各部门许可审批的信息在企业信用信息网上集中归集、统一公示，加强工商部门和许可审批、行业主管部门的"证照衔接"，通过信息共享和数据比对发现后续监管风险。要在开展企业信用信息公示的基础上，落实信息抽查制度和经营异常名录制度等一系列制度，建立企业信用监管制度规则。要积极开展部门联合惩戒，加强在行政审批信息推送、数据信息共享、无照经营查处、集中办公区监管、非首都功能疏解等方面的信息应用，以信用信息为纽带带动部门工作协同，在收集、汇总、交换违法失信信息基础上，对失信行为人在社会公共资源配置以及行业准入等方面实施联合限制，提高违法失信成本，提升政府监管效能，形成"一处违法，处处受限"的局面。

（四）发挥社会共治在改革中的重要作用

注册资本登记制度改革弱化了工商营业执照的把关职责，更加强调商事主体的自治，因此，在落实改革的过程中，要以信用治理为纽带，强化企业自我管理、行业协会自律和社会组织监督的作用。要积极倡导企业强化自我管理，引导市场主体履行出资义务和社会责任；扩大行业协会参与度，发挥行业协会的行业管理、监督、约束和职业道德建设等作用；积极发挥会计师事务所、公证机构等专业服务机构的作用，强化对市场主体及其行为的监督。要大力推动企业信用信息社会应用，使企业的潜在客户和其他社会公众通过了解相关企业的经营业绩、资产状态等基本信息，提升发现和防范交易风险的能力，对市场主体的行为起到警示和约束作用。工商部门要积极推动企业信用体系建设，强化社会各界对诚信的共识，引导对失信行为的市场惩戒，在开展市场秩序管理的过程中，要把专业管理和社会管理有效地结合起来，让人民群众和社会组织、新闻媒体有效参与到市场监管的过程中来，切实发挥社会共治的乘数效应。

借力资本市场助力央企改革

曹　稷[*]

一、国有企业在新形势下的改革必要性

放眼全球环境，欧洲经济放缓趋势接近尾声，美国就业持续复苏；美元创出新高后，高位震荡，欧元贬值趋势放缓；量化宽松推动下欧洲制造业有所抬头，美国景气良好。

当前中国经济仍面临较大下行压力，经济仍处探底过程，PPI仍输入型低迷，经济不乐观；流动性宽松等托底政策陆续出台。宏观经济会继续调整，国内经济结构调整步伐加快，宽松货币政策继续保持适度，利率市场化及人民币国际化的稳步推进，一系列资本市场改革政策的相继出台，中央采取多次降息的小步快走方式，力图将利率调整到更合理水平，货币政策通过股票市场影响实体经济，鼓励直接融资，促进企业投资，给实体经济减负，推动我国资本市场步入投融资双向平衡的健康发展轨道。

自2008年金融危机爆发以来，美国利用5年左右时间完成了经济结构调整与经济复苏，目前已由谷底逐渐趋向良性发展，而中国的经济结构调整刚刚开始，比照美国，依然需要5年左右，顺利完成经济结构调整方能使经济步入健康发展的轨道。在调结构的窗口期，国家将全面深化改革、转变经济发展方式、调整优化经济结构，进入改革的攻坚期与深水区。

受整体外部宏观经济影响，部分传统行业业务收入下滑，行业市场竞争

---

* 曹稷，中国建设科技集团股份有限公司法务人员，北京企业法治与发展研究会企业治理研究中心研究员。

与分化日趋激烈，各经济主体都在力图创新业务发展模式，个性化、多元化、专业化发展，拓展市场份额、兼并收购上下游或同业竞争者，优化产业布局争取全产业链模式发展，业务范围从横向复制和产业链纵向延伸两个维度构建，以满足市场综合服务需求，顺应行业一体化发展趋势，取得更大竞争优势。

在互联网高速发展的背景下，未来几年，所有商业逻辑都将重建，传统行业如不寻找新的增长点，将面临严峻的竞争压力，改革与重新起航必须有一个归零的过程，这个过程就是在创业的过程，且不是传统创业的思路，即不是传统的市场思维，而是按照"资本思维"去发展企业。

国有企业作为国家重要经济支柱，经济体制改革的重要棋子，绝大多数仍处于传统发展模式，存在不少问题，经营效率低，体制机制不灵活，竞争力不强，不适应市场化、国际化趋势，不适应调结构转方式和创新驱动发展的新要求。国有企业如不跟上社会发展步伐，将面临更大的挑战，因此国企改革成为国家重点关注和国务院2015年第二大项推动的任务。

国务院日前批转发展改革委《关于2015年深化经济体制改革重点工作的意见》（简称《意见》），意见最大亮点在于完善国企改革相关制度的特征明显，关于"制定中央企业结构调整与重组方案"这一新提法值得重视，资本市场在央企整合中的作用将愈发彰显。国企改革顶层设计可能以"1+N"形式发布，"1"即为深化国有企业改革指导意见，"N"则包括：制定改革和完善国有资产管理体制、国有企业发展混合所有制经济等系列配套文件，制定中央企业结构调整与重组方案，加快推进国有资本运营公司和投资公司试点，制定进一步完善国有企业法人治理结构方案，修改完善中央企业董事会董事评价办法，完善中央企业分类考核实施细则，健全经营业绩考核与薪酬分配有效衔接的激励约束机制，改进企业国有资产监督防范国有资产流失的意见，出台进一步加强和改进外派监事会工作的意见，加快建立健全国有企业国有资本审计监督体系和制度，制定国有企业经营投资责任追究制度的指导意见，出台实施鼓励和规范国有企业投资项目引入非国有资本的指导意见，修改国有产权交易流转监管办法和实施细则等。

通过界定功能、划分类别、实行分类改革、分类发展、分类监管、分类考核，促进国有企业与市场经济更加融合、更好履行社会责任。根据国有资本的战略定位和发展目标，结合不同企业在经济社会发展中的作用、现状和今后发展需要，国家将国有企业分为商业类和公益类两大类。

其中，商业类国有企业采取商业化运作模式，以经济效益为导向，以增强国有经济活力、放大国有资本功能、实现国有资产保值增值为主要目标；公益类国有企业则按照实现社会效益最大化的要求，以保障民生、提供公共产品和服务为主要目标。

国家将加快调整优化国有经济布局，坚持有进有退、有所为有所不为，加大国有资本布局调整力度，推动国有资本向关系国家安全、国民经济命脉和国计民生的重要行业和关键领域、重点基础设施集中，向具有核心竞争力的优势企业集中，向企业主业集中。

因此《意见》首次提出要制定中央企业结构调整与重组方案，央企结构调整分为两类，即不同央企之间的结构调整与重组以及央企内部的结构调整和资产重组。

为了提高国有资本配置和运营效率，国家将鼓励和支持国有企业不断提升国际化经营能力，充分利用国际国内两个市场，加快走出去步伐，规范开展海外并购、全球配置资源、提高核心竞争能力，积极培育一批具有世界水平的跨国公司。加快国有企业股权多元化改革，通过深化国有企业公司制改革，加快国有企业上市步伐，鼓励非公有制企业参与国有企业改制重组，向非国有资本开放重点投资领域和项目，探索运用股权投资基金，允许混合所有制企业员工持股等方式积极发展混合所有制经济。国有资本调整有进有退，逐步退出不具备优势的一般竞争性领域和低端产业，淘汰落后产能、化解过剩产能，处置低效、无效的国有股权，提高国有资本的整体运营效率。

中国企业正在迎来与全球企业接轨的重组时期，兼并、分立、剥离等各类重组动作的频率都会升高，由内而外地革新将引导央企做优做强做大。而未来很长一段时期内，在国家战略、市场规律双轮驱动下，具备竞争对手国际化、产业发展有潜力等条件的央企之间的强强联合将会适时出现。对于国家重点鼓励走出去、高附加值、有一定国际竞争力、需要国家品牌、非生活性领域的行业，将这些行业内的央企按照合并同类项进行整合。资本市场一直是央企资本运作的重要平台，可以预见，未来或将涌现央企并购重组浪潮。

二、借力资本市场助力央企改革

国有企业可以通过债券市场、改制重组、海内外股票发行与上市、引入股权投资基金与战略投资者股权投资等直接融资模式，或银行贷款、资产证券化、融资租赁等资本市场工具来取得资本的杠杆力量助力企业改革。撬动企业发展动力，为企业并购重组、主营业务拓展、重大项目发展提供稳定、强大资金支持。

通过借力资本市场，可以支持企业的发展，同时，资本的引入也反过来推动国有企业改革，进而提升企业的行业竞争力，在中国经济结构调整的浪潮中，抢占央企战略改革制高点，具体影响与方式有：

1. 有助于企业完善现代企业制度，改革和完善国有资产管理体制。坚持"产权明晰、权责明确、政企分开、管理科学"的原则，把准出资人机构定位，以管资本为主进行国资监管，重点管好资本投向、规范资本运作、提高资本回报、维护资本安全；国有资本投资公司、运营公司作为国有资本市场化运作的专业平台，来负责国有资本运作，落实保值增值责任。

国有资本投资公司对所出资企业建立以战略和财务为主的管控模式，重点关注企业战略和资本回报状况，通过开展投资融资、产业培育和资本整合等，强化产业集聚和转型升级，优化国有资本布局结构。国有资本运营公司对所出资企业建立财务管控模式，重点关注国有资本流动和增值状况，通过股权运作、价值管理、整合退出等方式，实现国有资本合理流动，保值增值。上述两类公司在经营目标上各有侧重，在资本运作方面兼顾投资和运营，与所出资企业关系，都是依据《公司法》等，按照出资比例对所出资企业行使股东权利，以出资额为限承担有限责任。

改革有助于建立国有资本经营预算制度，逐步建立覆盖全部国有企业、分级管理的国有资本经营预算制度。健全完善产权登记、资产统计、清产核资、资产评估、产权转让等各类国有资产基础管理制度，建立全国统一的国有资产管理工作体系。

通过改革，真正确立国有企业的市场主体地位，提高国有资本运营效率和企业竞争力，防止国有资产流失，确保国有资产保值增值，不断增强国有经济的活力、控制力、影响力和抗风险能力。重点管好资本投向、规范资本运作、提高资本回报、维护资本安全。形成国有资本流动重组、布局调整的有效平台。

2. 有助于发展混合所有制，与市场经济相结合为发展注入动力。通过推进公司制股份制改革，积极引入各类投资者，实现国有企业投资主体多元化，形成合理的、多元的股权结构和市场化经营机制，顺应国有企业混合所有制改革政策导向，后续通过上市，引入社会公众股，进一步实现股权结构多元化，有助于建立更为市场化的业务开拓模式、内部管控制度和绩效考核机制，释放公司的经营活力，提升公司的经营效益和运营效率，从而进一步为股东创造更大的价值回报。

一方面积极引入非公有资本参与国有企业改革，鼓励非公有资本投资主体通过出资入股、收购股权、认购可转债、股权置换等多种形式，参与国有企业改制重组或国有控股上市公司增资扩股和经营管理。另一方面鼓励国有资本以多种方式入股非国有企业，通过投资入股、联合投资、重组等多种方式，与非公有企业进行资源整合、战略合作、股权融合。同时积极探索混合所有制企业员工持股。

3. 有助于建立健全科学规范的公司法人治理结构。理顺公司股东大会、董事会、监事会、经理层和党组织的关系，形成责权对等、协调运转、有效制衡的决策执行监督机制。

4. 有助于促进企业主业做强做大。通过上市募集资金，增强公司的资金实力，有助于优化资本结构，弥补现金流缺口，增加主营业务项目数量，增强大资金需求类项目的投标竞争力，带动全产业链业务发展；有助于产业链的延伸、业务规模及区域的拓展，开展横向、纵向兼并收购，极大增强公司的主业规模和盈利能力，促进公司做强做大；通过上市引入产业投资人，开展产业整合和业务、人才、技术合作，增强业务能力和市场竞争力。

5. 有助于提升市场影响力。企业上市将极大增强公司的品牌知名度，提升国内外的市场影响力，有助于增强公司竞争实力和业务获取能力，构建富有竞争力的薪酬体制，有助于吸引海内外优秀人才的加入，增加公司信誉，有助于企业进入国际市场开拓海外业务。

6. 有助于实施股权激励计划，增强人才核心竞争力。实施股权激励计划，正是对国有企业薪酬制度的必要补充，适应当前新形势下的国有企业薪酬、人力管理需要。

十八届三中全会指出要积极发展混合所有制经济，允许混合所有制经济实行企业员工持股，形成资本所有者和劳动者利益共同体。2014年5月国务院发布的《关于进一步促进资本市场健康发展的若干意见》（即"国九条"）指出要完善上市公司股权激励制度，允许上市公司按规定通过多种形式开展员工持股计划；上市后，公司可分阶段实施包括员工持股计划、股票期权、限制性股票等多种形式的股权激励计划，对员工形成有效的股权激励约束机制，稳固和引进优秀人才，增强公司人才之核心竞争力。

实施股权激励计划，有助于协调公司高管和骨干人员的短期激励和长期激励，培养和稳固骨干人员，更灵活地吸引各种人才；有助于充分调动公司全员的积极性，提升企业优势，增强公司核心竞争力和可持续发展能力；符合广大中小投资者的利益，有助于公司开展市值管理，提升公司市值和市场形象；建设与完善为股东创造价值的绩效导向文化，建立股东与公司管理层之间的利益共享与约束机制。

7. 杠杆力量撬动行业并购重组，抢占央企战略改革制高点。根据国资改革顶层方案设计，在央企改革窗口期，央企数量将从目前的 112 家缩减至 56～60 家，加大重组整合的力度，加快发展混合所有制经济，提高产业集中度，努力发展一批国内国际同行业中具有活力和影响力的企业，国家将按行业合并同类项，完善优胜劣汰的市场机制，淘汰没有竞争优势、长期亏损的企业，加快处置低效、无效及不良资产，有序进入具有发展潜力的行业和企业。对于商业类竞争性国企，改革措施将会是多元化的央企集团改组为淡马锡；单一化的央企改组为国有资本运营公司。

目前国资委对所管辖的央企按经济体量为划分标准，分为 50 亿以下、50 亿～100 亿、100 亿～500 亿、500 亿～1000 亿、1000 亿～2000 亿、2000 亿以上几个层级。如果国有企业能够将体量层级上升到 100 亿～500 亿以上，在央企的重组合并洗牌中，将有可能以其主导进行重组。

因此国有企业通过改制上市，尽早登陆资本市场，可以在短期内突破产值瓶颈，在改革调整窗口期内，抓住战略机遇，市值率先提高到上一层级的体量，提升集团整体价值水平，抢占改革战略制高点，面对行业整合更加从容，在行业竞争者中，从业务规模、产业整合、区域拓展、产业链延伸以及战略转型等方面取得绝对竞争优势，给企业下一步在国资调整、国企改革过程中赢得主动权。

取得资本支撑后，在行业低迷、产业调整期间，国有企业可利用募集资金进行重大项目投标、优质潜力的同行业企业整体并入，通过并购进一步扩大产值。

8. 有助于优势央企走向海外。借助资本优势，有助于国有企业加快实施走出去战略，提升海外项目投标竞争力，加大对外投资合作，带动国内商品、技术、服务、标准输出，缓解能源资源瓶颈制约，拓展经济发展空间。

综上分析，公司通过资本运作优势，强化资本运作能力，打造多层次战略投资平台，将顺应国有企业混合所有制改革趋势，提升股权价值，开展战略并购整合，构筑立体低成本融资平台，抢占战略制高点化被动为主动，促进国有资产保值增值，以资本力量推动企业经营治理结构改革，以资本力量反哺主业转型创新发展。

优先购买权制度研究

——兼论商事拍卖中优先购买权的实现

李仁玉　　赵丹丹[*]

　　优先购买权制度是指出卖人出卖其标的物时享有在同等条件下优先于他人而购买的权利。目前世界各国的法律对优先购买权制度都有相应的规定。该制度的价值主要表现为稳定经济秩序、提高交易效率、促进社会公平。稳定经济秩序主要是通过调整相互冲突的各方利益，减少经济主体之间的摩擦和无谓的牺牲，使各方主体安排在一种合理有效的社会关系中。提高交易效率主要是指在经济活动中以较小的耗费来取得较大的收益，缩短协商时间减少交易成本。因为优先购买权人已经对财产的性质、状况、价值等有了足够的了解，使其对该交易有充分的心理认知和预期安排。社会公平是人类对社会制度、社会关系和社会形态理性化、合理化的应然要求。例如，房屋承租人的优先购买权在整个制度层面上照顾到了社会弱势成员的利益，因而它包含着以促进社会公平为内容的立法价值取向。我国现行法律中对优先购买权制度的规定较为散乱，缺少一般性的原则规定，导致实务中存在的问题较多，同样在拍卖程序中优先购买权的实现也存有争议。拍卖是以公开竞价的形式，将特定物品或者财产权利转让给最高应价者的买卖方式。在拍卖中如何实现

---

　　* 李仁玉，北京工商大学法学院教授；赵丹丹，北京工商大学法学院硕士研究生。

优先购买权，我国现行法律中并无明文规定。结合比较法上优先购买权的规定和我国的实务，商事拍卖中优先购买权的实现的研究就显得特别重要。

一、优先购买权制度的比较法借鉴

（一）大陆法系国家和地区的优先购买权制度

1. 罗马法和日耳曼法上的优先购买权。大陆法系国家的优先购买权制度最早可追溯到古罗马及日耳曼法时期。优先购买权制度始自拜占庭时期罗马法上的 iuspotimiseos。[1]古希腊的永佃权制度中也有关于优先购买权的规定，即为保护承佃人，赋予其在出佃人出卖自己的田地时，得优先于其他人购买该土地的权利，从而实现永佃权人与土地所有权人合二为一的目的。东罗马皇帝优士丁尼做出了转让永佃权时，所有权人有优先购买权的规定，即"出让永佃权时，应预先通知所有人，所有人于接到通知后的两个月内，有以同等价格受让永佃权的优先权。"[2]从中世纪到文艺复兴时期，由于波伦亚学派法学家的活动以及大量的历史和社会原因的影响，优士丁尼的罗马法逐渐变成了所有拉丁民族和日耳曼民族的共同法，优先购买权制度自然也在所有拉丁民族和日耳曼民族中得到推行。[3]

日耳曼法采取集体主义立法原则，在财产合有之情况下，合有人在所有人转让其财产时，享有优先购买权。财产合有系基于人与人之间的人格关系。在中世纪的欧洲，有的地方规定，出售土地时邻居有优先购买权。[4]古代日耳曼法上的土地采取的是总有制度，即团体主义。至中世纪，伴随着古代日耳曼的亲属团体、家族团体以至村落团体的总有制度的废弛，首先演绎为对土地进行处分时一定团体成员的同意权制度。后来随着土地总有制度的崩溃，向个人所有权推移，同意权逐渐演变为先买权。先买权成为了中世纪日耳曼法的一项重要制度。

无论是罗马法还是日耳曼法，优先购买权的客体主要限于土地所有权；

---

〔1〕［意］彼得罗·彭梵得：《罗马法教科书》，黄风译，中国政法大学出版社1992年版，第267页。

〔2〕周枏：《罗马法原论》，商务印书馆1996年版，第387页。

〔3〕刘文娟："优先购买权的立法比较研究"，载《贵州警官职业学院学报》2003年第4期。

〔4〕［意］彼得罗·彭梵得：《罗马法教科书》，黄风译，中国政法大学出版社1992年版，第267页。

优先购买权的主体罗马法中主要为永佃权人，在日耳曼法中主要为合有权人或邻居；为了保障优先购买权的实现，要求土地所有人事先通知永佃权人或合有人等。优先购买权的实现条件应为同等条件，该同等条件主要是指相同价格。至于在拍卖中优先购买权如何实现，罗马法、日耳曼法均未有相应规定。

2. 近现代大陆法上的优先购买权制度。到了现代，优先购买权制度已被各国民法理论和民法典所接受。《法国民法典》是现代民法中最早规定优先购买权的法典。1804 年《法国民法典》颁布之初，并未规定优先购买权，后来修订法典时加入了优先购买权制度。《法国民法典》在继承编第 815 - 14 至第 815 - 16 条规定了共同继承人的优先购买权。1985 年，法国最高法院第一民事庭一项判决将遗产共有人优先购买权推广适用于其他一切共有。该判决认为，法国民法典第 815 - 14 条之规定适用于所有的共有财产，不论是否是因继承之原因引起的共有。[1]该法第 815 - 14 条规定："如共有人拟将其对整个共有财产或对其中一项或数项共有财产的权利全部或一部有偿让与共有人以外的其他人，应以司法公文将其拟定让与的价格及条件，自荐取得这些财产人的姓名、住所与职业通知其他共有人"。（第 815 - 14 条第 1 款）"任何共有人均可在此项通知之日起 1 个月期限内，以司法公文书通知让与人，令其将按照让与人向其通知的价格与条件行使先取权"。[2]（第 815 - 14 条第 2 款）优先购买权行使的期限为 2 个月，一般自优先购买权人向财产出卖人作出答复之日起算，超过期限的，出卖人可以发出催告，以催告后 15 天仍不行使优先购买权的，优先购买权消灭，并且，出卖人可以对其提出损害赔偿的要求。（第 815 - 14 条第 3 款）"有多个共有人要求实现优先购买权的，视他们各自在共有财产中所占的份额比例，共同取得出卖的财产"。（第 815 - 14 条第 4 款）"共有人的优先购买权同样适用于以拍卖形式转让财产的情形"。（第 815 - 15 条第 1 款）"共有人违反法律规定，出卖或拍卖共有财产，侵犯其他共有人优先购买权的，均属无效行为。提起无效诉讼的期限为 5 年。提起无效诉讼只能针对应当向其进行通知的人或他们的继承人。"（第 815 - 16 条）《法国民法典》第 815 - 18 条还规定了用益权共有人优先购买权，法国的其他法律

---

〔1〕《法国民法典》（上册），罗结珍译，法律出版社 2004 年版，第 631 页。
〔2〕 这里的先取权应理解为先买权。

还规定了佃农优先购买权，即在所有人出卖其地产的情况下，佃农享有优先购买权，可支付同等价格而优先购买该地产。（《法国乡村法》L.412-1条）[1]此外，法国商事公司法还规定了关于股东的优先购买权。

《法国民法典》优先购买权的客体不限于土地所有权，包括了动产、不动产及股份；优先购买权的主体主要为共同继承人、共有人、有限责任公司的股东和佃农；优先购买权的种类包括继承人的优先购买权、共有人的优先购买权、佃农对地主转让土地的优先购买权和有限责任公司股东对转让股份的优先购买权。为了保障优先购买权的实现，要求转让人事先通知优先购买权人，未事先通知优先购买权人转让他人的，优先购买权人可以主张该转让无效。优先购买权的实现条件应为同等条件，该同等条件主要是指相同价格。优先购买权适用于拍卖程序，至于在拍卖中优先购买权如何实现未有相应规定。

《德国民法典》对优先购买权的规定更加详细，将优先购买权分为债权优先购买权和物权优先购买权。《德国民法典》债权编第504~514条规定了以合同方式设立债权优先购买权，《德国民法典》物权编中的第1094~1104条规定了以约定方式设立物权优先购买权。在《德国民法典》中，上述两种优先购买权为约定的优先购买权。除了约定的优先购买权，《德国民法典》还规定了法定的优先购买权，主要包括：第2034~2037条的关于共同继承人的优先购买权的规定；《帝国安居法》关于公共住宅建设企业对一定面积的农民土地的优先购买权的规定；《房宅基地法》关于房屋所有人对房屋地基的优先购买权的规定；还有《联邦建筑法》第24条关于乡镇政府对公共建设规划区域内的私有不动产有优先购买权的规定，此规定主要是指乡镇政府为公共利益的需要，对公共建设规划区域内的私有不动产有优先购买权；对于房屋承租人的优先购买权在德国民法典中未有规定，直到1993年《关于修改使用租赁法的规定的第四号法例》增加了第570条b项规定了住房承租人的优先购买权。另外，德国股份公司法还对股东的优先购买权作了规定。另外，《德国民法典》第512条规定："以强制执行方式或破产管理人所为之出卖，不得行使优先购买权。"

德国民法的优先购买权制度有以下特点：①不仅存在法定优先购买权制

---

[1] 尹田：《法国物权法》，法律出版社1998年版，第295页。

度而且存在约定优先购买权制度；②在财产类型上主要为不动产或不动产权利；③区分了物权的优先购买权和债权的优先购买权；④对于法定优先购买权主体主要是共同继承人和公共住宅的承租人等；⑤在拍卖和强制执行程序中不适用优先购买权。

《瑞士民法典》第 681 条规定了关于出卖土地的法定优先购买权。第 682 条规定了土地共有人的优先购买权和土地所有人与建筑物所有人相互的优先购买权，以及关于农业经营和土地的优先购买权。第 712 条还规定了建筑物区分所有人约定的优先购买权。《瑞士债法典》第 216 条规定了不动产买卖中的优先购买权。瑞士民法中的优先购买权主要适用于土地等不动产的所有权转让及农业生产经营权的转让。

《日本民法典》第 269 条、第 905 条也对优先购买权作了规定。第 269 条第 1 项规定："地上权人于其权利消灭时可以恢复土地原状，收去其工作物及竹木。但是土地所有人通知愿以时价买取时，地上权人无正当理由，不得拒绝。"[1]第 905 条规定了共同继承人的优先购买权，"共同继承人的一人，于分割前将其应继份让与第三人时，其他共同继承人可以偿还其价额及费用，而受让该应继份。"此外，日本《1938 年有限责任公司法》第 19 条第 5 款和《日本商法典》第 204 条第 3 款确立了股东优先购买权制度。

（二）英美法系关于优先购买权的规定

英美法系也有关于优先购买权的规定。近现代以来，英美法系国家关于优先购买权的规定大多数集中在其公司法等商事法律文件中，主要以有限责任公司股东转让其所持有的公司股权时，其他股东的优先购买权的形式出现。如《美国标准公司法》第 26 条中规定："除公司章程或本条款有限制和禁止外，股东应具有优先购买权，以获得公司未发行股份或库存股或可转换为股份或具有认购或获得股份的证券。"英国的法律是在《公司法》中的第三章"权益证券的配售"第 560 ~ 577 条规定了现行股东的优先购买权。[2]

从各国法律对于优先购买权的规定可以看出，各国法律关于优先购买权的规定具有以下借鉴：①各国根据自身传统和现实需要规定优先购买权的适用范围；②优先购买权的适用范围具有不断扩大的趋势，从罗马法和日耳曼

---

〔1〕 孙宪忠：《德国当代物权法》，法律出版社 1997 年版，第 170 ~ 172 页。

〔2〕 《英国 2006 年公司法》，葛伟军译，法律出版社 2008 年版，第 350 ~ 359 页。

法上的土地权利扩大到不动产和动产及股份转让；③优先购买权的实现条件均要求同等条件，该同等条件主要指价格条件；④优先购买权的实现程序均要求转让人事先通知优先购买权人；⑤优先购买权的实现领域由普通买卖领域扩大到拍卖领域。

二、我国优先购买权的相关规定

（一）我国优先购买权制度的历史沿革

我国的优先购买权制度的历史可谓源远流长，有文字可考的优先购买权的雏形产生于北魏时期，《魏书·食货志》记载："诸远流配谪、无子孙及户绝者，墟宅桑榆，尽为公田，以供授受，授受之次，给其所亲，未受之间，亦借其所亲。"当时优先购买权的权利主体仅限于亲而不适用于邻。唐朝时的《唐律》始将邻人纳入了优先购买权的权利人范围，至此形成了我国古代典型的亲邻先买权的规定。此时的房地产买卖必须先问近亲，次问四邻，近亲四邻不要，才得卖与别人。[1]

到宋代的时候，优先购买权制度的规定已经有了非常完备的记载，主要有亲族先买权、地邻先买权、典主先买权及租佃先买权等，且规定也较为详尽。如《宋刑统·户婚律》规定"应典卖、倚当物业，先问房亲，房亲不要，次问四邻，四邻不要，他人并得交易。房亲着价不尽，亦任就得价高处交易。"由此可以看出，《宋刑统》明确规定了亲族先买权优于地邻先买权。

唐宋时期的优先购买权制度都是围绕田宅出典、出卖，一定范围内的主体在同等条件下，根据不同情况对田宅享有的优先购买或回赎的权利。这些优先购买权制度经过元代的充实和完善，到明清时期已经形成观念，深入人心，成为田宅典卖中必须遵循的原则，尽管明清的法律中没有关于不动产优先购买权的规定。但在田宅典卖中，若未先行征询亲族、邻人等优先购买权人的意见，辄将田宅出典或出卖，将被认为是"私卖"，因此发生纠纷，官府要严惩私卖人。不少地方甚至不许田宅卖出本族，有"倒户不倒族，倒族不倒宗"、"业不出户"、"同族无断业"等法谚。很多家法族规也规定，本族田宅不得卖与外人。如《山西洪洞刘氏族谱·祭田》载，刘氏族规定本族田宅不得卖与外人，刘氏族人刘承纶欲出卖其清涧渠三亩水田，只得以较低的价格将该三亩

---

[1] 孙庆明、胡留元、孙季平：《中国民法史》，吉林人民出版社1996年版，第256页。

水田卖与本族作祭田，其后又以每年白银三两二钱的租金将其租回耕种。〔1〕

综上可以看出，我国古代的优先购买权制度主要是指亲邻优先购买权。但是我国古代社会多聚族而居，亲即邻、邻亦为亲，因此亲邻优先购买权实际上就是亲属间的优先购买权。封建社会各朝代的法律几乎都规定了亲邻优先购买权，主要是因为在封建社会，家族是最基本的社会生产、生活单位，国家也是按照家的模式建立的，因此，国家很注重维护家族利益。亲邻优先购买权制度所要追求的价值就是维护封建宗法制度，维护土地私有制度，保护土地所有人的特权利益。这种制度设计是符合当时的家族观念和封建伦理观念的，也是符合当时公序良俗的内容的。古代优先购买权设置的理由与现代社会优先购买权制度的存在基础，即充分实现物尽其用，追求物的利用价值的最大化的目的是没有差别的。

清末修律时，在《大清民律草案》中，没有关于亲邻优先购买权的规定，但仍然有承（佃）租人、典权人的优先购买权的规定。随着1840年鸦片战争后西方势力的入侵和西方法律文化在中国的传播，中国传统法律开始面临前所未有的冲击与挑战。20世纪初，清廷在庚子新政和预备立宪中修律成为一项重要内容。修律过程中，在删减法律条文、变革"诸法合体"的法律体系时，更着力于对传统法律精神的改造，从而使这次修律突破了传统法律的基本精神和理念。从清末修律整体来看，新律基本上吸收了西方资产阶级法律原则，贯彻了礼法分离的原则。因此，在《大清民律草案》中直接以礼教纲常作为法律指导思想的亲邻优先购买权没有规定的原因可以想见。虽然亲邻优先购买权没有以法律的形式规定下来，但亲邻优先购买权主要融于交易习惯和家法族规中，直至民国时期和20世纪前期中国的民商事习惯调查表明大多数地方仍然有优先购买权的习惯，且民间有关优先购买权的纠纷时有发生。这充分表明这种习惯已经在社会生活和人们的意识中"固化"下来，成为"不言自明"的东西。

（二）我国台湾地区优先购买权的规定

我国台湾地区"民法"规定了以下几种法定优先购买权：基地承租人的优先购买权；基地所有人对房屋的优先购买权；耕地承租人优先购买权等。〔2〕

---

〔1〕 孙庆明、胡留元、孙季平：《中国民法史》，吉林人民出版社1996年版，第542页。

〔2〕 （台）王泽鉴：《民法学说与判例研究》（第一册），中国政法大学出版社1998年版，第505页。

如：1999 年修正的台湾地区"民法典"债编对耕地承租人的优先购买权及租地建屋时承租人优先购买权作出了规定。台湾"民法典"第 426 条之一规定，"耕作地出租人出卖或出典耕地时，承租人有依同样条件优先承买或承典之权。"第 426 条之二规定，"租用基地建筑房屋，出租人出卖基地时，承租人有依同样条件优先承买之权。承租人出卖房屋时，基地所有人有依同样条件优先承买之权。"这几种优先购买权的标的物都是土地、基地、房屋和耕地之类的不动产，但针对房屋的优先购买权与大陆地区的不同，前者的权利主体是房屋基地的所有人，而后者的权利主体是房屋的承租人。

（三）我国现行法律中优先购买权的规定及其法理分析

我国现行法律中关于优先购买权的规定可以归纳为以下几类：

1. 共有人的优先购买权。《中华人民共和国民法通则》第 78 条第 3 款规定："按份共有财产的各个共有人有权将自己的份额分出或者转让。但在出售时，其他共有人在同等条件下，有优先购买的权利。"《中华人民共和国物权法》第 101 条规定："按份共有人可以转让其享有的共有的不动产或者动产份额。其他共有人在同等条件下享有优先购买权的权利。"《民通意见》第 92 条规定："共同共有财产分割后，一个或者数个原共有人出卖自己分得的财产时，如果出卖的财产与其他原共有人分得的财产属于一个整体或者配套使用，其他原共有人主张优先购买权的，应当予以支持。"这些都是关于共有人的优先购买权的法律规定。此外，《合同法》第 340 条第 1 款的规定也可视为共有人享有优先购买权的情形，即："合作开发完成的发明创造，除当事人另有约定的以外，申请专利的权利属于合作开发的当事人共有。当事人一方转让其共有的专利申请权的，其他各方享有以同等条件优先受让的权利。"通过分析可以看出，有关共有人的优先购买权多适用于按份共有，对于按份共有，只要出卖人出卖其共有份额其他按份共有人就有优先购买权。而共同共有只有在进行财产分割时才享有优先购买权。

关于共有人优先购买权设置的意义，学者观点如下：梁慧星教授认为："这是为了限制共有人人数的增加，简化共有关系。"[1]谢在全教授认为："法律确立按份共有人就份额（应有部分）享有优先购买权的目的，是为了减

---

[1] 梁慧星：《中国物权法草案建议稿条文、说明、理由与参考立法例》，社会科学文献出版社 1999 年版，第 425 页。

少共有人的人数，防止因外人的介入而使共有人内部关系复杂化，从而简化甚至消除共有物的共同使用关系，实现对共有物利用上的效率。"[1]胡康生教授认为："法律规定其他共有人优先购买权，是为了简化共有关系，防止因外人的介入而使共有人内部关系趋于复杂。"[2]崔建远教授认为："从立法目的上看，共有人的优先购买权的规范意旨在于，为了简化共有关系，尽量消灭共有状态。"[3]尹田教授认为："法律在允许个别共有人转让其份额的同时，赋予其他共有人以优先购买权，以使共有份额存留于原共有人内部，达到维护共有关系稳定的目的。"[4]可以认为共有人享有优先购买权的民法原理是为了稳定物权关系和简化物权关系。存在三人以上的共有时，共有人之一转让共有份额，共有人享有优先购买权防止外人的加入有利于稳定物权关系；存在两人的共有时，共有人之一转让共有份额，共有人享有优先购买权有利于简化物权关系，即由共有关系转化为单一所有权关系。

2. 房屋承租人的优先购买权。关于承租人的优先购买权的规定，我国主要体现在以下法律和司法解释中。《合同法》第230条规定："出租人出卖租赁房屋的，应当在出卖之前的合理期限内通知承租人，承租人享有以同等条件优先购买的权利。"《民通意见》第118条（已废止）规定："出租人出卖出租房屋，应提前三个月通知承租人。承租人在同等条件下，享有优先购买权；出租人未按此规定出卖房屋的，承租人可以请求人民法院宣告该房屋买卖无效。"此外，最高人民法院审判委员会2009年6月22日通过的《最高人民法院关于审理城镇房屋租赁合同纠纷案件具体应用法律若干问题的解释》（法释〔2009〕11号）用四个条文（第21~24条）对承租人的优先购买权作了迄今为止最为详细的规定。该解释第21条规定："出租人出卖租赁房屋未在合理期限内通知承租人或者存在其他侵害承租人优先购买权情形，承租人请求出租人承担赔偿责任的，人民法院应予支持。但请求确认出租人与第三人签订的房屋买卖合同无效的，人民法院不予支持。"第22条规定："出租人与抵押权人协议折价、变卖租赁房屋偿还债务，应当在合理期限内通知承租人。承租人请求以同等条件优先购买房屋的，人民法院应予支持。"第23条

〔1〕（台）谢在全：《民法物权论》（上册），三民书局2003年版，第556页。
〔2〕胡康生：《中华人民共和国物权法释义》，法律出版社2007年版，第231页。
〔3〕崔建远："论共有人的优先购买权"，载《河北法学》2009年第5期。
〔4〕尹田：《物权法》，北京大学出版社2013年版，第319页。

规定："出租人委托拍卖人拍卖租赁房屋，应当在拍卖5日前通知承租人。承租人未参加拍卖的，人民法院应当认定承租人放弃优先购买权。"第24条规定："具有下列情形之一，承租人主张优先购买房屋的，人民法院不予支持：①房屋共有人行使优先购买权的；②出租人将房屋出卖给近亲属，包括配偶、父母、子女、兄弟姐妹、祖父母、外祖父母、孙子女、外孙子女的；③出租人履行通知义务后，承租人在十五日内未明确表示购买的；④第三人善意购买租赁房屋并已经办理登记手续的。"可见，我国现行法律体系中对承租人的优先购买权的规定是比较充分的，除规定了"通知"义务及期限，还具体到了拍卖程序中承租人的优先购买权的规定，虽然只是简洁的规定，但充分说明了在拍卖程序中优先购买权的实现已经引起了立法者的关注。

承租人的优先购买权制度很早就有，并被很多国家所采纳。其立法理由是为了实现居者有其屋的理想。该制度放射着法律理想主义的光芒，但缺少法律的现实主义品格。我国合同法引进了房屋承租人的优先购买权制度，但在法律实务中该制度的合理性不断受到诘问。因此，《最高人民法院关于审理城镇房屋租赁合同纠纷案件具体应用法律若干问题的解释》（法释〔2009〕11号）从法律适用上限缩了该制度的适用空间：①房屋承租人的优先购买权不能对抗近亲属，不能对抗善意取得人及房屋共有人；②优先购买权的适用要求自出租人通知之日起15天内予以明示的回复，否则视为放弃优先购买权。

3. 股东的优先购买权。我国早在1992年5月15日《国家体改委有限责任公司规范意见》第20条第5项就规定了出资转让中股东享有的优先购买权。《中华人民共和国公司法》第34条规定了公司新增资本时，股东有权优先按照实缴的出资比例认缴出资。这是关于有限责任公司的股东优先认缴出资的规定。《中华人民共和国公司法》第71条第3款规定经股东同意转让的股权，在同等条件下，其他股东有优先购买权。两个以上股东主张行使优先购买权的，协商确定各自的购买比例；协商不成的，按照各自的比例行使优先购买权。这是关于股权转让时股东的优先购买权的规定。另外，根据我国法律的规定中外合资经营企业的性质为有限责任公司，因此，在实质上也存在着股东（合营方）的优先购买权问题，具体规定在《中华人民共和国中外合资经营企业法实施条例》第20条第2款："合营一方转让其全部或部分股权时，合营他方有优先购买权。"这是关于中外合资经营企业中股东的优先购买权的规定。

《公司法》第71条是规定在公司法第三章有限责任公司的股权转让这一章的。中外合资经营企业根据我国法律的规定其性质也为有限责任公司。有限责任公司是人合兼具资合性质的公司类型，其"所有和经营相分离"的状况并不明显，大多数股东都能间接参与公司事务管理，股东之间的信赖和依靠成为良好的公司秩序的基础。同样，在这类公司中股东因各自的出资而形成相互间的财产关系，出资形成的股权当然具有财产性。各国公司法都允许股东通过转让股权退出公司。通过转让股权而退出公司，这是股权转让方的目的，至于何人受让股权并非转让方所关心的。但是，公司股东向第三方转让股权时往往会在原有股东与新加入股东之间产生争议，影响到有限责任公司的既有秩序，甚至影响到有限责任公司的运营效率。因此，如何维护好有限责任公司的既有秩序就成为了公司法的重要目标。公司法通过赋予现有股东享有股权优先购买权，以最大限度地保持原有股东之间的信赖和依存关系，缓和因新股东加入而导致公司秩序失衡。公司法设置股东的优先购买权既是对公司既有关系的反映，也是维持股东之间信赖和依存关系的重要手段。

4. 合伙企业合伙人的优先购买权。《中华人民共和国合伙企业法》第23条规定："合伙人向合伙人以外的人转让其在合伙企业中的财产份额的，在同等条件下，其他合伙人有优先购买权；但是，合伙协议另有约定的除外。"这是关于合伙人向合伙企业以外的人转让其在合伙企业中的财产份额的优先购买权的规定。第42条规定："合伙人的自有财产不足清偿其与合伙企业无关的债务的，该合伙人可以以其从合伙企业中分取的收益用于清偿；债权人也可以依法请求人民法院强制执行该合伙人在合伙企业中的财产份额用于清偿。人民法院强制执行合伙人的财产份额时，应当通知全体合伙人，其他合伙人有优先购买权；其他合伙人未购买，又不同意将该财产份额转让给他人的，依照本法第51条的规定为该合伙人办理退伙结算，或者办理削减该合伙人相应财产份额的结算。"第74条规定："有限合伙人的自有财产不足清偿其与合伙企业无关的债务的，该合伙人可以以其从有限合伙企业中分取的收益用于清偿；债权人也可以依法请求人民法院强制执行该合伙人在有限合伙企业中的财产份额用于清偿。人民法院强制执行有限合伙人的财产份额时，应当通知全体合伙人。在同等条件下，其他合伙人有优先购买权。"第42条和第74条是关于法院强制执行合伙人的财产份额时其他合伙人的优先购买权的规定。

合伙企业最大的特点就在于其人合性，具体表现就是各合伙人是在相互信任的基础上，共同出资，共同经营，共享收益，共担风险，并对合伙企业的债务承担无限连带责任。合伙企业是营利性组织，不具有法人的性质。合伙人之间有着比公司股东更为紧密的人际关系，合伙人之间的相互信任是合伙企业存在的基础。合伙人的共同经营便意味着合伙人对合伙企业的事务享有共同的决策权。基于合伙企业的这些特点，合伙人向其他合伙人和合伙人以外的人转让财产份额就会导致不同的结果。由于不同受让人对于合伙企业了解程度不同，他们受让这种财产份额对于合伙企业的影响也有所区别。对于外部受让人而言，他们受让这种财产份额后即要加入合伙企业成为合伙人，如果他们受让的是有限合伙人身份，不参与合伙事务的执行则影响不大，如果受让的是普通合伙人身份，即要参与企业的事务执行，他们的思维方法、处事态度、诚信程度、经营风格等都会对企业的经营与事务执行产生较大影响，如果与其他合伙人难以和睦相处，则可能引起合伙企业的矛盾甚至导致合伙的解体。而企业其他合伙人受让此份额，只引起各合伙人持有财产份额多少的变化，除在争夺企业控制权上影响较大外，不会对于合伙企业的经营产生大的影响。因此，各国的合伙法都倾向于鼓励合伙人内部之间的财产份额转让，同时规定了其他合伙人的优先购买权制度，以维护合伙企业的人合性和稳定性，保护合伙人的合法权益。我国《合伙企业法》规定合伙人的优先购买权制度也是基于维护合伙企业的人合性和稳定性以及保护既有合伙人的合法权益的目的。

5. 特别法上关于国家优先购买权的规定。《中华人民共和国文物保护法》第58条规定："文物行政部门在审核拟拍卖的文物时，可以指定国有文物收藏单位优先购买其中的珍贵文物。购买价格由文物收藏单位的代表与文物的委托人协商确定。"该法条是目前国家对文物行使优先购买权的合法依据，尽管其规定的较为模糊，但还是对实务中文物的优先购买权的实现具有一定的指导意义。通过立法与实践的不断探索与磨合，才能制定出更具有实务操作意义的法律规定。

文物不仅具有经济价值，还具有历史价值和艺术价值。从其财产权的属性来看，它可以属于某个个人，但是它的文物价值应具有社会性。从这个意义上讲，国家对珍贵文物享有优先购买权是必要的，因为国家保护更能够完整地体现文物的价值，也更能够对文物进行全方位的保护。

三、"同等条件"的理解问题

(一) 关于"同等条件"的理论分析及比较法上的规定

1. "同等条件"的理论分析。我国《民法通则》、《物权法》、《合同法》、《公司法》、《合伙企业法》等都将"同等条件"作为优先购买权实现的必要条件，也就是说优先购买权人必须在同等条件下实现优先购买权。"同等条件"在优先购买权实现的所有条件中居于核心地位，是优先购买权实现的实质条件。同等条件在优先购买权人、出卖人和第三人之间起到一个很好的利益平衡的作用：首先，同等条件仅仅是对优先购买权人交易机会的保护，也就是说优先购买权不是在任何条件下都可以实现，它是相对的和有条件的，这个条件就是指出卖人和优先购买权人的交易条件与出卖人和第三人的交易条件必须是相同的，给予优先购买权人的条件和给予第三人的条件是相同的；其次，优先购买权仅仅是对出卖人交易对象选择的限制，并没有使出卖的标的物的价值受到影响，由于规定了"同等条件"，使出卖人的合法权益得到了保障。这也是所有的权利获得法律平等保护的法理学原理的体现；最后，只有在给定的条件相同的情况下，优先购买权人的优先购买权方能实现，如果第三人即其他购买人给定的条件优于优先购买权人，则优先购买权人不能实现其优先购买权。从这个意义上讲，优先购买权制度基本上没有违背公平原则。但是，我国法律上关于"同等条件"的理解规定的并不明确，导致司法实践中"同等条件"的适用产生了颇多争议。

2. "同等条件"比较法上的规定及关于"同等条件"两种标准的分析。《德国民法典》第 505 条第 2 款规定，"行使先买权时，先买权人和义务人之间的买卖，按照义务人与第三人约定的相同条款而成立"。即德国民法典对同等条件的标准采取的是绝对同等说，绝对同等说指优先购买权人购买的条件应与其他买受人条件绝对相同和完全一致。《法国民法典》第 815 条规定，"先买权人应以出卖人与第三人协商的'价格及条件'行使优先购买权。"多数情况下，"同等条件"指价格条件和支付条件。法国民法典关于同等条件的标准采取的是相对同等说，相对同等说是指优先购买权人购买的条件与其他买受人条件大致相同。法律对"同等条件"的标准的规定是与其法律价值取向相联系的，如果是出于维护既有的法律秩序，促进物尽其用，提高交易效率的考虑，一般会采取相对宽松的标准，即相对同等说，这也便于优先购买权人实现优先购买权。如果是出于对第三人的利益以及民法上的缔约自由原则的考虑，则会对"同等条件"作出比较严格的规定，通过严格限制优先购买权的实现对第三人利益和相关的法律原则得以维护。

如果采取绝对同等说，优先购买权在现实中很难实现。因为不同类型的合同内容要求也不一样，要求优先购买权人和出卖人之间订立的合同与出卖人和第三人之间订立的合同在价格、履行期限、地点、交付方式等条款上完全一致是很困难的。否则，出卖人会以某个次要条款的细微差别等种种理由否定权利人的优先购买权。事实上，要求两个合同的内容绝对一致也是毫无必要的，所以提出了相对等同说。相对等同说认为，优先购买权人购买条件与其他买受人的条件大致相等，便可视为同等条件，其内容主要指价格条件和支付条件。权利人支付的价格应当与其他买受人支付的价格条件相同，除价格条件外，也应适当考虑支付方式，支付方式的确定也从根本上影响到出卖人的利益。因此认为价格条件是第一位的，根本上影响到出卖人利益的支付条件是第二位的。

（二）承租部分房屋的承租人对整体房屋的出卖是否享有优先购买权

对于承租部分房屋的承租人在房屋所有人出卖房屋时是否享有优先购买权学理上存有争议，争议的核心是如何理解同等条件的问题。一种观点认为，法律规定的承租人享有优先购买权，并未对承租人作出具体限制，局部承租人亦是承租人，亦应享有优先购买权。另一种观点认为，承租部分房屋的承租人不享有对整体房屋的优先购买权。因为房屋承租人优先购买权的基础是有效的租赁合同，其租赁合同只是承租了房屋的部分而未承租房屋整体，而出卖人是出卖房屋整体，不是出卖承租人承租的部分房屋，不属于同等条件不享有优先购买权。即特定的优先权主体不能扩大至整体。第三种观点认为，部分承租人无论是对其承租部分还是对整栋房屋，都不享有优先购买权，理由是部分不能对抗整体。在司法实践中邓柱基诉广州工艺品进出口集团公司案对这一问题作出了回答。

【案情介绍】根据广州市房地产管理局核发的《房屋所有权证》记载，坐落于广州市惠福西路218～236号房屋（建筑基地面积370.15平方米，总建筑面积3 241.46平方米）是以广州工艺品进出口集团公司名义登记的产业。邓柱基承租该大楼222号首层房屋前部（使用面积7.5 504平方米）作商铺使用及承租后部（使用面积 17.09 平方米）作住宅使用。邓柱基与广州工艺品进出口集团公司续签订上述 222 号租期至 2003 年 12 月 31 日止的《租赁合同》，该租赁合同未经房管部门登记备案。租期届满后，广州工艺品进出口集团公司没有与邓柱基续订租赁合同，但继续收取住宅部位租金至 2004 年 6 月止。2004 年 1 月 9 日，广州工艺品进出口集团公司（为卖方）与庚某签订《协议书》，约定：庚某购买惠福西路 218～236 号首层共 10 间房屋，交易总价为 93.7 万元。同年 3 月 19 日，房管部门发出了惠福西路 222 号产权属庚某所有的产权证。嗣后，原告获知工艺品公司将其承租的房屋出售，认为侵犯其优先购买权，诉至法院，主张买卖合同无效，并请求确认对上述房屋在同等条件下享有优先购买权（该同等条件是指工艺品公司以 83 000 元价格出售房屋时，邓某有优先购买权）。在庭审过程中，原告表示，只同意以 83 000 元的价格购买其承租的房屋，但不同意以 93.7 万元购买惠福西路 218－236 号首层共 10 间房屋。

【争议焦点】事实租赁关系的承租人能否享有优先购买权？优先购买权能否适用于整体出售的情形？

【一审判决】邓某承租讼争房期限届满后，继续使用上述房屋，工艺品公司没有表示异议且继续收取租金至 2004 年 6 月，原租赁合同有效，但租期为不定期。邓某作为合法承租人，享有以同等条件购买其承租的房屋的权利。但鉴于承租人邓某只对其承租的房屋享有同等条件下的优先购买权，而工艺品公司是与庚某约定以整体出售惠福西路 218～236 号首层房屋作为出售条件的，现邓某表示同意以 83 000 元购买其承租的房屋与工艺品公司整体出售包括上述讼争房在内的 10 间房屋并非同等条件，故驳回原告诉讼请求。

【二审判决】工艺品公司与庚某签订的买卖协议的内容及实际履约行为可反映出工艺品公司出售讼争房屋的条件为首层整体出售，邓某只同意按上述部分条件购房，并非在工艺品公司要求的同等条件下购买房屋，因此邓某认为其享有原承租房屋的优先购买权，缺乏依据，判决驳回上诉，维持原判。

【最高人民法院批复】《最高人民法院关于承租部分房屋的承租人在出租人整体出卖房屋时是否享有优先购买权的复函》〔（2004）民一他字第 29 号〕指出：江苏省高级人民法院：你院请示的关于承租部分房屋的承租人在出租人整体出卖房屋时是否享有优先购买权的问题，目前，法律和司法解释对此均无明确规定。经研究认为：目前处理此类案件，可以从以下两个方面综合考虑：第一，从房屋使用功能上看，如果承租人承租的部分房屋与房屋的其他部分是可分的、使用功能可相对独立的，则承租人的优先购买权应仅及于其承租的部分房屋；如果承租人的部分房屋与房屋的其他部分是不可分的、使用功能整体性较明显的，则其对出租人所卖全部房屋享有优先购买权。第二，从承租人承租的部分房屋占全部房屋的比例看，承租人承租的部分房屋占出租人出卖的全部房屋一半以上的，则其对出租人出卖的全部房屋享有优先购买权；反之则不宜认定其对全部房屋享有优先购买权。请你院结合以上因素，根据案件具体情况，妥善处理。

（三）同等条件中应当注意的问题

通过以上案例的分析，以及对最高人民法院批复精神的分析，可知优先购买权"同等条件"的确定要具体问题具体分析。

1. "同等条件"确定的方式。

（1）市场经济讲求资源的优化配置，法律的制度设计不得违背也无法违背该制度设计的要求。"同等条件"作为优先购买权实现的实体条件，指在同一交易条件下的优先购买，条件不同，则不存在"优先"的问题。若优先购买权人提供的交易条件优于第三人，则出卖人必然会与优先购买权人进行交易，但优先购买权人取得交易机会的结果不是优先购买权实现的结果。

（2）当第三人的交易条件优于优先购买权人，而优先购买权人又不愿提出"同等条件"时，优先购买权人不能实现优先购买权。

（3）在买卖条件由卖方自己确定或者由第三人即其他买受人提出的情况下，出卖人在作出承诺之前，应当将该条件及意欲承诺之意思通知优先购买权人，以确定优先购买权人是否愿意购买。优先购买权人如果愿意购买，应立即通知出卖人。在这之后出卖人不得以他人有更优条件为由予以拒绝。

2. "同等条件"的内容。"同等条件"的内容主要是指条件具体指哪些。概括起来条件有两类：积极条件和消极条件。积极条件是指第三人与优先购买权人向出卖人给出的条件；消极条件则主要是指法律规定的限制条件。

我国法律规定的"同等条件"主要是优先购买权行使限制的实质性描述。由于社会生活纷繁复杂，立法不可能穷尽该实质性条件的具体内容，因此该"同等条件"除明确已形成社会共识的同等价格和同等支付条件外，还应通过指导性判例细化同等条件的外延空间。

四、商事拍卖中优先购买权的实现

拍卖是一种带有典型市场经济色彩的商品交易方式，是指由拍卖机构在一定的时间和地点，按照一定的规则，通过公开竞价而定价金的方法，将出卖人的财物出售给出价最高的竞买人的一种商品交易活动。随着我国市场经济的飞速发展，人们对公开、公平的市场交易平台的需求日益旺盛，拍卖方式也逐渐融入人们的日常生活。拍卖方式与其他的买卖方式相比较，具有交易对象相对集中、交易程序简便、交易方式公开透明等特点。正是基于拍卖的这些特点，它正在以其独特的竞争优势为人们所接受。同时拍卖也给流通性较差的商品开辟了一条合理、快速流通的渠道，促使商品交易更加公开、透明，而且更有利于社会主义市场经济的建设。而优先购买权制度是法律基于社会关系的稳定以及保护弱势群体的需要建立的一种对所有人的处分权进行一定的限制，对优先购买权人的利益进行保护的制度，优先购买权强调的不是"优"的权利，而是"先"的权利，在同等条件下，次序在前的人比次序在后的人更有机会。那么这两种规则之间的冲突该如何协调，以下将通过文章前述的分析、比较法上拍卖程序中优先购买权的实现以及我国实务的角度来分析拍卖程序中优先购买权的实现。

（一）比较法上商事拍卖中优先购买权实现的规定

关于优先购买权在商事拍卖中的适用在国外存在着两种截然不同的立法例：一种是以德国为代表的立法例，明确规定在拍卖程序中不能适用优先购买权。《德国民法典》第512条规定："以强制执行方式或破产管理人所为之出卖，不得行使优先购买权。"另一种是以法国为代表的立法例，包括瑞士民法都规定在拍卖中可以行使优先购买权。《法国民法典》第815-15条规定："如共有人之一在全部共有财产中或其中一项或数项财产中的权利全部或一部有必要进行拍卖，律师或公证人应当在预定的拍卖日前将此通知其他共有人，每一个共有人均可在拍卖竞标起一个月期限内通过向法院书记室提出声明，或者向公证人提出声明，取代在拍卖中取得这些财产的人的地位。"

由此可见，虽然是同属大陆法系国家，德国法和法国法关于拍卖程序中优先购买权实现的态度是截然不同的。此外，根据《法国民法典》关于拍卖程序中优先购买权实现的规定可以总结出：对于设有优先购买权的财产的拍卖，首先都规定了拍卖日前对优先购买权人的通知义务；其次还规定了拍竞标后，优先购买权人可以通过向法院或公证人提出声明的方式予以救济以实现优先购买权。

（二）我国台湾地区商事拍卖中优先购买权实现的规定

从我国台湾地区的"法律"规定来看，是承认房屋拍卖时承租人和基地所有人享有优先购买权的。台湾地区"土地法"第104条规定："房屋出卖时基地所有权人有依同样条件优先购买之权。……执行法院应于拍定后通知基地所有权人，基地所有权人接到通知后十日内可主张优先购买权……"。台湾地区"最高法院"1960年台抗字第83号认为："强制执行法上之拍卖，应解释为买卖之一种，……应将买卖条件以书面通知优先购买权之承租人，使其表示意愿等等。"

从我国台湾地区关于拍卖程序中优先购买权实现的"立法"规定中可以看出：主要也是规定了拍卖前对优先购买权人的通知义务和拍定后的通知义务以充分保障优先购买权人实现优先购买权。同样是从事前保障和事后救济两方面全面考虑到了优先购买权人的优先购买权如何更好地实现。

（三）我国商事拍卖中优先购买权的实现条件和实现程序

我国《民法通则》、《物权法》、《合同法》、《公司法》、《合伙企业法》以及《拍卖法》对商事拍卖中优先购买权的实现并未作明文规定。

有观点认为，在商事拍卖中优先购买权人实现优先购买权不以参加竞拍成为竞买人为条件，其理由是：①优先购买权属于法定权利，竞拍人参加竞拍并以最高竞价签订拍卖合同只是取得了一项合同权利即合同债权，法定权利优先于合同债权；②竞买人在签订竞买卖合同后，如果办理了登记手续或实际占有财产后才取得了竞拍财产的物权或所有权，此时依据善意取得的原理为维护善意第三人的利益，优先权人不得再主张优先购买权。本文作者认为上述观点难以成立：①法律赋予优先购买权人的仅仅是优先购买的权利，在拍卖程序中优先购买权人只有参加了竞拍程序才表明其有购买的意思表示；③如果优先购买权人不参加竞拍程序在办理登记或交付财产前行使优先购买权，这会破坏通过竞拍成立的合法的合同关系，不利于竞拍秩序的维护，而秩序价值已成为现代法理学的核心价值。

在我国司法实践中，最高人民法院《关于人民法院民事执行中拍卖、变卖财产的规定》中明确了对拍卖程序中优先购买权的保护。该《规定》第16条第1款规定："拍卖过程中，有最高应价时，优先购买权人可以表示以该最高价买受,如无更高应价,则拍归优先购买权人;如有更高应价,而优先购买权人不作表示的,则拍归该应价最高的竞买人。"从该款规定可以看出:①在拍卖程序中,拍卖公告公布后拍卖人应通知优先购买权人;②优先购买权人在接到通知后应参与竞拍,成为竞拍人,包括登记为竞拍人,如果优先购买权人接到通知后不参与竞拍应视为放弃优先购买权;③优先购买权的行使方式是跟价法。所谓跟价法就是指将优先购买权人视为一般的竞买人,优先购买权人行使优先购买权时必须以竞买人的身份举牌应价,与其他竞买人在同等条件下享有优先购买权。在其他买受人举牌应价后,有最高应价时优先购买权人可以表示接受此最高应价,如果其他买受人没有人进一步出高价,则竞拍财产拍给优先购买权人。如果其他买受人有更高应价,优先购买权人不作表示的,则竞拍财产归最高应价者。由此可以看出,跟价法要求优先购买权人必须积极主动地应价,其优先购买权的实现才能得到保护。虽然该规定仅针对法院民事执行程序中的拍卖,但该规定对于商事拍卖具有极大的参考价值。

在商事拍卖程序中优先购买权的实现条件和实现程序如下:首先,优先购买权主体的确定。拍卖人应按照《拍卖法》第27条的规定要求委托人说明拍卖标的物是否存在优先购买权,对存在优先购买权的,拍卖人按照《拍卖法》第18条的规定向竞买人说明拍卖标的物存在优先购买权。其次,通知或公告优先购买权人参加竞买。委托人或者拍卖人应当在拍卖五日以前通知优先购买权人于拍卖日到场。拍卖通知要具体载明拍卖的时间、地点和拍卖的原因,拍卖保证金数额,交纳拍卖款的期限等以便优先购买权人决定是否参与竞买。拍卖人应当在拍卖公告中一并告知优先购买权人参与竞买的权利以及其不登记竞买将丧失优先购买权的法律后果,这是为了便于尚未知悉的优先购买权人通过拍卖公告予以知悉。再次,优先购买权人要进行竞买登记、交纳竞买保证金并于拍卖日到场参加拍卖。优先购买权人要以竞买人的身份行使优先购买权,须按照拍卖通知或拍卖公告的要求,与其他竞买人一样进行竞买登记、交纳竞买保证金在拍卖日到场参加拍卖。未按规定进行竞买登记,交纳竞买保证金的视为放弃优先购买权。再者,优先购买权人举牌应价。出现最高应价时,优先购买权人应在拍卖师高呼三次结束前举牌应价,且该应价达到本次拍卖保留价以上的,就以该应价拍卖成交给优先购买权人。如果有更高应价的,而优先购买权人又不作表示的,则拍归该应价最高的竞买人。最后，对于多个优先购买权人同时表示应价的处理。应该区分不同的情况：多个优先购买权人顺序不同的，应当由顺序在先的优先购买权人行使优先购买权。比如，共有人的优先购买权优于承租人的优先购买权。顺序相同的多个优先购买权人同时表示应价的，可以采用继续加价的拍卖方法，以现有的出价为起拍价，多个优先购买权人作为竞拍者，价高者得。

郭某、郭红新向安徽省芜湖市中级人民法院申请再审案揭示了我国商事拍卖程序中优先购买权的实现条件和实现程序。

【案情介绍】申请再审人：郭某，男，1997年10月31日出生，汉族，住浙江省东阳市。法定代理人：郭红新，男，1969年6月4日出生，汉族，住安徽省芜湖市弋江区。郭某、郭红新不服安徽省芜湖市中级人民法院（2014）芜中执复字第00017号执行裁定，向安徽省芜湖市中级人民法院申请再审，请求撤销芜湖市鸠江区人民法院（2013）鸠执字第00362号、（2014）鸠执异字第0003号、芜湖市中级人民法院（2014）芜中执复字第00017号执行裁定，依法执行回转，归还郭某所有长江市场园B1幢D04号门面房。长江市场园B1幢D04号商业用房房产登记信息为郭某占有50%，郭红新占有50%，郭某系未成年人，为在校学生，被执行人郭红新、方晓芬为郭某的法定代理人，郭某认为鸠江区人民法院委托评估、拍卖以及拍卖程序中程序违法，两张登记表填写的买受人均为周克龙一人，同为一个电话号码，倪政兰没有参加拍卖竞买，却签订了拍卖成交确认书均不符合拍卖程序的规定。[1]

【芜湖市中级人民法院复议】经审查，鸠江区人民法院有完整的评估、拍卖的文书，且均已送达，周克龙与倪政兰均按拍卖机构的要求提供了各自的身份证明，因周克龙与倪政兰为母子关系，受倪政兰委托，周克龙代为领取、填写了竞买登记表，为方便联系，所以在登记表上签留的电话号码为同一号码，双方通过徽商银行各自缴纳了七万元的竞买保证金。此次拍卖起始价为70万元，周克龙与倪政兰均到场参加竞买，倪政兰加价1000元竞得标的物，并在拍卖成交确认书上签字确认，后委托其子周克龙代为办理汇款等手续，因此并无倪政兰没有参加拍卖竞买，却签订了拍卖成交确认书的情形。此外，

---

[1] 参见中国裁判文书网：（2015）芜中申他字第00001号。

鉴于长江市场园 B1 幢 D04 号商业用房郭某占有 50% 的份额，2014 年 8 月 21 日，鸠江区人民法院以（2014）鸠执异字第 00003 号执行裁定书，明确申请执行人杨志汉返还执行回转款 350500 元支付给郭某。目前该款项已经回转至鸠江区人民法院的账户，郭某可随时通过其法定代理人领取。因此驳回郭某撤销法院裁定的复议申请。

郭某不服芜湖市中级人民法院上述复议裁定，向芜湖市中级人民法院申请再审称：郭某作为未成年人，其权利应受到未成年人保护法的特别保护。在本案执行中，执行法官同意暂缓拍卖涉案房产，但实际上涉案房产已经拍卖成交，存在侵害郭某权利的故意。郭某要求的执行回转，是要求将涉案被拍卖的房产执行回转，而不是执行回转卖房款。郭某坚决要求归还其所有的长江市场园 B1 幢 D04 号门面房。

【芜湖市中级人民法院】 经审查认为：一、本案中，郭某的财产与被执行人郭红新的财产系按份共有关系，郭某认为其系未成年人，按照我国未成年人保护法，对其与郭红新共有的财产不能执行。对此，本院认为，在执行程序中，被执行人因履行法院生效法律文书明确的法定义务而需要分割其共有财产偿还债务，其他共有人对此不得拒绝分割，但其可请求对涉案共有财产行使优先购买权。这里的"其他共有人"显然也包括未成年的共有人，因此郭某的该项申请再审的理由不能成立。二、本案中，涉案房产拍卖相关法律文书及房产评估报告送达时有的系郭红新本人签收，有的系留置送达，送达程序均符合法律规定，故郭某对前述法律文书送达提出的异议不能成立。三、参与涉案房产拍卖的周克龙、倪政兰虽为母子关系，但其参与涉案房产拍卖的过程和程序并不违反法律规定，郭某对此提出异议，没有法律依据。四、执行法院拍卖涉案房产前依法进行了公告，郭红新对此自认及时获知了该公告内容，作为郭某的法定代理人，郭红新在获知房产价值评估报告后不提出异议，在获知法院要拍卖其享有所有权的涉案房产时不行使优先购买权的行为，应视为对郭某享有的相关权利的放弃。因此裁定驳回申请再审人郭某的再审申请。

通过以上案件的陈述以及法院的裁定可以看出：在司法实践中法院对于拍卖程序中优先购买权的行使主体和实现条件都是有明确判断的：①优先购买权的行使主体是我国法律上规定的能够行使优先购买权的主体；②在拍卖公告公布后拍卖人应通知优先购买权人；③优先购买权人在接到通知后应参

与竞拍，成为竞拍人，包括登记为竞拍人，如果优先购买权人接到通知后不参与竞拍应视为放弃优先购买权。通过司法实践中的裁判可以看出我国拍卖中的优先购买权的实现已有了明确的适用及界定，通过我国相关法律的不断完善，拍卖程序中优先购买权的实现条件会越来越细化和完善。这对于商事拍卖中优先购买权的实现条件和实现程序的规定也是具有指导和借鉴意义的。

五、小结

在商事拍卖中优先购买权的实现还需要结合我国的实务不断的完善。拍卖程序虽有其自身的特殊性，但从本质上讲，它依然是订立买卖合同的一种方式，事实上，优先购买权人到场参加拍卖，行使《拍卖法》赋予的竞买权并行使相关法律赋予的优先购买权，优先购买权人以竞买人的身份参加拍卖，可以减小流拍的可能性，可以通过加速交易进程而获得珍贵的商业机会或者减小时间成本。因此，研究商事拍卖中优先购买权的实现是有理论和现实意义的，这也正是本文写作之意。

商法公法性之商榷

张保红*

　　商法为私法，此乃当然和必须重申之理。商品经济孕育了市民社会，而市民社会孕育了私法。私法的价值在于防卫公权的侵袭。商法有许多强制性规范，因此，流行的观点认为，商法是私法，但兼具公法的性质。[1]然而，流行的观点未必就是正确的或合理的。商法公法化之论述严重干扰了商法的私法性质，进而为公权进入私域提供了堂而皇之的借口。本节意在澄清流行之谬误，正本清源，从而扫除商法健康发展之障碍。

一、学者关于商法公法化的论述

　　从法律规范形式上，商法的确有许多不同于民法的地方。第一，商事法律文件中有很多强制性规范。这在商主体法和商行为法中均有反映。[2]第

---

　　* 张保红，中国社会科学院法学所博士后流动站研究人员，教授。

　　[1] 施天涛：《商法学（第四版）》，法律出版社 2006 年版，第 10 页；黄晓林：《商法总论》，齐鲁书社 2004 年版，第 12 页；赵中孚主编：《商法总论》，中国人民大学出版社 2009 年版，第 20 ~ 21 页；[日] 松波仁一郎：《日本商法论》，秦瑞玢、郑钊译，中国政法大学出版社 2005 年版，第 9 页。

　　[2] 《德国商法典》中强制性规范不完全列举如下：第 15 条商业登记法律效果，第 23 条商号的转让，第 25、27 条商号被使用时的责任，第 29、50 条代理权的范围，第 89b 条代理商补偿请求权事先被取消的无效性，第 126 条无限责任公司经营股东代理权范围，第 400 条行纪人介入的法律后果等。列举者认为这些规范在性质上与普通私法规范有着明显的差异。此外，作者直接认定公法条款如下：第 8 条、第 37 条第 1 款通过法院履行商业登记的规定，第 17 条合法使用商号的规定，第 14、29、31、33 ~ 36、56、106 ~ 108、143、157 等条为商业登记义务、效力及公示的规定，第 238、267 条商业簿记之履行、账目公布和保管等。范健、王建文：《商法的价值、源流及本体》，中国人民大学出版社 2004 年版，第 134 ~ 135 页。

二，商事法律文件基本上都有法律责任部分。例如，《公司法》体现于第12章第198~215条；《保险法》体现于第7章第158~179条；《破产法》体现于第11章第125~131条等。这些法律责任主要为行政责任，也有一些民事责任和刑事责任的规定。国外也不乏商事法律中规定有行政处罚条款。例如，《日本商法典》第17条就规定了"公司商号的不正当使用"行政禁止性条款与处罚条款。第三，各商事法律文件还有一些监管条款。例如，《证券法》和《商业银行法》中有大量的监管条款。

学者一般认为，这些公法条款的出现，反映了公法对经济生活的干预。有学者认为，为了适应现代社会经济生活的深刻变化，多数国家放弃了自由放任主义，转而在商法领域实行大规模的公法干预政策，其典型方式就是"向传统商法输入刑法、社会法等与经济活动有关的公法规范，从而拓宽商法的领域"。[1]因此，"将'商法的公法化'这一命题理解为商法在其传统私法规则体系基础上"楔入"了相当范围的公法性规范，而使商法自身具有了公法性特征，是再恰当不过了。"[2]现代商事实践中，"国家的干预是通过在商法中楔入公法性规则而得以实现的"。[3]总之，商法的理念已从传统的意思自治走到现在的自由放任为主国家干预为辅。

作为上述思维的顺延，几乎所有的商法学者自然而然认为，商法尽管是私法，但兼具有公法性。不过商法公法化的程度，学者看法不一。有的学者认为商法公法化的程度已经很深。例如，有学者认为，"商法在其传统私法体系基础上渗入了相当范围的公法性规范，而使商法具有了公法性特征。"[4]但也有学者认为，商法增加了公法条款仅仅使商法在表象上显示出一定的公法特征。[5]后者一方面承认商法具有许多公法条款，但另一方面却认为这些公法条款所反映出来公法特征仅是表象。欲言又止反映了论者既想排除商法的公法性但又对商法中大量的强制性条款感到困惑的矛盾性。

---

〔1〕 董安生等编著：《中国商法总论》，吉林人民出版社1994年版，第27页；梁慧星、王利明：《经济法的理论问题》，中国政法大学出版社1986年版，第138页。
〔2〕 董安生等编著：《中国商法总论》，吉林人民出版社1994年版，第27页。
〔3〕 中国人民大学法律系民法教研室编：《外国民法论文选（第二辑）》，1983年印行，第2页。
〔4〕 董安生等编著：《中国商法总论》，吉林人民出版社1994年版，第27页。
〔5〕 李康宁："论商法部门与商法公法化"，载《天津师范大学学报（社会科学版）》2004年第2期。

商法是私法，所谓公法化和兼具公法性的说法均值得商榷。[1]商法从价值、调整领域和调整方式都不是公法，商法既没有公法化也不具有公法性。

二、商法私法性的价值

（一）公法私法区分的价值

公元前 5 世纪的罗马《十二铜表法》即有公、私法分离的端倪。该法将行政法规和公共宗教仪式拒之门外。公元 3 世纪，乌尔比安第一次提出公法与私法的划分，法律"有的造福于公共利益，有的则造福于私人，公法见之于宗教事务、宗教机构和国家管理机构之中"。[2]查士丁尼的《法学总论》更为明确的说，"法律学习分为两部分，公法与私法。公法涉及罗马帝国的政体，私法则涉及个人利益"。[3]

"公法与私法的区别，是今日整个法秩序的基础。"[4]究其原因，其一，"私法不仅给每个人提供了必要的发展其人格的可能性，而且由私法赋予的决策自由往往对主体而言更为有利。"[5]有学者更直白的说："法律分立为公法和私法，各自成制度体系，发挥独立的制度功能。西方法律的这种分立历史，给西方社会带来了深刻的影响，其中私法为个人主义成长提供了制度基础，从而塑造了与东方的完全不同的西方社会结构。"[6]其二，公法私法的区分主要在于界定公权活动的范围，把公权关进公法这个牢笼里去，以避免其恣意妄为，损害私人权利。要言之，私法在于为个人保留空间。公法和私法的区分，在于公法价值和私法价值区分的存在，而公法价值和私法价值区分的存在在于存在着一个公权不得进入的私人空间。且公权主体行为逻辑和私权主体的行为逻辑是不一样的。私权奉行法无禁止即可为，而公权奉行法无授权不可为。因此，这里的私法必须是排除公权的干扰的私法。如果是掺杂了

---

〔1〕 有学者将商法分为商事公法与商事私法。（台）张国键：《商事法论》，三民书局1980年版，第20页；[德] C. W. 卡纳里斯：《德国商法》，杨继译，法律出版社2006年版，第354页。这种做法没有必要。

〔2〕 [意] 彼德罗·彭梵得：《罗马法教科书》，黄风译，中国政法大学出版社1996年版，第7页。

〔3〕 [古罗马] 查士丁尼：《法学总论》，张企泰译，商务印书馆1996年版，第5~6页。

〔4〕 梁慧星：《民法总论（第四版）》，法律出版社2011年版，第33页。

〔5〕 [德] 迪特尔·梅迪库斯：《德国民法总论》，邵建东译，法律出版社2000年版，第14页。

〔6〕 龙卫球：《民法总论》，中国法制出版社2001年版，第6页。

公权，必然损害自由。其三，人们思维是有局限性的。如果公法和私法规范混合，可能人们就不容易区分规范的私法性或公法性，就会导致法律规范在适用上最终偏离其价值。英美法尽管没有公法和私法的区分，但在实践中实际遵循着这样的结果。例如，英美法有民事诉讼和刑事诉讼区分。

黑格尔有政治国家和市民社会的区分。政治国家有政治国家的法律，即公法；市民社会有市民社会的法律，即私法。二者通常互相不干预。市民一词源于城堡。城堡是自由的象征。[1]城堡对于市民的作用，一为居住，二为防御。市民法也就是私法的作用，一为调整人们的生活，二为防御政治国家的侵犯。[2]"公私法划分的实质在于它划定了一个政治国家不能插手的市民社会领域，从而为市民社会构筑了一道防御外来侵犯的坚固屏障。"[3]

相比于西方，我国古代诸法合一，并无公、私法区分的传统。清末以来短暂的区分历史也随着新中国的到来而被中止。人们认为，"法是阶级意志的表现，是阶级压迫的工具，它从来不存在什么公法与私法之分，并且认为社会主义制度消灭了社会利益与个人利益的对抗性"，继而消灭了公、私法的划分的基础。[4]事实上，"在一个急于彻底跟历史、跟敌人决裂的时代，这种

---

〔1〕 "城市基本上是自由的庇护所，……他可以随便迁出，随意往来，可以自由支配他的财产，如同自由他的人身一样，可以取得、占有、让渡、交换、出卖、馈赠和遗传他的动产和不动产，而不受领主的管制。他的土地可以转让，可以租出手抵押，可以典当，一句话，容易变成现钱，以便促进商业的一切活动。"[法]布瓦松纳：《中世纪欧洲生活和劳动》，潘源来译，商务印书馆1985年版，第202～203页。

〔2〕 商法调整的社会关系是市民社会的组成部分。根据黑格尔的观点，社会分为政治社会（国家）和市民社会两部分。在城邦时代，政治社会（国家）和市民社会是统一的，人们的政治权利和个人权利彼此融合在一起。例如，那时的社会人们在生活中总离不开他的政治身份，是不是贵族，是不是奴隶或农奴，或平民。政治身份、公权干预到了每个人的生活，公域和私域是严重不分的。因此，在罗马时代及中世纪，市民意味着富有和有政治地位。诚如亚里士多德所言，穷人仅在城邦居住，"穷人是没有城邦的"，穷人没有政治权利。到了中世纪末期，一些富有而没有政治地位的工商业者和手工业者把自己称之为市民。这些人原先身份低贱，多为贵族、庄园主服务，现在把这个称号用在自己的身上，目的是为自己争取到更多的地位。客观上，这种做法消解了贵族们对市民的垄断，促进了人人平等。中世纪末期的工商业者和手工业者是作为当时市场主体重新定义了市民的概念之后，自然此后的人们理所当然的把市民作为私法的主体的代称。因为市民这一称呼意味着高贵、自由和平等。黑格尔则进一步认为，市民社会是由市民的经济生活、家庭生活和社会生活所组成的，这个社会和国家是分开的，这里没有身份和特权，只有平等的市场主体。

〔3〕 赵万一："从民法与宪法关系的视角谈我国民法典制定的基本理念和制度架构"，载《中国法学》2006年第1期。

〔4〕 李茂管："法学界关于公法与私法划分问题的争论"，载《求是》1995年第22期。

划分没有被接受并不是什么奇怪之事。新中国建立以后，随着公有制的建立和对一大二公强烈而盲目的追求，所谓私人经济和市民社会都无从产生，调整平等关系的私法自然也无从生根发芽。"[1]改革开放之后，随着私人产权和市场经济制度的确立，公、私法区分的观念也日益深入人心。但稍显遗憾的是，具体到商法领域，人们尚未意识到公、私法区分的真正价值。

（二）商法私法性的价值

商法划为私法，可以理直气壮地把公权力尽量排除在商业活动之外，这对于构造自由平等的市场关系是十分必要的。第一，公权干预私域已经反复被证明不是一个好的办法。的确，现代国家加强了对经济活动的干预，但是，从干预本身、干预内容和干预方式都是极具争议的。苏联和许多社会主义国家以及作为资本主义的印度的实践也证明了这一点。干预对市场往往是无效率的。政府的本职工作应当是向市场提供规则，当好仲裁者。即使政府直接参与经济生活，也主要是为市场主体提供公共服务，例如进行商业登记等。国家显然应当遵从市场的自发秩序。自发秩序不但有利于经济发展，也有利于人的人格发展。而法律的最终目的在于人的人格发展。第二，我国从管制经济体制走来，当前主要是要减少干预而不是加强干预；即使干预，商法是私法，不是国家干预经济的最好方式。否则，不但达不到目的，还会产生别的后果。干预经济主要是经济法、行政法的职责范围。

鼓吹商法已经公法化，或者认为商法兼具公法性的观点都是不足取的。如上所述，公域和私域泾渭分明，彼此井水不犯河水。如果认为商法已经公法化，那公权干预私域便具有了正当性。近几百年的实践证明，公权干预私域，弊远远大于利。除了少数领域，如金融领域外，公权不应该干预私域，否则，不但扼杀市场的创造性，也会给予市场累加不必要的风险。正如俗语所言，"鞋合不合脚只有自己知道。"德国最高法院曾写道："贸易交往不仅仅对个别消费者，而且对整个民族承担着满足不断变化的生活和经济利益需要的使命，为完满达到这一目的，贸易交往应尽量少受强制性法律规范的制约，而主要按自身的规律和需要发展。"[2]市场由无数种交易组成，每种交易都

---

〔1〕 苗连营、程雪阳："民法帝国主义的虚幻与宪法学的迷思——第三只眼看'根据宪法，制定本法'的争论"，载《四川大学学报（哲学社会科学版）》2008年第2期。

〔2〕 ［德］古斯塔夫·拉德布鲁赫：《法学导论》，米健等译，中国大百科全书出版社1997年版，第75页。

有不同的规则，随着时间的推移，也会有变化。因此，公权的干预根本不能适应市场的变化。另外，公权本身是必要的罪恶，其适用的领域越少越好，非此，不能减少公权寻租的机会。必须明确宣称商法为私法，才能避免公权不适当的干预市场，才能维护市场自治，才能创造一个良好的交易环境。

综上，所谓私法公法化的命题，是不可取的。即使商法有公法化的现实，公权力以各种借口渗入商法，商法研究者也应当坚决抵制这种做法，还商法以私法的本来面目。同时，维护商法的私法性还是商法学自身理论建设的需要。第一，可以维护价值的统一性和专一性，只有有稳定的学科价值和目标，学科地位才能得以巩固和发展。第二，保证商法的调整方法是私法性的，一是尽量避免在商法学中引入公权的思想，二是公权进入也要保证是服务性的。

当然，商法对公法性排除并不取决于学者的意志和口号。归根到底，商法的完全私法性还是建立在坚实的理论论述上的。

三、商法公法性排除理由之一：强制性规范的私法性

商法作为私法，首先要解释商事法律文件大量的强制性规范的性质。通常认为，传统商法为商人自治法，并没有私法规范。但现代的"商法在仍以私法规范为其中心的同时，为保障其私法规范之实现，设置了大量属于公法性质的条款，使之与行政法、刑法等公法具有不可分离的关系，从而形成'商法之公法化'。例如关于商业登记、商业账簿、商号等规定都具有明显的公法色彩"。[1]笔者认为，商法中的公法规范并没有想象的那么多。商事法律文件的确有一些公法规范。但现代之商法"虽以私法规定为中心，但为保障其私法规定之实现，颇多属于公法性质之条款，几与行政法、刑法等有不可剥离的关系"[2]，这话说出了实质。民法规定的人身权利和财产权利往往也需要刑法去保护，不能因此说民法刑法化了吧？

（一）公法与私法的划分标准

许多学者之所以将商法中强制性规范视为公法规范，在于忽视了公法与私法的区分标准。一般认为，乌尔比安最早区分了公法和私法。乌尔比安认

---

〔1〕 范健、王建文：《商法的价值、源流及本体》，中国人民大学出版社 2004 年版，第 180 页。
〔2〕 （台）李宜琛：《民法总则》，正中书局 1977 年版，第 3 ~ 4 页。

为，"公法涉及罗马帝国的政体，私法则涉及个人利益。"[1]查士丁尼在《法学总论》重述上述话语。[2]"这种划分反映着国家与个人对立的认识，体现以法律维护个人利益空间的用心。"[3]然而，随着法律范围不断向未知领域扩充，私法和公法划分的标准也越来越具争议。拉德布鲁赫认为，公法调整上级与下级关系中的人，"私法只涉及法律上有平等地位的人之间的法律关系"，私法义务正常情况下产生于义务的自我服从，而公法的义务则产生于一个命令。[4]一般地，公法主要是规范公权力运用的法律规范，私法则主要是反映私人自治和社团自治。德国目前的通说是主体说："如果某个载体正是以公权载体的身份参与法律关系，则存在公法关系。"[5]

从上述标准，实际上我们基本上可以推出商法为私法了。不管怎么样，作为商法的主体商人是希望排除国家干扰的。诚如梅迪库斯所言"私法赋予的决策自由往往对主体而言更为有利"。[6]

（二）公法规范和私法规范的区分

如前所述，学者历数商法具有公法性的根本理由是商事法律文件中包括着大量的公法性规范。[7]学者范健认为，商法"包含有大量的公法性条款，即国家通过立法形式而干预商事交易活动的规范，如商事登记、商号等等"。[8]日本学者松波仁一郎认为，商法并非纯然的私法，诸如商业登记、商业账簿等，为公法规定。[9]

学者在这里将强制性规范等同于公法规范。这种认识也并非无所本。早在罗马法时期，判断公私法的规范的原则被罗马人当作格言流传："公法不得被私人简约所变通"（Ius publicum privatorum pactis mutari non potest）、"私人

〔1〕《学说汇纂》1，1，1，2。转引自［德］迪特尔·梅迪库斯：《德国民法总论》，邵建东译，法律出版社2000年版，第11页。
〔2〕赵中孚主编：《商法总论》，中国人民大学出版社2009年版，第24页。
〔3〕龙卫球：《民法总论》，中国法制出版社2001年版，第7页。
〔4〕［德］古斯塔夫·拉德布鲁赫：《法学导论》，米健等译，中国大百科全书出版社1997年版，第57页。
〔5〕［德］迪特尔·梅迪库斯：《德国民法总论》，邵建东译，法律出版社2000年版，第11页。
〔6〕［德］迪特尔·梅迪库斯：《德国民法总论》，邵建东译，法律出版社2000年版，第14页。
〔7〕赵中孚主编：《商法总论》，中国人民大学出版社2009年版，第24页
〔8〕范健主编：《商法》，高等教育出版社、北京大学出版社2002年版，第7页。
〔9〕［日］松波仁一郎：《日本商法论》，秦瑞玠、郑钊译，中国政法大学出版社2005版，第9页。

协议不变通公法"（Privatorumconvention iuri publico non derogat）。由此，"大量调整私人关系的规范又被说成是公法"，但"查其原因，这种情形恰恰出现在社会利益或一般利益与个人利益重合之时"。[1]例如，罗马法妇女不得放弃嫁资的规则。上述格言在罗马法时代或许是可以接受的，但在现代法上可能有些绝对化。罗马法时代，社会关系相对简单，法律禁止的行为往往即是因为公共利益。而现代社会关系，特别是商事关系非常复杂，绝大部分并不涉及公共利益。而商法中的强制性规则往往并不是这样的，它主要反映交易的内在规律。当然，或有人会说，交易也涉及公共利益，那这样的说法可能太泛化了。

笔者认为，商事法律文件多有强制法规范，但这些规范大部分其实并非公法规范。强制性规范本身并不一定是公法规范。在民法规范中，也不乏强制性规范。例如，民法关于权利能力、行为能力的规定，关于物权的规定，关于法律行为要件和效力的规定，都属于强制性规范，但这些强制性规范显然是私法规范。如果商法的这些规范是公法规则，那民法的强制性规范又是什么规范呢？

通常认为，强制性规范都是公法规范。上述不管商法公法化还是经济法吸收商法论的主张，实际均一致承认这些强制性规范的公法性。笔者认为，判断一个条款性质的关键是其调整的目的和手段。

第一，公法条款，应当反映公共利益，体现国家干预；而私法条款，则应当反映个体利益，体现个人自治。这是区分公法与私法条款的内在根据。公法规范的目的是在维护公共利益，而私法规范是在维护个人利益。如其规范目的是为了公共利益等公法目的，应当为公法规范，否则，为私法规范。商法中的强制性规范一部分在于"建立起私法自治的基本制度框架，国家也仅仅在于作为单纯财产权的界定者及市场秩序的维护者（包括对经济活动中产生的争议、做出裁决）而存在，而并不是公共利益的界定者，也不是市场参与者"，[2]更多的则为提高交易效率和保障交易安全之用，与公共利益往往无关。即便坚持《德国商法典》中包含大量的公法上的内容的德国学者亦

---

〔1〕［意］彼德罗·彭梵得：《罗马法教科书》，黄风译，中国政法大学出版社1996年版，第10页。

〔2〕曹兴权："认真对待商法的强制性：多维视角的诠释"，载《甘肃政法学院学报》2004年第5期。

认为，这些"公法性条款"始终处于为私法交往服务的地位。[1]如证券交易中集中交易规则，本身即证券市场的长期的交易习惯形成，反映证券商和证券权利人追求效率和安全的内在需求。立法不过是将长期形成的交易习惯规范化，这种反映交易市场的内在规律的立法并不直接反映公共利益。以此为标准，《公司法》、《破产法》等大量的强制性条款的性质要具体问题具体分析。例如，《公司法》第 32 条规定即属于私法规范。尽管该条规定"公司应当将股东的姓名或者名称向公司登记机关登记；登记事项发生变更的，应当办理变更登记"，属于强制性规定，但是该条规定并未涉及公共利益，法律并非要以公权力去干预股权的转让。法律的强行规定，只不过是交易习惯的法定化，之所以选择公司登记机关这个行政机关登记，也不过是认为其登记更加权威，而此登记机关被赋予登记职责，目的也是服务而非干预。应当认为，这样的条款也是为实现个人自治。再如，《合伙企业法》第 93 条则应当属于公法条款。该条规定："违反本法规定，提交虚假文件或者采取其他欺骗手段，取得合伙企业登记的，由企业登记机关责令改正，处以五千元以上五万元以下的罚款；情节严重的，撤销企业登记，并处以五万元以上二十万元以下的罚款。"该规定充分体现国家以公权直接干预了合伙登记事务，干预目的在于维护经济秩序。而经济秩序则无疑是一个公共利益。但是，公共利益与私人利益还不足以将公法和私法区分开来。因此，还必须从形式上进行区分。

第二，公法条款，必须是公法手段即以行政处罚等手段予以调整；私法条款，则是以无效、损害赔偿等手段否定私法主体间的法律行为、侵权行为等效果。例如，上述《合伙企业法》第 93 条明确规定了该法律规范的行为后果即处罚尺度；而《公司法》第 32 条则规定了其私法效果："未经登记或者变更登记的，不得对抗第三人。"易言之，未经登记，主体的法律行为可能达不到预期的法律效果。这里只是可能，反映私法的特征，私法对经济生活的介入则是间接的，即往往"民不告，官不理"，法官不能主动去判定一个行为有效还是无效。一个行为无效，如果主体之间一直相安无事，那么私法和司法机关也不会主动去干预。而公法条款则是令行禁止，"违法必究"，[2]不存

〔1〕 〔德〕海曼：《商法典评纂（第 1 卷）》，第 3 页。转引自范健、王建文：《商法的价值、源流及本体》，中国人民大学出版社 2004 年版，第 135 页。

〔2〕 违法必究应当只适用于公法。而私法中的违法性只是法律行为、侵权行为中的构成要件之一，其法律效果视其是否符合构成要件而定。

在所谓的中间地带。

一些效力规范并未引入公权力，虽然是强制的，但不是公法规范。例如，妇女不得放弃嫁资的规定就不是公法规则，而只是一个效力规范（该规范是否涉及公共利益值得商榷。目前，各国多没有类似规定）。因为即使放弃了，规范也没有进一步规定公权力介入的依据。《合同法》第53条关于人身伤害和故意或者重大过失造成对方财产损失的免责条款无效的规范即与上类似。商法中的多数强制性规范并未引入公权力。要注意的是，国家机关参与的并不见得就是公法。即使国家机关参与了，也未必是运用了公权力。例如，国家机关购买办公用品，实际上就是一般民事主体。即使国家机关是在履行职责，似乎是在行使公权力，但如果这种公权力是服务性质的，也不算公法关系。例如，不动产登记即是如此。不动产登记各国通常是由国家机关进行登记。但这种登记是服务性质的。另外其服务业务其实是可替代的。笔者认为，不动产登记完全可以由市场机构进行登记。证券已经成为了财产的主导形式，证券都可以由市场机构登记，为什么不动产不可以呢？一般地，依申请的行为，都可以视为是私法规范。商事登记等需要行政机关的参与，但这无非是看重行政机关的公信力。实际上，市场完全可以自己完成登记工作。例如，荷兰将地方商会作为保管当地商事注册文件的机构。美国的证券登记就完全是私人机构。我不认同这是公权力的介入，因为他们的工作完全是服务性质的，也完全可以由独立的市场机构完成。商法中的强制性规范大多是为了交易效率和交易安全的目的，并不体现国家干预的色彩，因此应当属于私法规范。

第三，许多经济法律或法律规范的一部分性质具有双重性。例如，《公司法》第166规定了公司的法定公积金，该条是一个强制性条款。如果单独看该条，为私法条款无疑：不按照该条规定提取并使用公积金，所引致的是私法效果，"股东会、股东大会或者董事会违反前款规定，在公司弥补亏损和提取法定公积金之前向股东分配利润的，股东必须将违反规定分配的利润退还公司。"然而该条如果结合《公司法》第203条的规定，则又完整地组成了一个公法条款：即"公司不依照本法规定提取法定公积金的，由县级以上人民政府财政部门责令如数补足应当提取的金额，可以对公司处以二十万元以下的罚款。"前者规范的是市场主体的个体利益，而后者则调整的是市场经济秩序（在这里，法律的着眼点并非个人，而是经济秩序）。需要指出的是，处罚并不能直接纠正私法行为。例如，此处责令补足公积金金额的规定，只有在市场主体执行后才能达到纠正私法行为的效果。而责令补足本身并不具有强制执行性，不能直接达到改变私法效果的目的。债权人等欲维护自身的利益，还得通过私法手段予以解决。

（三）商法中的强制性规范是对意思表示内容的替代

各国商法在交互计算、商业租赁，商业借贷、商业承揽、商事居间等契约内容设有大量的强行性条款，以此促进商行为的标准化："这与民法中对于买卖、租赁、借贷、承揽，居间等契约内容所采取的充分意思自治原则形成鲜明的对比，由此体现了商法重交易迅捷而忽略个别约定的立法宗旨。"[1]

商法中的强制性规范是对意思表示内容的替代，[2]因此，可以说强制性规范是符合意思自治原则的，是意思自治的另一种表现形式。商法更注重意思的趋同化。强制性规范的实质是使得意思确定化或受限化，以增加交易相对人的预期。减少交易相对人的预期意味减少交易成本，从而提高交易的效率；同时，由于意思的不确定性的减少，交易安全性也得以加强。强制规范并不是对所有意思的规范，而是对能够降低交易效率和保证交易的领域的规范。商法通常不会规范商品的交易价格和交易数量等。规范反映了商法对商业活动的干预，但这并不是一种公权力的限制，从本质上说，他是商人对自己的意思的自愿受限。因此，笔者不赞成"强制性规范即国家意志优先于当事人自己意志的规范，而任意性规范则是当事人意志优先于国家意志的规范"的说法。[3]

强制性规范可能局部限制了交易自由，但从整体上说，规范会使交易成本下降，交易更加迅速，交易风险降低，从而实现了更高层次的交易自由。传统民法更强调比较彻底的意思自治，而商法则追求建立在效率和安全基础上的意思自治。因此，商法中的强制性规范从局部限制了意思自治，但从总体上，由于交易效率的提高，提高了意思自治适用的广度和深度，从而在整

---

〔1〕 董安生等编著：《中国商法总论》，吉林人民出版社 1994 年版，第 61 页。

〔2〕 梅迪库斯认为，"公法是指受约束的决策的法，而私法是指自由决策的法。"以此看来，商法中的强制性规范似乎是公法的规范。但这种看法是值得商榷的。[德]迪特尔·梅迪库斯：《德国民法总论》，邵建东译，法律出版社 2000 年版，第 14 页。

〔3〕 江平等："民法典：建立社会主义法治国家的基础——专家学者论中国民法典的制定"，载《法律科学》1998 年第 3 期，第 5 页。

体上提高了意思自治的水平。更重要的是，这些强制是可以选择的，而且往往是市场主体心甘情愿选择的，反映了交易的内在规律。

商法不可能将行为人的意思自治完全限制。如果那样做的话，商法的性质就不是私法了。例如，买卖合同中，商法不可能限制标的、标的的价格和数量，而只能限制这之外的影响效率的因素。因此，只有那些需要特别强调交易效率和交易安全的并不能归入民法调整的商事关系，才需要受到商法的特别调整（这些调整也需要民法的帮忙）。例如证券发行、交易，票据，保险，破产等。

（四）法律责任条款应当排除在商法内容之外

我国商事法律文件中，常常会有法律责任一章，其中不乏规定监管机关的职权和一些行政处罚条款，还有一些刑事责任条款。有学者认为，这些规范是帮助实现私法目的的。只是使商法显示出一些公法的特征。笔者认为，这些规范的确是公法规范，但严格说来，这些法律条款并不属于商法。为维护商法的私法性，第一，应当把这些行政处罚条款和引致处罚的条款区分开来。行政处罚条款为公法条款并不代表引致处罚的条款即是公法条款。例如，《公司法》第91条规定，"发起人、认股人缴纳股款或者交付抵作股款的出资后，除未按期募足股份、发起人未按期召开创立大会或者创立大会决议不设立公司的情形外，不得抽回其股本。"该条显然是一个私法条款，公司股权投资的永久性是公司的根本特征。然而，这个条款可能引致行政处罚和刑事处罚：《公司法》第200条规定，"公司的发起人、股东在公司成立后，抽逃其出资的，由公司登记机关责令改正，处以所抽逃出资金额百分之五以上百分之十五以下的罚款"；《刑法》第159条则规定："公司发起人、股东违反公司法的规定未交付货币、实物或者未转移财产权，虚假出资，或者在公司成立后又抽逃其出资，数额巨大、后果严重或者有其他严重情节的，处五年以下有期徒刑或者拘役，并处或者单处虚假出资金额或者抽逃出资金额百分之二以上百分之十以下罚金。"后两条显然是公法条款。在这里，引致处罚条款和处罚条款性质完全不同。如果对此还有疑义，我们不妨再做一个类比：没有人会怀疑《民法通则》第101条的规定"公民、法人享有名誉权，公民的人格尊严受法律保护，禁止用侮辱、诽谤等方式损害公民、法人的名誉"为私法条款，但是《刑法》有关侮辱罪和诽谤罪的规定，显然又是公法条款。第二，应当尽量鼓励市场自己监管自己，减少行政处罚；对于不得已必须要制定的公法规范，应当把这些公法条款单独立法，不再把这些规范和商法糅合到一起，以维护商法的纯洁性。

四、商法公法性排除理由之二：商法价值的私法性

理论上许多学者之所以认为商法是公法，与没有认识商法的价值和目的有关。笔者认为，商法的价值是私法性的。商法的价值表明商法只能是私法。

（一）商法的价值

商法一直以来被认为没有独特的价值。有学者指出，随着大陆法系民法典的无限扩张，商法的一般性规则已为民法吸收，[1]商法很难抽象出自己的一般性原则和价值。[2]笔者不认同这种观点，商法必然有独特的价值，否则它肯定已经被民法全部吸收。我们没有找到商法的内在的价值，或者对这种原则有争议，可能是由于我们理性的有限，而不是它并不存在。

商法是交易法。商法伴随商品交易出现而出现的。商品交易的目的是什么？是追求财富。如何能够更快更多的追求财富？这需要交易更有效率和更加安全。商法就是追求交易效率和交易安全的法律。易言之，商法的价值是效率和安全。

按经济学的观点，交易可以创造财富。[3]交易使得人们的劳动变得有价值，劳动产品在交易中实现了从产品到财富的转变。财富只能当其有用，才能称之为财富。而交易正是使财富成为财富的工具。交易越便捷，财富也就创造越快越多，整个社会福利也会随之增加。相反，交易效率低下，往往意味着交易成本高，人们的交易欲望也越低，交易欲望低，抑制了交易，从而抑制了财富的创造。当然，交易所需要的效率是有安全保证的效率。没有安全的保证的效率是不可持久的。2008 年的美国金融危机充分证明了这一点。安全有了保障，效率才是健康的效率。效率有时与安全是相反的，效率越快，往往风险越大，此时必须管控风险，注重效率与安全的平衡。

对效率和安全的追求可能会限制自由。自由有时可以促进效率。自由是

---

〔1〕 施天涛：《商法学（第三版）》，法律出版社 2006 年版，第 45 页。

〔2〕 张谷："商法，这只寄居蟹"，载《清华法治论衡》2005 年第 2 期。正因为基本价值和一般理论的缺失，长期以来，公司法、票据法、破产法等原本属于商法的内容成为经济法争夺的对象。

〔3〕 ［美］保罗·海恩、彼得·勃特克、大卫·普雷契特科著，马昕、陈宇译：《经济学的思维方式》，世界图书出版公司 2008 年版，第 21 页。

创造的源泉。阻遏了创造，效率将变得没有意义。然而，过于自由，以及那些不妨碍创造的自由，有时会抑制了效率。效率需要整齐划一。商法可以把自由留给民法，自己则追求效率和安全，从而完成对原始自由的超越，实现了更高层次的自由。或许这就像德国学者德恩所说的那样：商法是一切法律中最为自由的，同时又是最为严格的。[1] 商法的效率和安全最终是为了私人财产和权利能够更自由的流动。从这一点上看，商法与自由并不冲突，它是为了实现更高层次的自由。

商法的规范充分体现了效率和安全的价值。商法规范起源于中世纪的地中海沿岸的商事习惯。商人之间进行贸易，需要的是明晰的交易规则，其目的在于保证交易的效率和安全。商人希望国家尽量少而不是多干预商业。即使后来国家夺取了商事立法权，国家的立法也是固定交易规则，使交易规则更具有权威性和统一性，决不是为了所谓的公共利益而进行干预。

（二）效率和安全价值的私法性

或有人会说，效益和安全的追求本身即是公益的追求，于是，效率和安全价值恰恰证明了商法的公法性。笔者认为，效率和安全主要是具体的效率和安全，是交易双方的效率和安全。这与国家利用公权力维护的公共效率和公共安全不同。例如，国家通过刑法保护商人的私人财产不受侵犯，即是一种公共安全，国家拆除贸易壁垒，也是为了提供公共效率。

当然，商法最终也会促进公共效率和公共安全，但这并不是直接的，而是通过制定符合商业规律，反映商人自身意愿的规则，引导人们从事自由的商业活动。千百年来，没有商法的时候，商人依然遵循这样的规则，那个时候，商人管这个叫商业惯例。

五、商法私法性的维护

商法和商事法律文件的确受到了公法和公法法律规范的污染。这对于实现商法的价值不无阻碍。为保护商法纯然的私法地位，笔者认为在立法和理论应当采取以下措施：

（一）将公法规范驱逐出商法立法

商事法律的公法性规范和私法性规范要分别规定。其中，最重要的是将

---

〔1〕（台）张国健：《商事法论》，三民书局1980年版，第24页。

法律责任这一部分单独立法。要制定单独的商事处罚法，不但要规定处罚的理由和标准，还要规定行政处罚的程序。如果觉得将商事处罚程序分别规定显得重复，那么就统一规定，然后在单独商事处罚法中明确规定准用条款。例如，可以将《公司法》分解为不含法律责任的《公司法》和《公司违法行为处罚法》。《公司违法行为处罚法》中要规定具体的处罚程序。或为了避免重复，另行制定《商事处罚程序法》，《公司法》准用《商事处罚程序法》即可。不过笔者认为，为了方便适用，还是应当将处罚程序和处罚本身规定在一起。而且，各种商事处罚程序也未必完全一致。例如，对一般公司的处罚程序可能就不同于对上市公司的处罚程序，执行处罚的主体可能也不一样。一个可能是工商行政部门，而另一个则可能是证券监管管理部门。

（二）将公法理论驱逐出商法理论

如果不能在立法中完全驱逐公法规范，那么至少要在理论上加以驱逐。要在商事法律文件中完全做到没有任何公法规范可能比较困难。一则，一些法律关系兼具公法性和私法性，那么调整这些关系的法律规范可能就难以区分开来。二则，一些公法规范可能单独规定没有价值，于是可能商事法律文件只好将其接纳。但是，理论上不能因为这些规范规定于商事法律文件，就认为其是商法的一部分。判断一个具体的法律规范是不是商法规范的标准不是其表面是否规定于商事法律文件之中，而是其是否反映商法的价值和精神，运用的是商法的调整方法。

从理论上排除商法的公法性，第一，即使商事法律文件中有一些公法规范，也不宜称兼具公法性或表现出公法的特征。许多商法学者尽管坚称商法具有公法性，但事实上，一般也把商法中的法律责任部分排除到商法理论之外。例如，商法学者在编写《公司法》和《破产法》等教材时，通常并不把这些行政乃至刑事责任单独列出进行论述。第二，要认清商法的价值和调整方式的私法性。商法的本质是交易法，维护的是交易效率和交易安全的价值，这些无疑是私法性的。商法的调整方法也是私法性的。尽管运用了许多强制和外观规则，但这是为了交易效率和交易安全，其最终目的还是提升意思自治的层次，从根本上说，这些方法还是私法性的。第三，把一些具有公法性质的内容排除出商法的研究范围。例如，在商业银行法中，对于商业银行的监管部门，则为公法性质，它主要体现于国家利用公权力对于微观秩序的直接保护。商法学可以不研究，把其交由经济法研究。当然，要从理论上完全排除公法，是非常困难，但不能因为商法中有那么一丁点公法因素，就说商法具有公法性或已经公法化了。例如，公序良俗是民法的一项重要原则，但其反映了法律对私人空间的干预。但基本上没有人说民法具有公法性。[1]

坚持商法的私法性，其根本目的在于防卫。把商法建成一个私法城堡，时刻防卫公法和公权对商业和商事权利的侵袭。唯有突出其私，才能时刻提醒着，私权不是公权的奴仆，从而减少公权的干涉。须知，经济发展始终依赖于人的自主性和自利性。[2]

目前还有人主张商法的社会化趋势。例如，认为商法在重视保护商人自己利益的同时要不损害社会利益，并兼顾社会利益。笔者认为，第一，商人做好份内的事，即营利即很好地完成了其社会责任。除此之外，兼顾社会利益并不一定是商人要特别关注的事，没有理由要商人特别承担高于其他主体的义务，如果是道德上的要求，则不属于商法研究的范围。第二，认为如商事登记制度、反不正当竞争法中对商行为的限制是商法社会化的体现也是值得商榷的。一则，商事登记制度是商人自身的要求，是商人广布自己诚信的必要措施，其本初并不是基于国家干预的需要。至于后来有了国家管理的成分，那已经出了私法领域。反不正当竞争法也同理。退一步说，公法也有许多对民事主体的干预，为什么没有人说民法的社会化问题呢？

综上所述，所谓私法公法化和法律社会化等命题，是不可取的，其实质不过是国家干预市场的借口。即使商法有公法化的现实，公权力以各种借口渗入商法，商法研究者也应当坚决抵制，还商法以私法的本质。

---

[1] 徐国栋教授认为民法具有公法性。但其观点不具有代表性。彭万林主编：《民法学（第六版）》，中国政法大学出版社2007年版，第21页。

[2] 美国在与前苏联的经济竞争中的胜利即是自由对强行/计划的胜利。人们常常诉病于人类的自利性，然而，人类的自利性恰恰是一切生物生存及组织的基本规则。

浅析隐名股东法律风险及防范

刘素芳[*]

一、隐名股东的概念

隐名股东，又称隐名投资人、实际投资人，是指基于规避法律规定或其它原因，借用他人名义设立公司或者以他人名义出资，但在公司章程、股东名册和工商登记中却记载他人为股东的出资人。

与隐名股东相对应的是显名股东，或称挂名股东、名义股东，是指没有实际出资，但在公司章程、股东名册和工商登记中均记载其为股东的人。显名股东具体可分两种情况：一是并未实际出资，而将隐名股东的出资份额公示在其名下；二是虽实际出资，但公示在其名下的股权中有部分份额实际为隐名股东出资。

与隐名股东近似的几个概念：

1. 冒名股东，又称虚拟出资人，包括以实际不存在的人的名义出资并登记和盗用真实的人的名义出资并登记两种情形。在隐名出资中，隐名出资人和显名出资人都是基于自己的意思表示；而虚拟出资人是被他人恶意使用，并非其本身意志实现。被冒名股东是根本不存在的自然人或法人等主体，不可以构成有效的股权所有人，实施虚拟行为的当事人，实际上行使着股东权利。虚拟出资人多数是为了规避法律，其带来的危害是十分严重的，一旦公司被认定不能成立，股东责任必然被加重。虚拟出资人的法律风险属于违法风险，风险值明显高于隐名出资人的法律风险。

---

* 刘素芳，北京市汉鼎联合律师事务所律师，北京企业法治与发展研究会企业治理研究中心秘书。

2. 空股股东，是指虽经认购股权但在应当缴付股权之时却仍未缴付出资的股东，亦可将此称为出资瑕疵之股东。其与隐名股东的区别主要在于：①隐名股东一般实际履行了出资义务；而空股股东是未按照法定或约定将对应的资本缴付到位。②隐名股东是否享有股东权利处于不确定状态，而空股股东实际享有与其出资相对应的股权。③隐名股东在一定情形下可以显名，而空股股东一般不会因出资的迟延履行而当然丧失股东资格，但空股股东极有可能因为出资迟延履行而承担其他加重义务。我国法律有关于出资不到位或出资不实的责任规定，严重的可能承担刑事责任。空股股东不仅存在个人的法律风险，同样会对企业造成影响，因此这种法律风险在评估中也属于高风险范畴。

3. 干股股东，一般是指具备股东的形式特征并实际享有股东权利，但自身并未实际出资的股东。干股多是基于公司及其他股东的奖励或者赠与形成的，确切地说干股股东是有实际出资的，只不过其出资是由公司或者他人代为缴纳的。干股的实际出资者也不是股东登记所载明的股东。处理因干股股东引起的纠纷时应尊重并承认干股持有者的股东资格，同时应尽可能维护赠与干股股权时的协议。实践中也有将接受贿赂等违法犯罪行为取得的股份称为干股的，是否认定受贿者股东资格存在争议。但是，从民事法律关系上认定受贿者的股东资格，与对受贿者予以刑事制裁，依法收缴其违法所得，通过拍卖转让股权确定新的股东，二者并不冲突。因此干股股东存在并不会给公司带来法律风险。

二、隐名股东形成的原因

（一）规避法律的规定

1. 规避法律对投资领域、投资主体等方面的禁止性规定。前者如部分境外投资者为规避我国关于外商投资企业准入制度，以隐名出资方式进入一些关系国计民生的领域。后者如法律禁止公务员、法官、检察官等特殊主体进行投资经营，禁止会计师事务所、审计师事务所、律师事务所、资产评估机构作为投资主体向其他行业投资设立公司等，使得这些特殊主体以隐名方式进行投资。

2. 规避法律对有限公司股东人数的限制。《公司法》第 24 条规定有限公司的股东人数应为 50 人以下，在投资人数超过 50 的情况下，部分投资人不得不采取隐名投资的方式，将自己的出资"挂靠"在其他人的出资份额上。

3. 规避法律关于股权转让的限制。《公司法》规定，股东向股东以外的人转让股权，应当经其他股东过半数同意。部分股东向他人转让股权，为规避该条款的规定，协商不在股东名册及工商登记上进行变更登记。

4. 规避法律关于一人有限责任公司设立主体的规定。《公司法》规定，一个自然人只能投资设立一个一人有限责任公司。该一人有限责任公司不能投资设立新的一人有限责任公司。实践中，部分投资者在已经设立一个一人有限责任公司的情况下，如欲再设立一人有限责任公司，不得不以他人名义设立，从而使自己成为隐名股东。

（二）规避优惠政策的限制

如利用国家关于下岗职工再就业、大中专毕业生创业减免税收等优惠政策设立公司。近年来，部分地方政府推行招商引资，为外省市投资者提供税收、土地等优惠措施，亦使不少投资者纷纷改头换面，以外地客商挂名公司股东，自己退居幕后，换取优惠政策。

（三）投资者基于自身情况或商业需要的考虑

部分投资者存在害怕"露富"的心理，不愿意公开自身经济状况，或本人存在尚未清偿的债务担心债权人追索，以他人名义出资并进行登记；或基于认识上的偏差，认为是否进行工商登记或公司内部登记无关紧要。部分投资者由于不符合合作对方对合作伙伴的要求，因此只能依附于符合条件的显名股东之后，作为隐名投资人进行投资，也是隐名股东产生的原因之一。

（四）受托人的过错或故意行为

如设立公司时，出于对投资伙伴的信任或他人的信任而委托其办理公司登记注册，股东之间仅签订出资合同并实际出资，但在公司股东登记时，由于受托人违反诚信原则或由于其他原因而将股东登记为受托人，而委托人仍以公司股东的身份行使股东权利，产生事实上的隐名投资和隐名股东。

三、我国关于隐名股东的立法现状

我国《公司法》未对隐名股东作出明确规定，《公司法解释（三）》第24～28条对隐名股东问题作了明确规定。

1. 肯定了股权代持协议的法律效力。对于隐名股东与名义股东之间订立合同，约定由前者出资并享有投资权益，以后者为名义股东，该合同若无合同法规定的关于合同无效的情形，则应当认定该合同有效。

2. 投资收益归隐名股东所有。司法解释三明确投资收益的归属，并强调名义股东以股东名册记载、公司登记机关登记为由否认隐名股东权益的，法院不予支持。

3. 隐名股东的显名问题。一方面为防范名义股东侵害隐名股东权益，另一方面考虑到公司稳定性及公司与股东利益，在为隐名股东"正名"的问题上，司法解释三采折中态度，规定经公司其他股东（不包括名义股东在内）过半数同意，方可请求变更股东、签发出资证明书、记载于股东名册、记载于公司章程并办理公司登记机关登记。

4. 名义股东擅自处分股权行为的效力。名义股东未经隐名股东同意，将登记于其名下的股权转让、质押或以其他形式处分，隐名股东可以请求法院认定该处分股权行为无效。但是股权受让人符合物权法关于善意取得的规定，该股权转让行为应当有效；对于因股权转让造成隐名股东损失的，其可向名义股东请求赔偿。

5. 出资瑕疵时，名义股东对公司债务具有补充清偿责任。为保护善意债权人的利益，公司债权人可以向名义股东主张其对公司债务不能清偿的部分在未出资本息范围内承担补充赔偿责任，不因其未实际出资而受影响；名义股东承担责任后可向隐名股东追偿。

四、隐名股东的法律风险

1. 隐名股东股东地位不被认可。隐名股东与显名股东之间的具体权利义务，通常通过协议的方式确定，协议内容涉及出资比例、利益分配、纠纷解决等因素，公司法司法解释三对协议的效力也作出了相应的规定。但在实务操作中，特别是隐名股东与显名股东就协议出现纠纷时，出资人要想获得股东资格，仅仅凭一纸协议书还不行，还需通过法院的确权之诉之后才能行使股东权利。但是，由于诉讼需要一个周期，所以这对于瞬息万变的商业环境中的公司来讲，是非常不利的。

2. 隐名股东身份有得不到其他股东认可的风险。隐名股东请求公司变更股东、签发出资证明书、记载于股东名册、记载于公司章程并办理公司登记机关登记的，必须经公司其他股东半数以上同意，如果未经其他股东半数以上同意的，人民法院不予支持。

3. 显名股东恶意损害隐名股东的权利，比如擅自出让股权或者滥用表决权。在隐名投资中，有的实际出资人并不参加公司的经营和管理。在这种情况下，出资人的股东权利包括经营管理权、表决权、分红权、增资优先权、剩余财产分配权等等一系列的权利实际上都是由显名股东行使，这样显然是存在巨大的道德和法律风险的。显名股东转让股权的行为、质押股权的行为，隐名股东都很难控制。

4. 隐名股东的股权有被法院冻结或执行的风险。显名股东出现不能偿还债务时，法院和其他有权机关是可以依法查封在工商局注册登记的股权，并用该股权偿还显名股东的债务。此时，隐名股东只有依据股权代持协议向显名股东主张赔偿责任。

5. 隐名股东有可能卷入遗产继承纠纷的风险。显名股东出现意外死亡情形，其名下的股权可能成为显名股东的继承人争夺的遗产标的。隐名股东要想取回自己的财产权，不得不卷入到遗产继承纠纷案件中。

五、隐名股东防范法律风险的措施

1. 签订有效、严密的股权代持协议。

（1）股权代持协议作为隐名投资行为的核心法律文件，是保护隐名出资人权益最为重要的手段，虽不具有对抗第三人的效力，但有对内效力。因此务求全面、具体、细致，尽可能保护隐名出资人的合法权益。

（2）在代持股协议中约定高额违约责任并公证。由于代持人是名义上的股东，如果他出现侵犯实际出资人利益的情况，实际出资人是很难事后阻止的。因此，最好在设立代持时，双方签订明确的代持协议，对代持人损害实际出资人的情况应当明确约定违约责任。如果约定了严格的违约责任，那么就会对代持人的行为予以震慑，加大他违反协议的成本，使其违约行为得不偿失。

2. 公司设立协议及公司章程中适当限制代持人的权利。公司设立协议和公司章程是公司的重要文件，如果有代持股，应当在设立协议中予以明确，同时在公司章程中对于代持股的权利行使给予特殊约定。或者还可以限制代持人不得自由转让股权。

3. 股权质押担保。办理股权代持的同时，可以办理股权质押担保，将代持的股份向实际出资人办理质押担保。股权质押担保能确保代持股人无法擅自将股权向第三方提供担保或者出卖转让；而且，若出现法院执行或者继承分割需要变卖股权的情形，实际出资人也可以质押权人的身份，获得优先权。

4. 明确股东权利的行使方式。代持股人是名义股东，那么股东权利也只能以他的名义来行使，因此，实际出资人要控制公司，必须约定好股东权利行使方式，比如表决权、分红权、增资优先权等，必须通过实际出资人同意，代持股人必须按照实际出资人的意愿行使股东权利等。这样的约定可以有效保障实际出资人对公司的控制权。

5. 排除显名股东的财产权。这样做的目的是防止显名股东行使其名下股权的财产所有权，如果出现意外死亡、离婚分割等情况，其名下的股权不是他的个人财产，也就不能作为遗产或者共同财产进行分割。这样就确保了实际出资人的财产所有权。

6. 代持股协议要告知其他股东或者公司的利害关系人。为了防止代持人在实际出资人不知情情况下擅自行使股东权利，代持协议如果条件许可应当告知公司的其他股东或者由其他股东在协议上书面认可。这样其他股东也可以制止代持股人的违约行为。而且，如果代持人私下将股权出让给了其他股东，实际出资人也可以其他股东知情而恶意受让为由宣告转让无效而取回股权。

7. 实际出资人要增强证据意识，注意保存搜集代持的证据。为了防范万一，实际出资人一方面要签订全面、细致的代持协议并及时办理公证，另一方面要注意搜集保存好证明代持关系的证据，比如代持协议、出资证明、验资证明、股东会决议、公司登记资料等。如果代持人严重违约或者法院冻结保全执行代持股份，可以及时提出诉讼或者执行异议来维护自己的合法权益。

8. 参与公司的管理。为防止信息不对称，隐名股东应采取必要措施直接或间接参与公司管理，尽可能了解公司的动态。根据隐名股东对自己身份的披露意愿以及其他股东的态度，隐名股东可担任或以显名股东名义指派他人任职董事、监事、经理或财务人员，公司的证照、印章、印鉴以及财物资料信息，在力所能及的情况下应尽量掌控。如参加股东会或其他重大决策，还应注明自己的与会身份及姓名。

我国非法添加及滥用食品添加剂研究

陈凤芝　马　隽*

一、我国对食品添加剂的定义

按照《中华人民共和国食品安全法》第 150 条及 GB2760 - 2011《食品安全国家标准食品添加剂使用标准》（以下简称 GB2760 - 2011），食品添加剂定义为"为改善食品品质和色、香、味，以及为防腐、保鲜和加工工艺的需要而加入食品中的人工合成或者天然物质。营养强化剂、食品用香料、胶基糖果中基础剂物质、食品工业用加工助剂也包括在内。"

GB2760 - 2011 作为规范性文件明确规定了食品添加剂的使用原则、允许使用的食品添加剂品种、使用范围及最大使用量或残留量。我国所指的食品添加剂仅仅指 GB2760 所规范的添加剂，目前 GB2760 共规范了 2314 种添加剂的种类。而除此之外的用在食品中的添加，以该文件为依据，均为非法添加。

二、我国食品添加剂违规使用现状及问题

目前我国添加剂违规使用主要包括以下几种：超限量使用食品添加剂、超范围使用食品添加剂、使用伪劣、过期的食品添加剂、违法使用非食用原料作为食品添加剂和标识中不注明或不清楚注明食品添加剂。其中，第三、第四种添加剂违规使用对社会危害最大。

（一）超限量使用食品添加剂

超限量使用食品添加剂指使用的食品添加剂品种并未违反 GB2760 - 2011

---

* 陈凤芝，北京工商大学法学院副教授；马隽，北京工业职业技术学院助教。

的规定，但超出了 GB2760 – 2011 规定的使用量，导致食品添加剂的残留量超出了 GB2760 – 2011 的规定。公众熟知的糖精就是典型的食品添加剂。刑事处罚类案例中吴某某超量使用泡打粉导致包子皮所含金属铝含量严重超标，就属于超限量使用食品添加剂。

2014 年 4 月，吴某某于因涉嫌犯生产、销售不符合安全标准的食品罪被河南驻马店市公安局刑事拘留。驻马店市驿城区人民检察院指控，2014 年 4 月 14 日驻马店市民警对吴某某经营的"天津包子"店进行食品安全检查时提取检材（包子皮）后检测出金属铝的残留量为 965/mg，超出食品安全国家标准即铝的残留量≤100/mg。最终，法院认为，被告人吴某某的行为已构成生产、销售不符合安全标准的食品罪。判决被告人吴某某犯生产、销售不符合安全标准的食品罪，判处拘役二个月，并处罚金人民币一万元。

此案例中，不难看出：第一，在我国个体经营者分布在城市的各个角落，执法机关执法的力度是相当有限的，而大部分群众又没有能力鉴定诸如上述食品的铝含量是否超标，或者大部分群众根本就不知道铝含量超标的危害抑或明知食品含有害物质而无视。第二，上述案例中被告使用的食品添加剂是打泡粉，其中对人体有害的是 Al 离子，而 Al 离子不会导致急性中毒，对人体的伤害是缓慢且不易被发觉的。从另一个角度看，根据刑法理论，刑法第一百四十三条是抽象危险犯，要求食品足以造成严重食物中毒事故或严重食源性疾病，这样抽象的危险需要用司法鉴定的方式来给予确认，这样同样增加了执法的难度。

北大法宝网 2013 年 7 月至 2014 年 7 月和食品添加剂有关的 849 篇刑事案件判决书中，有超过 400 个判决是针对滥用食品添加剂行为进行的处罚，而判决书中所涉及的事实均集中在超量使用食品添加剂打泡剂这一行为上。一定程度上，在面食中使用打泡剂已经成为一个行业的共识，然后对于打泡剂能够使用多少，行业内的个体却常常忽略，从而产生了生产面食的餐馆集体违法的现象。若只重打击不重引导会阻碍相关行业的发展。

综上可以看出，对于超量添加食品添加剂，主要存在以下问题：①中国食品生产者分散，执法资源、执法力度十分有限，无法形成对超量使用添加剂行为的全面打击。②食品添加剂的超量使用对健康的慢性损害难以察觉。③食品添加剂的超量使用鉴定举证难，维权成本高。④行业违法存在类型化、集中化的特征，刑罚处罚具有局限性。

（二）超范围使用食品添加剂

GB2760 - 2011 规定的每一种添加剂只能添加到特定范围的食品中，超出这个范围，即使所添加的食品添加剂在 GB2760 - 2011 名录中也是不被允许的，如在付星与特易购公司买卖合同纠纷案中，维生素 e 就是 GB2760 - 2011 所允许的食品添加剂，但是维生素 e 仅仅允许被添加在饮料（食品分类号14.0）、调制乳（食品分类号01.01.03）及方便米面食品（分类号06.07）食品中。被告合肥潜山路分公司所生产的"新东阳儿童肉松"添加了维生素 e，违反了食品添加剂不能超范围使用的原则。2013 年 10 月 23 日，付星在特易购合肥潜山路分公司购买了一袋"新东阳儿童肉松"，价格为35.3 元。该产品包装袋后标明的配料成分显示其添加有"维生素 E"成分。付星根据《食品安全国家标准 - 食品添加剂使用标准》（GB2760 - 2011）中可以添加"维生素 E"的食品中不包含肉松的规定为由向法院提起诉讼，请求判令：被告退还原告货款35.3 元并赔偿353 元。按照规定，肉松类产品中不能添加使用"维生素 E"。特易购合肥潜山路分公司作为知名的大型食品零售企业，理应熟知食品安全的相关法律及规定，付星要求特易购合肥潜山路分公司退回货款，并予以十倍赔偿的主张，法院最终支持了原告的请求。

北大法宝网有关超范围使用食品添加剂的判例，一方面因消费者不熟悉食品添加剂，缺少相关维权意识，相关判例较少。另一方面因社会危险性相对较小，涉及到超范围使用添加剂的主要存在于民事判决中。

由以上案例可以看出，我国超范围使用食品添加剂存在以下问题：①食品添加剂被"超范围"添加是否应被处罚的争议。所谓"超范围"添加是指维生素 e 属于 GB2760 - 2011 范围内的食品添加剂，但该食品添加剂只被允许添加在特定的食品中，案例中的肉松就不属于"特定的食品"。另外，被处罚的公司付出了成本，添加了维生素 e 似乎增添了营养还要受到"貌似"不公正的处罚存在些争议。这是一个技术和制度上的问题，更是一个引导不足的问题，技术中已经确认维生素 e 不应该添加到肉松中并形成了规定，但相当多数的生产者不能理解这样的规定。②十倍赔偿的问题。笔者认为，首先，十倍赔偿未必起到惩罚性赔偿的作用。十倍赔偿在现实中会造就两种现象。一方面会促使价格高的食品生产厂商往往更加重视质量，而另一方面价格低廉的食品往往不会予以重视，因为即使十倍赔偿其额度仍然不高。其次，十倍赔偿制度本身也存在问题。前面提到新修订的《食品安全法》采取十倍赔偿，虽然是以"重典治乱，猛药去疴"为目的严厉打击违法行为，但对于食品价格不高的案件，无法起到惩罚及威慑作用。

（三）使用伪劣、过期的食品添加剂

食品添加剂有一定的保质期限，只有在保质期限内它才能发挥它的功效，过期或劣质的食品添加剂可能会导致食品添加剂的化学物质发生变化，从而产生有毒物质，影响食品的质量及安全性，危害消费者的身体健康。使用伪劣、过期的食品添加剂视其危害程度而确定适用刑法第143条或第144条的规定。

2013年6月6日，南京市质监局在专项执法检查中发现，南京金銮食品有限公司使用超过保质期的食品添加剂来生产蓝莓果肉果汁。过期添加剂分别是xf3饮料悬浮剂和TL50特级50型甜赛糖，其中甜赛糖的保质期只有18个月，生产日期是2011年9月4日，到2013年3月4日就已经过期了。也就是说，该公司把已经过期3个多月的添加剂仍然用到了果汁饮料的生产中。

对此类使用伪劣、过期的食品添加剂案件，普通消费者通常因造成损害时难以察觉而很难发现，一般仅仅只有工商进行抽检时才能发现，在北大法宝网的判决中此类案件通常存在于行政案件中，当使用的伪劣、过期的食品添加剂的行为达到严重危害人健康的程度才会受到刑事处罚。

（四）违法使用非食用原料作为食品添加剂

我国所指的食品添加剂仅仅指GB2760所规范的添加剂，目前GB2760共规范了2314种添加剂的种类。而除此之外的用在食品中的"添加剂"，均可定义为非食用原料。非食用原料通常可以起到增产提高经济效益或调节味道的作用，但一般对人体伤害较大。人们在三鹿奶粉事件中所熟悉的三聚氰胺就是典型的非食用原料，这种物质能造成人体结石，还会危及婴幼儿泌尿系统。以下案例中王某、郑某所添加的"无根水、1+1"等药剂均为非食用原料，对人体伤害较大。

王某、郑某将非食品添加剂原料"无根水、1+1"等药剂添加到豆芽中，该药剂中含有4-氯苯氧乙酸钠、6-苄基腺嘌呤国家明令禁止添加的有毒物质。河北省涉县人民检察院指控，王某开始从事生产豆芽经营，为让豆芽无根、粗壮、卖相好，在生产绿豆芽中非法添加"无根水、1+1"等药剂，一年生产豆芽约120000斤，三年累计生产绿豆芽约360000斤。被告人郑某负责将生产的有毒有害绿豆芽拉到涉县清漳批发市场进行销售。2013年12月6

日，经河北省出入境检验检疫局检验检疫技术中心检测，王某生产的绿豆芽中，每千克含 4 - 氯苯氧乙酸钠 57 微克，含 6 - 苄基腺嘌呤 16 微克，王某辩护律师认为，王某主观上不知道添加的药剂有毒不应受到处罚。最终王某的行为被法院定性为销售有毒、有害食品罪。

GB2760 - 2011 告诉了我们哪些食品添加剂允许被添加到食物中，但是哪些化学物质不允许被添加到食品中，法律、法规却不可能做到规范，即使法律、法规对某一化学物质进行了禁止性的规范，但往往是"事后诸葛亮"，具有相当强的滞后性。比如人们熟悉的在牛奶中添加三聚氰胺事件，人们往往是在被添加有毒有害的食品产生严重后果时才得以发现，但此时已经发展到了严重程度。更关键的是，当三聚氰胺这种物质被禁止后，由于化合物种类繁多，新型的非法添加原料很可能会代替三聚氰胺，这样就形成了"非法添加→发现后被禁止→替代物→发现后被禁止"式的恶性循环。北京市人大法制办处长王爱声指出，食品安全标准化体制有滞后性问题，当毒豆芽事件发生后说豆芽没有标准，因此我们就制定标准，而吃出来苏丹红之后还需要苏丹红的标准，所以这种标准的制定是滞后的。

北大法宝网对 2013 年 7 月至 2014 年 7 月和食品添加剂有关的 849 篇刑事案件判决书中有超过 100 篇判决处罚的是使用无根粉催生豆芽的行为，这些处罚集中在河南省境内，由此可看到，非法添加在特定行业内也存在类型化犯罪的特征，对于这种类型化的特征，刑法对法益的保护作用就有限了。另外，与超量添加食品添加剂的行为进行对比，除了该行为具有健康的慢性损害难以察觉、鉴定举证难等特征外，还具有生产隐蔽化的特征，无形中增加了执法的难度。

综上，刑法处罚食品中非法添加食品添加剂，有以下几方面问题：①食品安全标准滞后。②生产工厂隐蔽与执法资源、执法力度十分有限矛盾。③食品非法添加对健康的慢性损害难以察觉。④食品非法添加鉴定举证难，维权成本高。⑤行业违法存在类型化、集中化的特征，刑罚处罚具有局限性。

（五）标识中不注明或不清楚注明食品添加剂

有的食品生产企业在产品生产中使用了食品添加剂，为了迎合消费者误以为不含添加剂的食品就是安全的心理，故意在包装上不注明含食品添加剂，或标注"不含任何食品添加剂"等字样，及所标注的添加剂名称不符合规范等，从而误导和欺骗消费者。

尚庆风与天津金钟乐购生活购物有限公司买卖合同纠纷案就是例证。被告天津金钟乐购生活购物有限公司销售的月饼食品添加剂标示"食用碱"未按规定标注通用名称，构成销售的预包装食品标签未按照国家标准标注通用名的行为。案例中，原告尚庆风诉称，2012 年 9 月 22 日原告花费 2680 元在被告天津金钟乐购生活购物有限公司（以下简称被告）处购买"稻香缘五谷杂粮月饼 600 克装礼盒"月饼 10 盒，生产日期为 2012 年 8 月 24 日，用于馈赠朋友，后朋友发现食品包装盒上的食品添加剂中标示"食用碱"的成分不明，要求将月饼退回并赔偿一倍货款 2680 元。最终，法院支持了原告的请求。法院认为，关于被告是否应一倍赔偿货款 2680 元的问题，根据《中华人民共和国产品质量法》第 27 条的规定应认定为欺诈。根据《中华人民共和国消费者权益保护法》第 55 条规定，原告要求一倍赔偿购买商品价款 2680 元的主张，并无不当。

本案中所反应的问题是对标识中不注明或不清楚注明食品添加剂行为定性为欺诈是否合理。在本案中，对欺诈行为的定性上存在争议，但将该行为定性为欺诈笔者认为是合理的。这是因为：民法上对欺诈定义必须是当事人基于他人的错误表述发生认识错误而为的意思表示。关键问题是，《食品安全法》已经明确要求食品添加剂标签要按照法定的格式，而被告作为生产企业明知自己未按规定表明食品添加剂的行为是违法的而为之，当消费者提起维权诉讼时，基于事实可以认定欺诈的主观故意。另外，实际上原告可以根据《消费者保护法》第五十五条并基于被告的欺诈行为，要求三倍货款的赔偿，也就是说最多可以请求法院要求被告给与 2680 ×3 元的赔偿，但是原告只要求了一倍的赔偿，原告行使了自己的处分权。

在北大法宝网的判决中，因标识中不注明或不清楚注明食品添加剂引起的诉讼案件不超过 1%，这是因为广大消费者本身对食品添加剂了解很少，一般消费者根本不会注意标识中食品添加剂的类别，更很少有人关注标识中的食品添加剂是否注明或者清楚。

三、规范我国食品添加剂使用的相关建议

（一）解决执法不力的问题

目前，执法资源、力度有限，人民群众维权成本高，违法不易发现问题等依然存在。可以肯定的是，现阶段有更多的超量使用添加剂、非法添加行

为存在于生活当中，只是暂时没有被发现，违法者会抱着"反正很难被查处，这次仅仅是运气背"的态度继续从事非法添加。

基于不断出现的食品安全问题，我们加重了对食品违法活动的处罚力度，《食品安全法》修改体现出"重典治乱，猛药去疴"的思路，加重了处罚力度。但应该认识到食品安全立法是必要的，但是又不是绝对的，增加处罚力度只是一个暂时性的方法，长期是否有效还需要相关配套政策的出台。[1]况且重典治乱对某些如生产低价格产品的企业所起的作用也是微乎其微。目前，可以从以下几方面着手：

1. 采取预防为主、防治结合的措施来解决食品安全标准滞后的问题。要把对食品安全中即将出现的问题放在首要位置，否则会陷入不断发现与治理的恶性循环当中。

2. 调动行业协会的力量，提高公众参与并发现食品安全问题。食品安全卫生中的问题，谁去发现，由什么人来发现是问题的关键所在，中国食品药品检定研究院食品所相关负责人认为，食品安全问题不光是我们研究如何去解决的问题，更是一个执行上的问题，当政府、市场的监管失衡的时候，行业协会及与食品密切相关的公众应该发挥作用，行业协会作为最应该起到两个作用，一是通过基层调查而了解食品安全中的问题，起到主动的、积极的预防作用。二是作为政府与民众沟通的桥梁起到普及及宣传作用，行业协会可以吸收普通消费者进入到协会中。比如经常购买食材的"阿姨""大妈"对食品的安全非常关心，大部分人又有充足的时间，可以成为发现食品安全问题的"中流砥柱"。这样会在一定程度上解决执法资源有限、力度不够的问题。

3. 让高校参与到鉴定角色中来。食品安全鉴定举证难，普通大众没有鉴定的能力，只能寻求鉴定机构的帮助。目前，我国鼓励高校与企业建立联系，形成"产学研政"式链条，使高校的科研对象越来越与现实、与市场接轨，高校的"介入"会起到积极作用。

4. 要提高人民大众对食品安全的责任意识，解决食品安全问题，不能只重视处罚不注重意识上的引导。北京市人大法制办处长王爱声认为，哪怕是一个肮脏的人也愿意吃干净的东西，这是人性，但是为什么会背离人性去制

---

〔1〕 彭辉、张进扬："在食品中违规掺入添加剂的刑法评价"，载《人民司法》2014 年第 2 期。

作不安全的食品，主要是利益关系在起作用，但是利益关系对清真食品起的作用却很小，因为制作清真食品的人是有信仰的。这种信仰赋予了食品生产者责任意识，这对我们是有借鉴意义的。

（二）积极引导企业和消费者知法、懂法、用法

食品添加剂标识中不注明、不清楚的问题主要还是源于疏忽和法律意识的缺乏。所以可以分别从生产者和消费者两方面提高法律意识：

1. 提高食品添加剂生产者及使用者食品安全的法律意识和责任意识。食品添加剂企业和食品生产经营企业必须遵守《食品安全法》等法律规范，首先在保证食品添加剂质量合格外还要加强食品添加剂产品的标识和使用说明的管理；还要按照《食品安全法》和相关法规、标准的要求，进行正确的标签标识，使消费者能够通过标签决定是否购买含有食品添加剂的食品和所购买的食品使用了哪些食品添加剂。

2. 增加消费者的维权意识。消费者的维权将促使企业进一步审视企业产品在食品安全标签上的规范是否符合规范、有利于食品安全体系的建设。然后并不是每位消费者都会像案例中尚庆风那样通过偶然的机会发现食品添加剂标签不规范，从而主动维权，大部分人根本不具备食品添加剂的常识，更别说去维权了，所以增加消费者维权意识，共筑食品安全维权的氛围有利于问题的解决，可以借助行业协会、社会团体、高校的力量去普及食品添加剂的知识。

同样，类似生产者"超范围"使用添加剂的问题也可以通过引导企业学法的方式来解决。作为专业性比较强的规范，法律的制定者有必要对技术性的制度条款予以解释。在肉松中添加维生素 e 的生产者如果知道儿童过量摄取维生素 e 可导致胃肠功能紊乱、眩晕、视力模糊等症状可能就不会违法添加了，也会真正懂得 GB2760 - 2011 不能"超范围"添加的规定。

（三）修改《食品安全法》有关十倍赔偿的条款

笔者认为应打破十倍赔偿刚性规定，被告的恶意状况及原告的损害程度赋予法官一定自由裁量权，在十倍赔偿基础上适当减少企业的赔偿额度，从而更好地平衡企业与消费者的利益。同时对于价格比较低廉产品的诉讼，可以借助行业协会的力量提起公益诉讼，以增加企业的压力。

综上，从根本上讲，解决我国食品添加剂非法添加及滥用问题可以通过建立一个体系、两层面互补及三方互动的途径来解决。一个体系指加速建成

我国的食品安全管理体系，这个体系应该包含食品从生产到餐桌的全程管理。食药监局相关负责人指出，食品安全有两个层面的问题。一个是科学的问题，比如说标准的制定，当然也有体制的问题，比如说研究机构的独立性等，立法及制度建设要吸收科学领域内的问题，要充分的理解才能够充分的在立法上提出意见，所以食品安全管理体系应将科学和制度进行互补共同解决问题。三方互动指政府、企业、行业协会的互动，其中行业协会起到中间的纽带作用，正如前面所提到的，行业协会完全可以吸收对食品安全问题有着共同诉求的人们加入其中，这样就能构建成一个政府起主导作用，企业自我完善及来自行业协会给与企业外部督促，协调共建食品安全的组合。

新 《食品安全法》 修订解读

张倩如　邹亚莎 *

一、引言

现行《食品安全法》颁行于 2009 年，相较于 1995 年的《食品卫生法》，在制度创新上取得了巨大的成就，但在立法理念层面仍存在着三大不足：对食品安全概念的理解不足；对食品标签的重要性认识不足；对充分发挥消费者的制衡作用认识不足。针对这些不足，结合最新情况，从 2013 年 10 月起，新《食品安全法》的修改历经了两次审议、三易其稿。2015 年 4 月 24 日下午，第十二届全国人民代表大会常委会第十四次会议表决通过了《关于修改〈中华人民共和国食品安全法〉的决定》，国家主席习近平签署第 21 号主席令予以公布。这是该法自 2009 年颁布以来的首次大规模修订，此次修订确立了"预防为主、风险管理、全程控制、社会共治"的新理念，其修订力度彰显了国家重典治乱确保国民食品安全的决心：新法条款数目由过去的 104 条增加到了现在的 154 条，而原有条款中也有 70% 进行了不同程度的修改，全文字数由 1.5 万增至近 3 万。在修订过程中，国务院法制办多次组织专题调研，充分论证反复推敲，并将修订稿面向全社会公布，公开征求各方意见。其中，仅在针对转基因食品这一类法规的制定过程中，参与到评估环节中的各领域专家就多达 105 人，专业检测机构 40 家。[1]

作为中国食品行业的基础法律，这部新《食品安全法》凝聚了专家的智

---

* 张倩如，北京工商大学法学院硕士研究生；邹亚莎，北京工商大学法学院副教授。

[1] 张艳艳："新《食品安全法》的正确打开方式"，载《北京青年报》2015 年 5 月 27 日版。

慧，表明了监管者的决心，体现了企业的意愿和消费者的期待，是我国食品行业发展的一个重要里程碑。这部一出台即被冠之以"史上最严"头衔的新法，将以"最严谨的标准、最严格的监管、最严厉的处罚、最严肃的问责"〔1〕来构建食品安全的防卫体系，守护人民群众"舌尖上的安全"。鉴于此，笔者将从消费者、生产者、监管者三个角度，试对这部"史上最严"的《食品安全法》的修订亮点进行详细解读，它都做了哪些修改？"严"体现在哪些方面？对消费者、生产者以及监管者有何影响？如何理解社会共治中的各方责任？此外，它是否还存在着一些不足之处，有待继续完善，笔者也在文末作出了探讨及展望。

二、新食品安全法关注的焦点问题综述

新《食品安全法》从保护消费者的角度出发，重点完善了关于剧毒高毒农药、食品添加剂、网售食品、转基因食品、保健品、婴幼儿奶粉六个方面的相关规定，为保障消费者的食品安全构筑了六道严密的"保护网"。

（一）禁用剧毒高毒农药，确保蔬果中草药安全

2010年，青岛九名消费者食用过韭菜后中毒住院，随后查出韭菜被使用了高毒农药甲拌磷；2013年，潍坊被曝光有农民在种植大姜时使用了剧毒农药"神农丹"；2015年，又有消费者在食用过西瓜后出现了头晕、呕吐等症状，经过抽检发现，共有9批次西瓜上含有高毒农药"涕灭威"……利用剧毒、高毒农药对瓜果、蔬菜和中草药材进行病虫害防治以及利用高残留农药进行催肥，是广大百姓最为担心和忧虑的食品安全问题之一。农业部农药检定所隋鹏飞指出："在中国，要全面保障农业生产，全面解除担心，有两件事：第一个是必须解决好不是什么人都可以随便卖药的问题。第二个是从根本上必须解决好不是什么人都可以买药的问题。"〔2〕针对农药问题，新《食品安全法》做出明确规定，"国家对农药的使用实行严格的管理制度，加快淘汰剧毒、高毒、高残留农药，推动替代产品的研发和应用，鼓励使用高效低毒低残留农药"。同时还强调，"禁止将剧毒、高毒农药用于蔬菜、瓜果、茶叶和中草药材等国家规定的农作物"。这是现行食品安全法颁行六年来，第一

〔1〕 张先明："最严谨的标准 最严肃的问责"，载《人民法院报》2015年4月25日。
〔2〕 张艳艳："新《食品安全法》的正确打开方式"，载《北京青年报》2015年5月27日。

次明确提出禁止使用剧毒、高毒、高残留农药，彰显了我国严格监管的决心。

（二）增设生产许可制度，提升食品添加剂质量

此前，我国只对食品生产和食品经营设立了许可制度，而新《食品安全法》第39条明确规定"国家对食品添加剂生产实行许可制度"，这一新增制度是十分必要的。食品添加剂是食品安全的重要环节，目前食品添加剂的生产企业良莠不齐，甚至存在着大量小作坊，有些小作坊完全不按照国家相关的标准生产，因而导致市面上流通的食品添加剂质量堪忧，故此迫切需要通过法律对生产环节加以控制。食品添加剂实行许可制度后，有关监管部门便可以对哪些企业生产食品添加剂，生产哪些食品添加剂进行监督和管理，还可以定期地对市场上流通的食品添加剂进行抽查和检验，从而提高食品添加剂的质量水平。此外，包括《食品安全国家标准食品添加剂使用标准》在内的37项食品安全国家新标准也已经于今年开始实施，此次实施的新标准涉及到食品添加剂、面筋制品、豆制品、酿造酱、食用菌及其制品、巧克力、代可可脂巧克力及其制品、水产调味品、食糖、包装饮用水等与消费者密切相关的产品。

（三）明确第三方平台责任，加强网售食品监管

随着互联网的普及，网购已成为居民可选择的日常消费途径之一，根据统计数据显示，我国2013年的网络零售交易额已超1.85万亿，占社会消费品零售总额的比重为7.8%，其中有324亿元是网络食品交易，约占网络零售交易总额的2%。但消费者的网购体验却并不完美，买回来的是"三无产品"或者已超过保质期的产品等现象并不少见。这种不良现象不仅威胁着消费者的食品安全，也制约着网上购物的健康发展。然而，根据《消费者权益保护法》第44条的规定，网络交易平台提供者只要能够提供销售者或者服务者的真实名称、地址和有效联系方式，便可不用承担责任，这一类似于知识产权中的"避风港"原则实际上要求第三方平台所承担的监管责任相对较轻。新《食品安全法》突破了此项规定，强调了第三方平台的食品安全监管责任，第62条第1款明确要求"第三方平台提供者对入网食品经营者进行实名登记"并审查许可证，许可证的推广可便于消费者查询经营者信用及购买到不合格食品后的维权，也有利于监管部门对假劣食品的查处。[1]同时，第二款还要

---

〔1〕 张爽："监管网售食品需要更合理的法案"，载《中国质量万里行》2015年第2期。

求第三方平台提供者对发现的违法行为及时制止、报告并停止提供网络交易平台服务。

（四）转基因食品显著标示，保障消费者知情权

近年，进入人们视野的转基因食品数量及品种都越来越多，关于转基因食品安全性的争议也愈演愈烈。我国目前采用转基因标识制度，凡是在市场上销售的已列入转基因标识目录的生物，按照规定均需标识。然而，当前市场上转基因食品的标识相当混乱，主要存在两种问题：一种是有些商品的标识印刷得很小，消费者很难观察；一种是有些商家乱标识，把"非转基因"当作营销幌子。消费者对自己所选择的食品享有知情权，转基因食品的销售和推广理应建立在信息公开透明和群众同意欢迎的基础上，因此，坚持并完善转基因食品标识制度非常关键。新修订的《食品安全法》明文规定生产经营转基因食品应当按照规定"显著"标示，同时加大了对违法者的惩处力度，可以"责令停产停业，直至吊销许可证"，这一新增规定不仅有利于保障消费者的知情权，而且有利于促进转基因食品的健康发展。

（五）标签注册含量载明，揭开保健品功能面纱

我国保健食品行业近年发展异常迅猛，年产值已高达上千亿元。跟国外的保健品主攻矿物质和维生素不同，我国的保健品有自身的特色。[1]由于药食同源的食疗传统，加之此前对"含量"载明并没有要求，所以市场上出现了几吨"龟鳖营养液"仅用一只甲鱼生产、几吨"虫草粉"仅用一克虫草制造的现象，这显然也是在变相地欺骗消费者。如今以法律的形式要求载明成分含量，能够有效杜绝上述不良现象。此外，要求保健食品声明"本品不能代替药物"的规定也非常有现实意义，能够在一定程度上防止一部分不具有相关知识的消费者被欺骗。仍需注意的是，现在有很多企业在销售保健产品时，标签、说明书与注册、备案的不尽相同，新法所规定的两个"相一致"还需要监管部门严格执法，让法律真正地得到落实。新《食品安全法》针对保健食品的新规定有利于整顿保健食品市场秩序、肃清无德厂商"忽悠"乱象，也有助于指导消费者进行更加理性地消费，保障保健食品行业在健康的环境中茁壮成长。

---

[1] 欧阳秀芳："解读《食品安全法》"，载《世纪桥》2013年第1期。

（六）全程控制配方注册，护航婴幼儿奶粉安全

婴幼儿奶粉安全问题在"大头娃娃"、"三聚氰胺"等事件后，一举成为我国食品安全领域的关注热点。据统计，当前我国婴幼儿乳粉的配方将近两千个，有些企业为了营销，肆意拼凑不具有技术含量、不存在特殊功效的配方，导致配方过多过滥。继欧盟于前年通过了关于加强婴幼儿食品和特殊功能食品监管的法案后，新《食品安全法》第81条也明确规定了对婴幼儿配方"实施逐批检验"，并要求企业向监管部门注册备案。注册意味着审查，对配方从生产源头上加强管理，表明国家对婴幼儿食品安全的高度重视。此外，针对当下许多企业进口大包装奶粉，在国内分装成小包装销售的做法，为避免二次污染的风险，该条款规定了"不得以分装方式生产婴幼儿配方乳粉"；同时还强调"同一企业不得用同一配方生产不同品牌的婴幼儿配方乳粉"，这一规定则是为了禁止企业采用"换汤不换药"的手段欺骗消费者。然而，我们也应当意识到，消费者之所以舍近求远选择国外奶粉，更多是因为青睐洋奶粉背后纯净的空气、无污染土地上生长的牧草以及健康奶牛所代表的高品质奶源，所以构建多环节的全链治理模式已刻不容缓。[1]

三、新食品安全法对违法行为的处罚分析

新《食品安全法》从限制食品生产经营者的角度出发，强化了刑事、民事责任追究，增设了行政拘留种类，提高了罚款额度，加大了处罚力度，针对食品生产经营过程中层出不穷的各种违法行为制定了六道严格的"高压线"。

（一）强化刑事责任追究

新《食品安全法》要求执法部门首先对违法行为的性质进行判断，比如对经营病死畜禽的行为，要判断是否已构成刑事犯罪，如果构成刑事犯罪，则直接由公安部门负责侦查，追究刑事责任。这一规定充分体现了"重典治乱"的修订原则。为了加强对犯罪分子的惩罚力度，新法还规定"对因食品安全犯罪被判处有期徒刑以上刑罚的，终身不得从事食品生产经营的管理工作"。

---

〔1〕 易开刚、范琳琳："食品安全治理的理念变革与机制创新"，载《学术月刊》2014年第12期。

（二）增设行政拘留种类

在现实生活中，有很多违法者通常并不惧怕罚款，但是怕关，怕人被抓，针对这种违法心理，新《食品安全法》对违法添加非食用物质、经营病死畜禽、违法使用剧毒高毒农药等屡禁不止的严重违法行为，增设了行政拘留的处罚规定。这一规定对屡教不改的违法者将会产生一定的威慑作用。

（三）大幅提高罚款额度

新《食品安全法》大幅度提高了对部分违法行为的罚款额度。例如按照先前规定，对生产、经营不符合国家标准的婴幼儿配方乳粉等违法行为，最高可处货值金额 10 倍的罚款，按照新法规定，最高则可处罚货值金额 30 倍的罚款，罚款上线大幅提高。

（四）加大处罚重复违法行为

新《食品安全法》针对现实中存在的多次被罚而不改正的情况，增设了新的法律责任。对于那些在一年内累计三次因违法而受到警告、罚款等行政处罚的食品生产经营者，要求监管部门给予责令停产停业直至吊销许可证的处罚。

（五）增设处罚非法提供场所

为实现源头监管、全程监管的目的，新《食品安全法》明确规定，对明知从事无证生产经营或者从事非法添加非食用物质等违法行为，仍然为其提供生产经营场所的行为，食品药品监管部门也要对其进行处罚，最高处 10 万元罚款。

（六）强化民事责任追究

一是增设了赔偿首负责任制。新《食品安全法》要求食品的生产者和经营者在接到消费者的赔偿请求之后，先行赔付，不得推卸。二是完善了惩罚性赔偿制度。新法在十倍价款赔偿外，增加了消费者可要求支付三倍损失惩罚性赔偿金的选择。三是强化了民事连带责任。新法对网络交易第三方平台提供者未能履行法定义务、食品检验机构出具虚假检验报告、认证机构出具虚假的论证结论等三种违法行为，要求承担连带责任。[1]四是增设了媒体赔偿责任。新法要求编造散布虚假食品安全信息的媒体承担民事责任。

---

〔1〕 王东海："史上最严，打响'舌尖安全'保卫战——新修订《食品安全法》深度解读"，载《中国食品药品监管》2015 年第 5 期。

四、新食品安全法对监管者的举措设置

新《食品安全法》以"预防为主、风险管理"为理念，从监管角度出发，创设了风险分级管理、临时限量值和临时检验方法、责任约谈及信用档案制度，为行业执法部门进行食品安全监管增添了四大新式"武器"。

（一）实行风险分级管理

针对我国食品安全风险监测和评估制度处于起步阶段，风险监测功能单一，监测机构指向不明；风险评估主体责任分配不合理，信息公开不充分的现状，[1]新《食品安全法》明确规定食品药品监管部门应当"根据食品安全风险监测、风险评估结果和食品安全状况等，确定监督管理的重点、方式和频次，实施风险分级管理"。这一规定将有利于监管部门更加合理地配置资源，实现重点监测，更加有针对性地加强风险预警和动态监管。

（二）增设临时限量制度

在2008年三鹿毒奶粉事件后，原卫生部曾联合质检总局等部门发布了乳制品中三聚氰胺的临时管理限量值，此次修订将这种做法纳入法律条文，新《食品安全法》规定对已证明存在安全隐患但食品安全标准尚未制定或修改的食品，相关部门应当及时规定有害物质的临时限量值和临时检验方法，以此作为生产经营和监督管理的临时依据。作为一项应急行政控制措施，该制度为监管部门处理突发食品安全事件提供了执法的依据。

（三）增设责任约谈制度

传统的食品安全治理模式的主要流程是"发生问题——媒体曝光——相关部门介入——查处、检验、定性——相关责任人受处罚"，[2]针对这种怪圈，新《食品安全法》规定食品药品监督管理部门可以对未及时采取措施消除隐患的食品生产经营者的法定代表人或主要负责人进行责任约谈。中国人民大学法学院教授莫于川认为："引入约谈，能够在前期对事件进行有效干预，避免后期造成更大的危害。"[3]这一制度的创设，体现了食品安全治理

---

〔1〕 陆强、徐信贵："我国食品安全风险监测评估机制创新研究——兼议《食品安全法》的修改"，载《第九届中国软科学学术年会论文集（上册）》2013年版。

〔2〕 宋会平："媒体应如何报道食品安全问题"，载《新闻实践》2011年第7期。

〔3〕 彭瑶："食品安全法首修 重典守护'舌尖上的安全'"，载《农产品市场周刊》2014年第27期。

时机由"事后处理"向"事前预防"、由"后期管理"向"前期监督"的转变。[1]

（四）建立信用档案制度

新《食品安全法》增设了建立信用档案及通报制度，规定食品药品监管部门"应当建立食品生产经营者的食品安全信用档案，记录许可颁发、日常监督检查结果、违法行为查处等情况，依法向社会公布并实时更新"。这一规定除了可以督促企业诚实守信、提升食品生产经营者自律水平的作用外，更有利于形成保障食品安全的长效机制，同时也有助于监管部门提高监管效率，增强执法力度及震慑力。

五、食品安全社会共治中的五方责任

构建"企业自律、政府监管、社会协同、公众参与、法治保障"的食品安全社会共治格局是新《食品安全法》广受关注的一大修订亮点。在食品安全社会共治的机制中，政府、企业、媒体、消费者及第三方评估机构形成了多元的互动力量，凝聚为守护食品安全的强大合力。其中，政府是食品安全的监管主体，应肩负起严把食品安全标准关及质量关的责任；企业是食品安全的责任主体，应当严守诚信经营道德及法律底线；媒体是政府和企业的监督主体，应当合理设置新闻议题、正确引领舆论导向、当好公益宣传员；消费者作为食品安全风险的最终承担者，应当强化监督主体意识、不断提高食品安全知识储备、积极参与消费者权益保护活动；而第三方评估机构作为一种体现诚信公正的中间力量，则应当肩负起提供有效公正食品安全信息的责任。[2]食品安全的社会共治，就是要整合各种可以整合的社会资源，动员一切可以动员的社会力量，构建多方主体参与、多种要素发挥作用的综合治理机制，而这一格局的达成，有待于全社会的共同努力。

六、新食品安全法需要完善问题分析

2015 年 2 月 9 日，在《食品安全法》研讨会上，专家对第二次审议稿展

---

[1] 易开刚、范琳琳："食品安全治理的理念变革与机制创新"，载《学术月刊》2014 年第 12 期。

[2] 徐协："试论食品安全的社会共治"，载《江南论坛》2014 年第 9 期。

开讨论，北京大学法治与发展研究院高级研究员刘兆彬一针见血地指出："一部《食品安全法》，源头交给了《农产品质量法》，大头 80% 的小微企业扔给了地方，再加上九龙治水这样一个交叉重复的体制，这三大缺陷是当下中国食品安全没有得到有效治理的法制根源和制度根源，这是硬伤。这三大问题不解决，我们的顶层设计是有缺陷的。"[1]鉴于此，刘兆彬研究员建议新《食品安全法》不应急于出台。多次参与法律制定的中国医药创新促进会执行会长宋瑞霖也建议留一个冷静期，他指出"美国 FDA（美国食品药品监督管理局）制定一个食品安全规章要开 500 次会，非常的细，很多做法值得我们学习。"

然而遗憾的是，虽然专家普遍呼吁，第三次修订稿依然如期通过。第三次修订稿中对这三大"硬伤"并未回避，通过新法条文可以看到，上述三大"硬伤"得到了一定程度的改善，但仍待进一步完善。

（一）与其他法律的衔接问题

一方面，在食品安全法律体系中，《食品安全法》的顶层设计作用还未明确。《食品安全法》与《农产品质量安全法》两法仍然并行，用两部法律同时管一个问题，不仅是立法资源的浪费，更大的麻烦在于概念、标准的混乱以及内容上不能很好地对接。《农产品质量安全法》也未必一定要废止，但应当与新《食品安全法》内在、有机、完整地衔接起来，在制度设计上更完整、更连贯，而不是只把两部法简单拼接起来。

另一方面，虽然新《食品安全法》强化了刑事责任追究，但只笼统地规定了"依法追究刑事责任"，而没有规定罪名和法定刑。这种刑事罚规定模式意味着行政法律依附于刑事法律，造就了行政法律中刑事罚的规定模糊性及不可操作性。[2]同时，新《食品安全法》对刑事处罚与行政处罚的规定也存在着断层，从而导致食品安全监管部门在执法时面临着选择的困境，对适用刑事处罚或行政处罚摇摆不定。

（二）小微企业仍处在监管真空

据统计，从业人员在 10 人左右 20 人以下、年销售额在 50 万元以下的小

---

[1] 宋明霞："专家争议《食品安全法》三大'硬伤'呼吁立法重时效更重实效"，载《中国经济周刊》2015 年第 3 期。

[2] 徐信贵、康勇："食品安全领域行刑衔接问题研究"，载《广西社会科学》2015 年第 3 期。

微企业大约占我国食品生产企业的80%，再加上小于小微企业规模的个体工商户，总量可能会达到我国食品生产企业的90%，但是这批企业很多达不到食品生产经营许可条件，是当前食品安全的重大隐患。而现行食品安全法自实施以来，针对食品摊贩的具体管理办法，全国三十多个省份只有不超过8个省级人大进行了立法，加上制定了政府规章的省份也不超过15个。也就是说，占比80%的小微企业几乎处在监管真空状态。虽然新法已明确要求各地方应当制定针对食品生产加工小作坊和食品摊贩的具体管理办法，但是地方法律法规的完善与落实仍然需要相当长的一段时间。

（三）监管的机构整合还有待夯实

新《食品安全法》终结了广受诟病的"九龙治水"问题，将权力集中到国家食品药品监督管理总局，但是原有的体制漏洞却未能有效填补。同时由于机构整合的进度缓慢，也影响了监管职能的行使。据一位来自县级卫生部门的人士介绍，基层食品监管职能移交给食药监局后，短期内还是要依靠卫生部门来行使职能，因为食药监系统短期内无法建立起自己的检验检测和执法体系。[1]机构整合终究只是形式，根本目的还是希望通过改革理顺监督管理体制，提高行政效率。

（四）其他有待完善之处

首先，新《食品安全法》增设的责任约谈定性不清，比如约谈是责任还是义务？被约谈的企业负责人不来怎么办？约谈是强制性的还是非强制性的？如果是强制性的，显然不合法，可能侵犯了公民的人身权。如果没有强制性，如何执行？

其次，新《食品安全法》对认证体系的规定还不够充分。可以考虑制定相关激励机制和扶持政策，推动自愿性认证的发展，并逐步扩大认证范围；将审核机构的认证资格与该机构审核过的企业食品安全保障能力直接挂钩；将现有的三个体系（有机、绿色、无公害）合并成一个体系，将相关产品认证分为三个层次，从低到高满足不同水平的食品质量安全需求。

最后，新《食品安全法》第43条第2款提出"国家鼓励食品生产经营企业参加食品安全责任保险"，而进一步推行食品安全强制责任保险无论是对消费者还是对生产经营者，都是十分必要的。由于我国地区经济发展不平衡，

---

[1] 曹凯："新食品安全法定调严刑峻法仍存机构整合遗漏"，载《财经》2015年第12期。

食品企业在地域分布及产品结构上也比较分散，一刀切式的全面推行食品安全强制责任保险确实存在一定困难，但这仍是大势所趋。[1]

七、结语

历时两年，三易其稿，多方研讨，数次上会，新《食品安全法》终于还是"千呼万唤始出来"，通过对新法修订内容的解读，几多欣慰，几许遗憾，我们从中可以看出国家对食品安全问题的重视高度，以及现存食品安全问题的解决难度。距离新法正式实施还有不到半年时间，相关法律法规标准的整合工作也都在紧张地进行中。这部备受瞩目"史上最严"的《食品安全法》，在实施过程中具体会遇到怎样的挑战？还有待我们持续的关注与研究。

---

[1] 苑金鹏等："我国实行食品安全强制责任保险的必要性"，载《食品安全导刊》2015年第10期。

机动车责任保险中车上人员与第三人身份转化问题探讨*

周　楠　李春兵**

一、一审二审认定结果迥异的判决

（一）案件情况介绍[1]

2013 年 9 月，符某驾驶轿车由北向南行驶至某路段时，与同向行驶的由罗国某驾驶的小型方向盘式拖拉机相撞，发生了两车受损、小型方向盘式拖拉机上乘车人员罗某坠地被该拖拉机压伤的交通事故。2013 年 10 月，市公安局交警支队直属一大队作出道路交通事故认定书，认定符某负事故主要责任，罗国某负事故次要责任，罗某不负事故责任。符某具备相应驾驶资格，其驾驶的轿车系借用，该车登记所有人为苏某并以苏某为被保险人投保了机动车交通事故责任强制保险（以下简称交强险）和商业第三者责任险（以下简称三责险），本次事故发生在保险期间内。罗国某驾驶的小型方向盘式拖拉机系本人所有，该车投保了交强险，本次事故发生在保险期间内。因赔偿金额方

---

* 北京工商大学研究生科研能力提升计划项目"机动车责任保险中车上人员与第三人身份转化法律问题研究"成果。

** 周楠，北京工商大学法学院硕士研究生；李春兵，北京工商大学经济学院讲师。

[1] 湖南省益阳市中级人民法院（2015）益法民三终字第 27 号。

面的争议，罗某诉至法院，又因均不服一审法院的判决，罗某和保险公司向上一级法院提出了上诉。

一审法院认为，罗某系从罗国某的拖拉机上坠地后被该车辆辗压致伤，故对人保公司"罗某属于罗国某车上人员，不同意在罗国某投保的交强险赔偿限额内赔偿"的抗辩意见不予支持，而二审法院支持了人保公司不承担罗国某车辆交强险保险责任的上诉理由。

（二）法院判决观点简要分析

由两级法院的判决意见看，其存在的争议问题是"罗某搭乘肇事车辆摔下并被该车碾压致残，其法律身份仍属于车上人员还是已经转化为第三者，保险公司是否应承担交强险赔偿责任"。两级法院之所以会产生分歧，是因为对车上人员和第三者的身份的定性意见不一样。一审法院对于交通事故中的受害人罗某适用了其乘坐的拖拉机车辆的交强险，这种适用结果是将受害人罗某的身份认定为了乘坐车辆的第三者，即受害人罗某的身份发生了由"车上人员"向"第三者"的转化，此观点认为车上人员和第三者的身份是一种临时性的，是可以随着时间和空间的改变而变化的，因而两者可以进行身份转化。而二审法院观点不同，认为车上人员与车外人员的区别是比较固定的，因交通事故撞击等原因使车上人员脱离本车的，受害人罗某的身份仍然属于"车上人员"，不存在转化的情形，不适用乘坐的拖拉机车辆的交强险。

（三）问题的引出

车上人员和第三者身份能否转化，我国法律并未做出明确规定，体现车上人员和第三者身份转化问题相关观点的最高人民法院发布的指导案例和《民事审判指导与参考》民一庭的意见也不相同。最高人民法院于 2008 年在《最高人民法院公报》上首次公布了车上人员可转化为第三者的指导案例，即郑克宝诉徐伟良、中国人民财产保险股份有限公司长兴支公司道路交通事故人身损害赔偿纠纷一案，案件裁判要旨认定应依据事故发生时受害人在车上还是车下来确定，在事故发生时处于车上的是车上人员，在事故发生时处于车下的是第三者，身份可能因特定时空的转换而变化，何种原因使车上人员在事故发生时置身车辆之下并不影响其"第三者"身份。[1]《民事审判指导

---

〔1〕"郑克宝诉徐伟良、中国人民财产保险股份有限公司长兴支公司道路交通事故人身损害赔偿纠纷案"，载《最高人民法院公报》2008 年第 7 期。

与参考（总第43集）》中"被保险车辆的'车上人员'能否转化为机动车第三者责任强制保险中的'第三者'"一文中指出"当被保险车辆发生交通事故，如本车人员脱离了被保险车辆，不能视其为机动车第三者责任强制保险中的'第三者'，不应将其作为机动车第三者责任强制保险赔偿范围的理赔对象"，[1]这显示出最高人民法院民事审判第一庭采取不同意见，认为车上人员不能转化为第三者。

第一种观点适用时，其判断标准"事故发生时"本身就是存有争议的，正如侵权法中侵权地包括侵权行为发生地和侵权结果发生地一样，"事故"是指事故行为发生地还是事故结果发生地，若事故持续一段时间其发生是以哪一时间点为基准，这些判断都可能会带来不同的结论。第二种观点适用时会存在受害人利益无法得到有效保障的可能，比如侵害人经济状况不好，受害人的损失较大，即使有车上人员责任险的适用也难以弥补损失。因此，有必要对"车上人员"与"第三者"转化的合理性进行探讨。

二、"车上人员"和"第三者"的法律界定

（一）"车上人员"的相关规定

1. 保险条款的规定。《机动车商业保险行业基本条款》对"车上人员"的范围作了比较详细的规定。《机动车商业保险行业基本条款（A款）》《机动车车上人员责任保险条款》第3条规定："本保险合同中的车上人员是指保险事故发生时在被保险机动车上的自然人。"《机动车商业保险行业基本条款（B款）》则规定"车上人员是指发生意外事故的瞬间，在保险车辆车体内的人员，包括正在上下车的人员"。《机动车商业保险行业基本条款（C款）》《机动车车上人员责任保险条款》第4条规定："本保险合同中的车上人员是指发生意外事故瞬间，在符合国家有关法律法规允许搭乘人员的保险机动车车体内或车体上的人员，包括正在上下车的人员"。上述规定是针对车上人员责任保险进行规定的，通过目的解释方法认为，对车上人员的范围的时间界定上不仅规定保险事故发生时，还详细规定到事故发生瞬间，有利于司法实务中的判断，同时又对车上人员的范围作了尽量大的涵括，这是对车上人员

---

〔1〕 最高人民法院民一庭："被保险车辆的'车上人员'能否转化为机动车第三者责任强制保险中的'第三者'"，载奚晓明主编：《民事审判指导与参考（总第43辑）》，法律出版社2011年版。

利益的充分保障。

《中国保险行业协会机动车综合商业保险示范条款（2014版）》总则第4条规定："本保险合同中的车上人员是指发生意外事故的瞬间，在被保险机动车车体内或车体上的人员，包括正在上下车的人员"，此规定与上述C款规定一致，对于车上人员的范围规定比较细致。通过文义解释方法来看，上述对车上人员的规定针对的仅是车上人员责任险和第三者责任保险，不包括交强险。

2. 保险条款解释的规定。保监会2000年发布的《中华人民共和国机动车辆保险条款解释》中规定，本车人员是指意外发生瞬间在保险车辆上的一切人员，包括此时在车下的驾驶员、车辆行驶中或车辆未停稳时非正常下车的人。[1]这里对车上人员范围的规定也是比较广泛的，体现了对相关人员的利益保护采取尽可能大范围的涵括。

（二）"第三者"的相关规定

《机动车交通事故责任强制保险条例》第5条规定："交强险合同中的受害人是指因被保险机动车发生交通事故遭受人身伤亡或者财产损失的人，但不包括被保险机动车本车上人员、被保险人"。根据该条规定，交强险赔偿的对象是除被保险人和被保险机动车上的车上人员之外的遭受交通事故的受害人，即"第三者"。交强险发生理赔的情形时，一般受害人是交通事故中购买交强险机动车辆的车外人员，侵害人则是该机动车辆的驾驶员。只要确定了车上人员，就能采取排除法确定交强险中的第三者。

《机动车商业保险行业基本条款（A款）》《机动车第三者责任保险条款》第3条对于第三者的规定"本保险合同中的第三者是指因被保险机动车发生意外事故遭受人身伤亡或者财产损失的人，但不包括被保险机动车本车上人员、投保人、被保险人和保险人"与上述《机动车交通事故责任强制保险条例》中的范围是一致的。《中国保险行业协会机动车综合商业保险示范条款（2014版）》总则第3条规定："本保险合同中的第三者是指因被保险机动车发生意外事故遭受人身伤亡或财产损失的人，但不包括被保险机动车本车车上人员、被保险人。"从文义上理解，上述两处对于第三者的规定针对的不是交强险，而是车上人员责任险和第三者责任保险。

---

[1] 梁鹏：《评论与反思——发现保险法的精神》，西南财经大学出版社2011年版，第184页。

（三）车上人员与第三者的界定

根据上述规定，对于车上人员和第三者的界限多是行业标准，不过，车上人员与第三者的界限还是比较明确的，一旦确认了车上人员即可采取排除法确定第三者的范围。出现车上人员与第三者身份转化的问题，是由于对二者的界定标准的具体适用出现了分歧。2008 年最高人民法院发布的指导案例裁判要旨中提到区分车上人员和第三者的一个判断标准是"交通事故发生时"，事故发生时在车上的即车上人员，事故发生时在车下的即第三者。虽然上述规定中有提到"交通事故发生的瞬间"，但这种规定是行业标准的规定，对于司法审判不具有强制性的约束力，不能防止法院作出的判决在同一问题上有不同意见。

"交通事故发生时"存在"交通事故行为发生时"和"交通事故结果发生时"两种解读，而事故的发生时间和事故的损害结果的发生时间虽相隔很近却通常不是固定在某一个点上，正是这段微小的时间差产生的不同认定标准为司法实践带来了不同的认定结果。"交通事故发生的瞬间"，用文义解释的方法理解，瞬间给人以即时、短暂的印象，在这种印象中，对其理解就不会出现两种，而是固定在了事故行为发生的那一刻，这对于车上人员和第三者的界定不会再产生分歧。

（四）二者适用险种的结果比较

根据上述相关规定，在购买保险的保险期限内，车上人员适用车上人员责任险，不适用交强险和商业第三者责任险的理赔；第三者则可以适用交强险和商业第三者责任险。关于交强险和商业第三者责任险的适用情况，现在大多数的观点认为其适用是有顺序的：若一个交通事故中，机动车购买了交强险的同时也购买了商业第三者责任险，则对于受害人的损失，首先由交强险进行赔付，当赔付不足以弥补损失时，不足部分由商业第三者责任险予以赔付，仍不足弥补的损失由加害人承担。

车上人员和第三者的范围和适用险种情况如下表：

	范围	适用险种
车上人员	司机和乘客	车上人员责任险
第三者	除投保人、被保险人、保险人和保险事故发生时被保险机动车本车人员以外的交通事故受害人	（先）交强险，（再）商业第三者责任险

三、车上人员与第三者身份转化问题的理论分析

（一）从利益保护的适用分析身份转化的合理性

车上人员与第三者身份转化的两种不同意见将会导致适用险种结果的不同。从适用险种结果上看，若认定身份转化，即受害者在事故发生时属于第三者，其可以适用本车保险公司的交强险和商业第三者责任险；若不认定身份转化，即受害者在事故发生时仍属于车上人员，可以适用车上人员责任险。每种保险险种都存在赔偿限额，具体的赔付金额要根据交通事故的认定情况具体计算，从利益保护的角度看，得到能够弥补其损失的相对较高的赔偿金额才能更好地保护交通事故受害人的利益。

若是车上人员从车上摔下，被本车碾压，认定身份转化为第三者即能适用本车购买的交强险和商业第三者责任险，更有利于补偿受害人的损失，保障受害人的权利，如（2015）益法民三终字第 77 号案件；若是车上人员从车上摔下后，被其他车辆碾压，相对于其他车辆，受害人即是第三者，可以适用交强险和商业第三者责任险来理赔，此时相对于本车是车上人员还是第三者对其利益保护有影响么？在文章开始的案例中，一审法院认为发生了车上人员向第三者的身份转化，而二审法院认为未发生身份转化，两种认定差异体现在：若转化为第三者，相对本车来说，本车的保险公司就会赔偿商业三者险，不足赔偿损失的由侵害人来赔；不转化，就是本车的车上人员，没有座位险，损失由侵害人赔，若数额巨大，侵害人无法及时足额地赔偿受害人，受害人的利益就无法得到保障，此时转化的话由资本雄厚处于强势地位的保险公司来赔偿更有助于保护交通事故中的受害人。

在一起交通事故中，假设乘坐车辆投保了交强险、商业第三者责任险和车上人员责任险，设交通事故受害人的损失为 A，车上人员责任险的赔偿限额为 B，交强险和商业第三者责任险的赔偿限额为 C（且 ABC 之间的额度相差比较大）。则按照 A、B、C 的大小可能，可以得到六种排序，对这六种排序方式有利于保护交通事故受害人的险种选择如下表：

序号	大小顺序	车上人员责任险	交强险＋商业第三者责任险	身份转化
1	A > B > C	√	×	N
2	A > C > B	×	√	Y
3	B > A > C	√	×	N
4	B > C > A	√	√	—
5	C > A > B	×	√	Y
6	C > B > A	√	√	—

说明：√：适用，×：不适用，Y："是"，N："否"，"—"：可转化也可不转化

由表格看，在车上人员责任险的赔偿金额和交强险、商业第三者责任险的赔偿金额均大于受害人的损失的情况下（即表格中的情形4和6），两种身份的认定结果对于受害人利益的保护都是达到弥补损失的要求的，可以认定其是车上人员，也可以认定其是第三者；在车上人员责任险的赔偿金额大于交强险、商业第三者责任险的赔偿金额的情况下（即表格中的情形1和3），认定为车上人员即不发生身份转化更有利于弥补受害人的损失，保护受害人的利益；在交强险、商业第三者责任险的赔偿金额大于车上人员责任险的赔偿金额的情况下（即表格中的情形2和5），认可身份由车上人员转化为第三者更有利于受害人利益的保护。

司法审判中存在身份转化争议的几种类型主要有：在倒车或车辆发生碰撞或车辆侧翻的情况下，车上人员被摔出车外导致伤亡；在车辆行驶过程中因发生刹车失灵等故障，车上人员跳下行驶中的车辆导致伤亡；因维修、推车等原因下车的车上人员被撞导致伤亡。产生争议的身份转化案件往往是通过适用交强险和商业第三者责任险获得的赔付金额较多。从利益保护方面分析，在交通事故的交强险、商业第三者责任险的赔付金额大于车上人员责任险的赔付金额时，认定车上人员和第三者身份转化才能适用赔付更多的险种，更有利于保护交通事故中受害人的利益，因而在这种情形下身份转化的认定是有意义的，具有一定的合理性。

（二）根据近因原则的适用限定身份转化的条件

近因原则是保险法的基本原则，是因果关系在保险法中的体现，其来源

于英国海上保险法，一般是指保险人在保险事故的发生与损害结果的产生有直接的因果关系时才承担保险责任的原则。"近因"是指对损害或损失的发生具有决定性作用的、有效的，并且引起法律责任承担的原因。[1]然而，这个概念是比较模糊、难界定的。近因原则的正确适用对于明确适用保险险种，防止保险人推卸责任和防止无限扩大保险责任具有重要意义。

车上人员与第三者身份认定的一个争议在于时间的认定上，另一个认定就在于对"事故"的认定上，究竟引起损害结果产生的事故是什么，这涉及到保险法近因原则的具体适用。例如，车上乘客因司机急转弯被甩出后未落地前又遭到其他车辆撞击致重伤的交通事故中，分析其受伤的原因：有意见认为乘客先遭遇一事故被甩出车外，此时的损害结果还未及发生，又遭遇了其他车辆撞击重伤，其他车辆的撞击应当是前一因果关系中断的阻却事由，是此损害结果的"近因"，故受害人对乘坐车辆而言其事故发生时已处于车外了，应当发生了身份的转化。但按照常理思考，车上人员被飞驰的汽车甩出车外，必然会造成人身损害的结果，不论被其他车辆撞击与否，都不会改变因被乘坐车辆甩出受到损害的结果，只是受到损害的结果的程度会发生改变。"其他车辆撞击"与"被本车甩出"构成了因果关系中的"多因"，都是致使损害结果发生的直接有效的原因，符合保险法的近因原则的规定，此时就不发生身份转化的情形。再如，车上乘客因司机急转弯被甩出车外撞到地面受伤的交通事故中：有意见认为其受伤的结果发生在车外，按照近因原则，撞地才是其受伤的近因，故其身份由车上人员转化为第三者；但也有意见认为其受伤是由最初的被甩出车外所致，从车内甩出车外到撞地受伤这是一个事故的整个过程，不能割裂开，不能只看到损害结果发生在车外就认定其是车外人员，在事故危险发生的瞬间就能预料到损害结果的产生，此情况下其身份仍属于车上人员，不发生身份的转化。这两种意见，前者在适用近因原则时因损害结果的发生地点而将事故局限在了撞地这个环节，后者在适用近因原则时则将事故原因和事故结果限定在危险产生的最开始的瞬间，这两种意见对于"事故"的认定不同，事故的发生时间也不同，对造成损害结果的原因认定也就不同。

上述两个事故的不同之处在于有无其他因素的介入，前一情况明显有其

---

[1] 徐学鹿主编：《商法学（修订版）》，中国人民大学出版社2008年版，第513页。

他车辆撞击的介入因素，介入因素对损害结果的产生看似具有最直接的作用，但这种介入因素并不足以使原来的因果关系中断，损害结果是由两者共同作用产生的；后一情况没有其他车辆撞击的介入因素，损害结果就是由遭遇事故瞬间被甩出车外造成的。两种情况在认定车上人员与第三者身份转化问题上应该是一致的，乘车人在最初遭遇危险时就应当认定事故发生了，在空间位置上，乘车人还位于车内，且在行驶的车辆上被甩出去自然会发生受伤的损害结果，这种损害结果虽然发生在车外，但其与事故的因果关系并未中断且可以在事故发生的瞬间预料到，其后的二次撞击等（如被其他车辆撞击）不影响乘客对于乘坐车辆的身份的认定。两种情形下，都不发生身份转化。

通过近因原则的分析，有些案例是不认定为发生了车上人员向第三者的身份转化的，如文章伊始所提到的案例，故而出现了一审二审不同认定意见的结果。对于有可能发生车上人员向第三者转化的情况的认定应当慎重，否则容易诱发道德风险。

四、结语

身份转化在司法实践中是有意义的，尤其是对于交通事故中受害人的利益的保护。但在我国的现有法律体系下，若一味扩大这种身份转化的适用，必然诱发道德风险，故在承认车上人员与第三者身份转化合理性的同时，应谨慎限定其适用条件。

商事组织法

浅谈我国公司治理与内部控制

姚　栋*

一、公司治理理论概述

目前在学术界已形成三种比较系统的关于公司治理的理论，分别是股东主义、利益相关者主义和管理主义。简而言之，所谓股东主义是指从股东的立场出发构建起来的一种公司治理理论，利益相关者主义是从公司各方利益主体的立场出发的治理理论，管理主义则是从公司管理者的观点提出的一种公司治理的理论或主张。

（一）股东主义理论

股东主义理论是一种至今最为根深蒂固、影响深远和更正式化的关于公司治理的思想，布赖恩·科伊尔（2005）将其称为"股东（shareholders）价值（最大化）流派"。而今这一理论已经形成了系统而鲜明的思想体系，主要观点可概括如下：

1. 股东利益至上。在股东主义者看来，公司的本质是资本雇佣劳动的契约安排。股东作为契约关系的委托人，是公司最重要的资源——物质或货币

---

* 姚栋，上海尼尔森市场研究有限公司法律部高级经理，北京企业法治与发展研究企业治理研究中心副秘书长。

资本的提供者，公司的一切权力均来源于股东的出资。对于非三资企业而言，股东大会是公司的最高权力机构，股东参与公司治理天经地义，公司追求的目标就是股东收益的最大化，即利润最大化。而且，公司的全部剩余都应归股东占有，这是对股东所起的关键经济作用的一种奖赏，即对股东承担风险与等待行为的激励。

2. 董事会是股东的受托机构。既然认为股东是公司唯一的委托人，那对于非三资企业而言，董事会的成员就要由股东大会选举产生，并代理股东行使对公司的决策权，董事会是公司的最高决策机构，但不是公司的最高权力机构；董事会的功能主要在于监督（monitor）经理层，以确保其真正为了追求股东利益而行事；董事会的设置应便于对经理层的监管，包括设有一定比例的外部独立董事，而其咨询（advisor）或顾问的功能则处于次要地位，这是股东价值最大化在组织结构及其功能安排上的逻辑延伸。

3. 管理层是公司直接治理的对象。经理层由董事会选聘，是公司委托—代理契约中的真正代理人，他们行使由董事会授权的公司日常的经营管理决策权。

4. 监事会的权力与监督的动力来源于股东会。所有权与经营控制权分离情况下，通过委派监事、成立监事会或在董事会内设置监督委员会以监督经营者，是股东及其股东会的权力延伸。监事、监事会或董事会中的监督委员会的权力是由股东会授予的，监督机构从其成立之时就有权力后盾（股东会）作为支持；监督、评价经营者的绩效要看是否使股东利益最大化，或股东损失最小化；其监督职责是否履行适当，亦受股东会的最终评价，从而构成了监督机构正常履行其职务的权力和动力源泉。

5. 公司外部治理机制是不可或缺的。公司治理的直接目的是降低委托—代理关系中的代理成本，股东主义者认为，这可以通过各种事先的激励契约安排，以及董事会必要的监控，以促使经理人员按照股东利益最大化行事

（二）利益相关者主义理论

利益相关者主义理论发端于 20 世纪 30 年代左右，但其发展势头日渐强盛。布赖恩·科伊尔（2005）将其称为"利益相关者流派或多元化流派"。尽管利益相关者主义同股东主义者一样视公司为委托——代理关系，但由于他们的立场在利益相关者一边，所以形成了如下的治理公司的理论主张：

1. 利益相关者利益至上。利益相关者主义之所以被称为多元化学派，其

中很重要的一点在于他们主张公司的经营目标不仅仅是股东利益至上的，而是要追求经济目标、社会目标、个人目标和公共目标的平衡，管理层的目标应该是将企业所有利益相关者的利益内部化。这一理论认为，如果允许或要求董事去平衡股东及其利益相关者之间的利益，这种合作性、生产性的关系将会是最优的。

2. 管理者是公司的受托人，而不仅仅是股东的受托人。德国有学者认为，"公司治理可以从公司管理受多种利益相关者影响这一角度来定义"，这些利益相关者主要包括股东、银行、雇员、供货商与客户以及政府，此外产品市场、公司法等制度因素也影响公司治理。H. Schmidt 教授进一步认为，关于公司治理结构的讨论应该超越单纯的一元化的委托——代理冲突，它是一套公司制度和机构设置，其核心是企业的决策、干预和控制权。这一理论主张公司的董事会应由各方利益主体的代表组成，而不仅仅是股东的代表，董事会也不应仅在于监督，咨询和顾问应作为董事会的首要功能。

3. 公司的所有决策要充分考虑所有利益相关者的利益均衡。由于各方利益相关者是公司的委托人，并具有参与公司治理的权利，那么，在公司剩余分配上，利益相关主义者认为应该也能够考虑各利益主体的合理要求，只有这样，企业才能获得各方认可，才能取得长期利益。尽管利益相关者主义的这一主张受到来自各方的批评，但他们认为，这一理论或思想符合社会进步和新经济的基本要求。

4. 劳动市场的刚性是实施利益相关者主义的重要约束条件。利益相关主义必然淡化管理层在公司治理中的焦点性地位，因而也难以像股东主义那样，建立起优美而规范的治理机制模型。不过，有学者指出，终身雇佣和刚性的劳动力市场似乎是利益相关者资本主义的重要组成部分。他们解释道，为了更加有效和促使所有员工做出努力，必须使公司具有足够高的可能性来留住年轻员工，刚性的劳动力市场则为合作提供了激励。

（三）管理主义理论

公司治理的管理主义根源于企业的管理理论。尽管这一理论至今还不是很成熟，但其基本主张既与股东主义不同，也与利益相关者主义有所区别，已经形成了自己的特色。需要指出的是，由于近年来企业能力理论发展出来的一些观点十分接近管理主义的一贯主张，本文也将企业能力理论中关于公司治理的一些思想纳入到管理主义的旗下。这一理论主要有以下观点：

1. 公司的经营目标是追求公司长期稳定和成长。在公司所有权与控制权分离的情况下，公司实际上已经被经理层所控制，而公司的持续存在对于职业经理人来说是其职业依存的主要场所。因此，经理在做出管理决策时，宁愿选择能促使公司长期稳定和成长的政策，而不是贪图眼前的最大利润。利润只是公司追求长期成长的一个重要条件，而不是公司追求的目标。如果企业的利润很高，管理层宁愿再投资于企业而不愿作为股息而支出，结果企业的稳步发展得以维持。这一观点与股东主义者将经理层仅看作伺机侵占股东利益的机会主义者是完全不同的。

2. 公司的管理者是股东与雇员的一个利益调节机制。日本学者青木昌彦认为，公司是由股东和雇员这两个基本组成单位所构成的一个系统，在公司这个组织系统内，主要由三类策略互动的参与人组成：提供金融资产的投资者、投资组织专用性资产的工人、在无法签约时被授权使用金融和人力资本的管理者。其中管理者是股东和雇员的利益协调机制，公司的管理者并不是一个被动的指令接受者，由于他们所具有的特质性人力资本，他们拥有与其他策略互动的参与人进行博弈的资本，因此，他们处于公司治理的核心地位。

3. 管理者应当拥有大部分决策控制权。这种理论认为，公司的发展已经创造了将一系列权力赋予控制者集团的新关系，股东会已经将大部分权利委托给董事会，而董事会又将决策执行权授予执行董事或执行官。因此，就这些权力的行使而言，管理者是绝对的，且不受任何甚至包括暗含责任的限制。

二、公司治理的内部控制

（一）内部控制概念再造

公司治理和内部控制的关系有分离论、环境论和嵌合论几种观点。

分离论认为公司治理作为企业剩余收益和剩余权利的分配，主要解决的是股东会、董事会和监事会以及高级管理者之间剩余收益权和剩余控制权的配置问题；而内部控制主要内容是管理层如何使日常管理平滑，从而提高管理效率的具体的管理行为；公司治理是宏观把握，内部管理是具体实施；所以，内部控制与公司治理是截然不同的两部分。

环境论认为既然内部控制侧重的是内部具体的管理，公司治理是企业剩余权利和利益的分配关系，这种剩余收益分配的合理性在一定程度上影响到公司经理层的积极性从而影响到管理效率；而内部控制管理效果也会部分影响公司治理，所以，将公司治理作为内部控制的环境应该更合适。

嵌合论则认为，通过对公司治理和内部管理的机构与职能的分析，发现公司治理与内部管理正是通过内部控制实现了对接，所以内部控制与公司治理有一定程度的嵌合：即有重合又有不同。

（二）我国基于公司治理的内部控制情况

1. 内部控制目标过于简单。内部控制的目标是内部控制存在及存在形式的根本，也是建立内部控制框架以及考核、评价内部控制的指导性参照物。目前我国内部控制目标过于简单，往往单从经营角度出发而很少从治理层面来考虑，因而其更多的是关注合规经营目标，而很少关注经营效率目标。

2. 内部控制的研究范围过于狭窄。我国内部控制的研究范围一般只考虑经营层面上的内部控制，而很少关注治理层面上的内部控制。内部控制研究组织、研究人员主要是会计、审计组织和部门，目的主要是为了在财务审计时提高审计效率、明确注册会计师评价内部控制的责任，因而其范围更多的是放在对企业一般员工和中层管理者以及企业各种物质资源的管理控制上，很少把对高层管理人员的控制纳入整个控制系统。

3. "内部人控制"问题相当严重。所谓"内部人控制"就是一个企业由不拥有股权或者拥有很少份额的内部人—经理人员事实上或依法掌握了企业的剩余控制权（甚至剩余索取权），其直接后果是管理当局以牺牲股东的利益来获取自身利益的最大化。根据现代企业理论来看，只要企业存在所有权与经营权的分离就不可避免地出现内部人控制现象，而我国内部人控制正是数十年放权让利的后果，内部人控制的必然结果是相当比例的实际利润以工资、奖金、福利和其他形式变成了管理人员和职工（特别是高层管理人员）的额外收入，被记入了企业成本。

4. 风险控制的不足。在当今这个以风险投资和知识资本为主导的社会里，企业会遇到多方面的风险。这些风险大体可以分为：市场风险、经营风险和财务风险。市场风险如战争、经济衰退、通货膨胀、高利率等，是不可分散的；经营风险如市场销售、生产成本、生产技术、外部环境变化等；财务风险是筹资决策带来的风险。企业风险管理的重要内容就是及时发现这些风险并采取科学的措施予以管理，做到规避风险、减少损失，这是应由企业的董事会、管理层和其他员工共同参与的一个过程，应用于企业的战略制定以及企业的各个部门和各项经营活动，用于确认可能影响企业的潜在事项并在其风险偏好范围内管理风险，从而为企业目标的实现提供合理保证。

三、公司治理与内部控制理论对我国公司长远发展的启示

公司治理理论的形成与存在是以特定的市场、法律环境、文化和历史为背景的，而且由于路径依赖性与互补性的存在，不同国家公司治理具有不同的理论倾向，如英美模式较倾向于股东单边治理，而日德模式则更倾向利益相关者共同治理。对于中国而言，真正有效的治理模式应是与中国的市场法律文化相契合的产物。

（一）完善公司治理组织设计

在管理主义理论指导下，从完善公司治理组织设计角度出发，中国企业的公司治理应在以下几个方面有所改善：一是董事会中适当引入职工董事，并逐步完善职工董事的职权与职责，使其真正发挥作用，同时，主债权人也可以派代表进入公司董事会，并享有投票权，但考虑到我国银行实行"两业分离"的法律阻碍，可以采取"表决权信托制度"或"表决权代表制度"。二是董事会专门委员会，包括提名委员会、审计委员会、薪酬委员会等，成员仍以独立董事为主，可以适当允许经营者、职工、主债权人等核心利益相关者代表的参与。三是完善职工监事制度，制定相应的议事规则，保证职工监事独立有效地履行监督职权，加强职工监事对董事会决议事项提出质询或者建议的权利。

（二）构建更为合理的公司治理运行机制

1. 增加中小股东的话语权，适当降低其参与公司治理的门槛。中小股东的高管提名权、股东提案权、股东大会召集权通常有名无实。设计某些机制来创造中小股东参与重大决策的便利条件，如对于资产规模大的上市公司，可以考虑降低股东提出临时提案和提出召集临时股东大会的条件。

2. 创造机构投资者参与公司治理的途径。机构投资者由于具有资金充足、抗风险能力强等投资专业化等特点，可以作为公司治理的积极主体。

3. 独立董事的选聘适当体现核心利益相关者的意愿。独立董事若由大股东提名，应采取大股东回避表决制度，即在选举时由大股东之外的核心利益相关者来投票表决，这样可以较为有效地避免提名与表决都由大股东一手掌控而选出的独立董事难以"独立"的情况。独立董事制度的建立，有利于公司内部的检查、监督和评价，有利于强化公司的制衡机制，有效地遏制"内

部人控制"。COSO 报告《内部控制—整体框架》也发现，舞弊公司的独立董事所占的比例比不存在舞弊的公司要少，舞弊公司中独立董事的比例平均仅28%，而不存在舞弊的公司的相应比例平均为43%。而且，舞弊公司中灰色董事的比例要比非舞弊公司要大，前者的对应比例平均为44%，后者的比例平均为34%。这一点也得到经验研究的证实。

4. 完善经理人市场，改善经营者选聘机制，完善经营者激励与约束机制。

5. 完善我国企业内部控制体系，为内部控制评价提供依据。目前有必要加大对企业尤其是上市公司内部控制的规范力度，构建企业尤其是上市公司内部控制规范体系。鉴于目前内部控制规范中专门针对企业尤其是上市公司的很少，而企业内部控制薄弱或者失效造成的影响又是巨大的，有必要针对企业尤其是上市公司的具体情况，作出内部控制及其评价方面的规范。

6. 加强企业内部控制评价标准建设。我国应加强企业内部控制评价标准的建设，使企业或相关部门在评价其内部控制体系时有章可循。我国目前规范、标准的建立仍然是以政府部门制定法律、规章等为主导，而建立企业内部控制评价标准是一项设计企业方方面面的综合性管理活动，这就需要我国的财政部、证监会、审计署等部门加强联系，协调管理，尽快制定出适合我国企业的内部控制评价标准。

（三）建立健全相关规范与法律体系

在中国现有法律确立的治理框架内核心利益相关者的利益还很难得到有效保护，且其参与公司治理的途径受到多方限制。为改善这一状况，主要从以下几个方面人手：

1. 完善有关法律法规规范大股东行为，限制大股东通过占用上市公司资金、报表造假、滥用关联交易混乱等行为损害中小股东及其他利益相关者的利益。

2. 建立健全职工参与公司治理的法律规范体系。如在新《公司法》中，职工董事的存在应该作为强制性条款，并完善职工董事的职权职责，使其真正发挥作用。此外，有关职工监事的职权与职责也应进一步明确。

3. 为主要债权人参与公司治理创造条件。通过修改《商业银行法》、《证券法》与《公司法》等，打破分业经营体制，让商业银行成为主银行，或者让银行进入公司的董事会和监事会等措施解决主要债权人参与公司治理的问题。

小微企业职工监事制度研究

李可书*

公司治理结构是现代企业制度的重要体现。我国公司法设置了监事会制度和职工监事制度，第51条规定："有限责任公司设监事会，其成员不得少于三人。股东人数较少或者规模较小的有限责任公司，可以设一至二名监事，不设监事会。监事会应当包括股东代表和适当比例的公司职工代表，其中职工代表的比例不得低于三分之一，具体比例由公司章程规定。监事会中的职工代表由公司职工通过职工代表大会、职工大会或者其他形式民主选举产生。"职工监事制度的设立，能够为职工的利益树立一道屏障，避免职工利益被非法侵害。

21世纪是小微企业发展的时代。随着市场经济迅速发展，小微企业在市场经济中的作用和地位日益重要，"大众创业"、"万众创新"口号的提出更加速推动着小微企业的快速、蓬勃发展。那么，如何通过设置合理的、合适的公司治理结构保障小微企业的健康发展成为小微企业必须思考的问题。小微企业因为其规模小，其在公司治理结构上与大中型企业理应有所不同。

一、研究的范围

首先，本文的研究对象为小微企业。小微企业占据了我国企业总数的绝大多数，具有典型性。对小微企业的职工监事制度的法律诊断，不仅具有典型性，也具有很强的现实意义。

其次，本文针对职工监事制度进行分析，不包括职工董事制度。本文选

---

* 李可书，北京市金台律师事务所资深律师，北京企业法治与发展研究会企业治理研究中心主任。

择这一角度的原因在于，我国公司法规定的职工董事并非强制设置，所以在小微企业中很难得到体现，而小微企业只要采用监事会制度，就应当设置职工监事，因此更具有代表性。

小微企业职工监事制度研究以小微企业的股东、管理层和职工为主要研究视角，专注于如何合法、合理设置小微企业自身的职工监事制度，并使得这些对象充分认识到职工监事制度的必要性和重要性，以及如果运用职工监事制度设置劳资双方的缓冲带，形成双方有效沟通的桥梁和纽带，从而使得职工能够充分利用好职工监事制度有效地保护自身的合法权益。

职工监事制度是公司法的重要制度设计，目的在于通过职工监事来监督公司的日常经营管理活动，尤其是与职工利益有关的事宜，以保护职工的合法利益。但是，在小微企业往往处于事业初创时期，企业的生存是股东和管理层的首要任务，在这个过程中难免会发生侵害职工利益的事情，例如拖欠工资、加班无加班费、不交社会保险或住房公积金等，因此对小微企业的职工监事制度的设置非常有现实意义和社会效果。

在提倡"法治中国"的今天，职工利益的保护和公司治理结构的规范设置和运行是法治的必然追求。小微企业已构成社会生态的一部分，小微企业的职工监事制度的设置和运行状态是否符合法律规定，是法治实现程度的量尺。小微企业职工监事制度的规范运行，是我国宪法中关于企业职工的劳动权受法律保护的相关规定的具体体现。

二、设置职工监事的必要性

近年来，在党和政府鼓励创业、创新的大力号召下，小微企业如雨后春笋，蓬勃发展，也解决了大量的就业问题。但是，小微企业迫于生存的考虑，往往会侵犯员工的利益，比如延迟发放工资、不支付加班费等等，而职工监事制度就是基于保护职工利益的考虑而设立的。

总体来说，对我国小微企业的职工监事制度进行法律诊断，存在如下必要性：

首先，职工对于自身的权利保护观念意识不强。一旦遇到侵犯自身合法权益的问题，往往第一时间都是希望通过"找关系"的方式解决，而不是通过正当的法律途径解决。职工监事不仅可以在一定程度上事先防范侵犯职工利益的事情发生（如职工监事通过列席董事会来获取第一手的信息），还可以在职工的合法权益受到侵犯时第一时间进行干预，向相关职工伸出援助之手，从而避免劳资双方的矛盾激烈化。

其次，我国职工监事制度的立法与机制建设方面还有待完善。例如，我国目前没有较为健全的职工监事一票否决机制，也缺乏较为详尽的职工监事的选举和罢免制度等。

最后，一些职工监事不尽职尽责，缺乏奉献精神和责任感。职工监事并没有与职工利益紧密相连，反而帮助企业侵犯职工的利益等等，导致职工监事制度名不副实。

随着小微企业的蓬勃发展，职工的利益遭到侵犯的情况增加，大量的矛盾和纠纷可能集中爆发。顺应时代发展的潮流，设置小微企业职工监事制度，满足小微企业不同层次的需求，就成了我们在当前从法律服务角度促进构建法治社会、推动依法治国的共识。

小微企业职工监事制度越早开展，其法律效果、社会效果越明显，企业职工、人民群众越早受益，越能减少因职工利益受到侵犯而导致的社会矛盾的激化等不利情形的发生。

三、监事会与职工监事有关法律问题

1. 监事会是否必须设置。设置职工监事制度首先要考虑的问题是，监事会和监事是否必须设置？我国《公司法》第51条规定："有限责任公司设监事会，其成员不得少于三人。股东人数较少或者规模较小的有限责任公司，可以设一至二名监事，不设监事会。"该法只规定"有限责任公司设监事会"，但并没有强调"应当"、"必须"等字眼。从立法的本意看，监事会制度的设置是为了保护股东的利益，作为公司治理结构的一部分，股东可以通过委派监事来监督公司的运营，如果不是强制设置的话，大股东完全可以通过公司章程的订立以及控制董事会来削弱和剥夺小股东的利益。因此，一般理解，有限责任公司应当也必须设置监事会制度，即使规模极小的小微企业也不应当有例外。

同时，该法还意味着，在一定的情况（股东人数较少或者规模较小）下，有限责任公司可以不设监事会，而是只设监事。这体现了监事会制度设置比较灵活的特点，考虑到了中小微企业的特点。因此，作为本文研究对象的小微企业，比较契合其监事会制度的主要模式为设监事而不设监事会。

2. 不设监事会的公司是否应当设置职工监事。我国《公司法》规定："监事会应当包括股东代表和适当比例的公司职工代表，其中职工代表的比例不得低于三分之一，具体比例由公司章程规定。监事会中的职工代表由公司职工通过职工代表大会、职工大会或者其他形式民主选举产生。"这意味着，如果企业设置监事会，那么就"应当"和"必须"包括一定比例（不低于三分之一）的职工代表，即职工监事。既然上文提到小微企业主要通过设置监事而不是监事会以满足公司治理结构的需要，接下来的问题是，小微企业设置一到两名监事而不设置监事会的话，还需要包括职工代表吗？

公司法并未对此问题给予明确规定，如果进行严格的理解，不设立监事会的小微企业就不需要强制设置职工监事，何况，如果只设置一名监事的话，公司股东肯定希望安排自己的代表担任监事以保证自己的利益，那么职工监事就极有可能被省去。由此可见，由于公司股东的利益和职工的利益存在一定的冲突的本质（如股东希望公司盈利都归属自己，而职工希望公司盈利用于发放奖金等福利），小微企业的股东为了最大程度地保护自己的利益，十有八九不会设置职工监事，因此小微企业完全可以基于公司关于监事会制度的规定规避职工监事的设置。

四、如何合法、合理设置小微企业自身的职工监事制度

由于我国公司法没有针对小微企业是否设置职工监事做出明确规定，那么从企业股东的角度，其极有可能不会设置职工监事。但是，从维护和谐劳动关系、调解劳资双方矛盾，以及促进小微企业健康可持续发展的角度，应当考虑设置适当的职工监事，因此下文着重研究如何合法、合理适合于小微企业自身的职工监事制度。

首先，为了明确适用法律起见，应当通过立法或司法解释明确在何种情况下可以不设立监事会。我国现行法律规定的"股东人数较少或者规模较小的有限责任公司"显然不够清晰和明确。何为"股东人数较少"？何为"规模较小"？如果对此不加以明确的话，公司股东完全有可能以自身公司的"股东人数较少"或"规模较小"为理由拒绝设置监事会，进而规避设置职工监事。法律规定的明确和具体对于正确适用法律规定至关重要。从小微企业本身的特点出发，结合公司法的立法精神，笔者认为"股东人数较少"定义为3人以内（包括3人）比较恰当，原因在于股东人数太多的话，股东利益关

系容易产生冲突，那么监事会的存在比较容易平衡各个股东的利益；而"规模较小"定义为"认缴资本在 10 万元人民币以内（包括 10 万元人民币）比较恰当，原因在于认缴资本较大的话，公司的运营状况会对股东和职工的利益造成的影响也相应较大，那么设置监事会和职工监事就更加必要。

其次，针对不是必须设置职工监事的小微企业，如何设置适当的职工监事制度？当务之急是改变股东和管理层的观念，使小微企业的股东、管理层均知晓职工监事制度的重要性和必要性，认识到设置职工监事制度，可以防范职工利益被侵犯导致劳资矛盾的爆发，建立劳资双方之间的缓冲带，从而推动职工保护自身个人权利的法律意识和法律素质进一步提高，依法维护自身合法权益的能力不断增强；同时，也使企业治理结构和相关规章制度进一步健全，给小微企业的健康、良性发展营造良好的法治氛围，从而使得"依法治国"战略落到实处。

在具体制度设置上，小微企业的职工监事制度可以借鉴其他规模的企业职工监事制度的设置，同时结合小微企业本身的特点，适当简化复杂的议事程序和规则，在保障职工监事能够起到监督公司运营的职责的同时提高全体监事议事的效率，从而保障小微企业的生命力。

最后，还应当注意职工监事的选举和罢免问题。我国现行公司法规定："监事会中的职工代表由公司职工通过职工代表大会、职工大会或者其他形式民主选举产生。"此规定比较笼统，具体选举的规则还需要由公司职工大会、职工代表大会或其他形式进行选举。考虑到小微企业本身规模较小，职工人数也相对较少，应当通过全体职工大会进行选举比较合适，同时出席全体职工大会的一半以上的职工投赞成票即可认定该选举有效。另外，公司法并未规定职工监事的罢免问题。如果没有罢免的规则，那么一旦职工监事并未切实从职工的角度维护职工的合法权益，职工监事制度就形同虚设。因此，设置职工监事罢免制度很有必要。考虑到小微企业职工较少的特点，只要有出席全体职工大会的一半以上的职工投票同意罢免职工监事就应当认定有效，同时选举新的职工监事。

总之，适当的职工监事制度的设置可以防范职工合法权益被侵犯并在其权益受到侵犯时能够通过职工监事制度进行救济，并推动公司治理结构的规范化以及职工保护自身合法权益的法律意识和法律素质进一步提高，依法维护自身合法权益的能力不断增强，同时也促进有关职工监事制度的规章制度和公司治理制度的进一步健全，通过职工监事制度构建劳资双方之间沟通的桥梁和纽带，尽可能地化解劳资矛盾，形成良好的社会法治氛围，推动"依法治国"工作向纵深开展。

我国宗教组织的法人化问题

张世君　叶呈嫣*

21 世纪，我国宗教工作面临着前所未有的历史境遇。在依法治国的背景下，必需坚持推进宗教工作法治建设，推动解决宗教领域突出问题，支持宗教界加强自身建设，发挥宗教界的积极作用。[1]2015 年全国宗教工作会议上，"以法治的方式推进宗教工作"[2]成为上述四项重点工作的纵贯线，也是未来我国宗教工作的核心方法。其中，宗教组织的法律性质则更是一个焦点，应在法治的框架下明确相关宗教组织的法人地位，方可更好地解决其财产归属与管理问题。

一、我国宗教组织的法律性质分析

（一）宗教组织的界定

1. 宗教组织的含义与特征。在我国，以佛教协会、道教协会等为代表的宗教团体，以及寺院、宫观等宗教活动场所为代表的各类开展和进行宗教活动、事务的机构场所统称为宗教组织。但在世界其他国家和地区，多以宗教团体概括称之。宗教团体一词从《世界人权宣言》便有涉及，其第 26 条将"Religious Groups"与国家、民族并列叙述，并指出了教育对这三者的引导意

---

* 张世君，首都经济贸易大学法学院副教授；叶呈嫣，首都经济贸易大学法学院硕士研究生。

〔1〕"2015 年全国宗教会议在北京召开"，载中国新闻网：http://www.chinanews.com/gn/2014/12 - 26/6916354.shtml，2015 年 10 月 20 日访问。

〔2〕"2015 年全国宗教会议在北京召开"，载中国新闻网：http://www.chinanews.com/gn/2014/12 - 26/6916354.shtml，2015 年 10 月 20 日访问。

义。[1]各国法律也多以宗教团体作为宗教事务管理中的一个常用法律概念。本文中，若无特别说明，依照我国惯常做法，采用宗教组织的称谓。与其他的社会组织相比，宗教组织具有以下特征：

一方面，宗教组织呈现出现代社会组织的功能与特点，具有独立的社会地位。从各国的宗教发展历史来看，宗教组织的概念演变大致经历了膜拜团体、教派、宗派、教会等几大阶段。无论各国宗教组织的形式和范围如何，其多被解释为拥有共同宗教信仰的人有组织地结成的团体。宗教组织设立的依据是人们实践宗教信仰的自由，其本质就是代表信徒们的权益，保障信徒宗教信仰自由。[2]因此，宗教组织承担了宗教信仰人群信仰实现途径的功能，体现出该类团体的自治性与自由性。同时，也为延续宗教活动提供物质可能，是现代社会组织的典型代表。

另一方面，宗教组织承担着维护全体信教群众合法权益的任务，信教群众与普通社会团体的成员有着鲜明的特殊性和区分性。信教群众往往从身心到灵魂都趋于教义指引的方向，其团结性与凝聚力突显。同时，宗教组织与一国的社会稳定发展，民族团结密不可分，宗教事务比普通的社会团体事务更为敏感。由于宗教组织与人的结合不可分离并具有自身的特殊性，规范宗教组织的法律制度必须考虑到这一因素。特别是我国的宗教信仰人群及宗教类型多样，在此背景下，对宗教事务和宗教组织依法管理显得尤为重要。

2. 我国宗教组织的发展。新中国宗教组织的发展大致经历了建国初期和改革开放两个阶段。建国初期，由于新中国成立后的社会主义改造延伸至社会的每一个角落，宗教管理也在改革的浪潮中向公有制迈进。在当时的宗教管理体制下，我国将一切庙宇、寺庙和教堂归为公有，而庙宇中人只对公有房产享有使用权。这就导致了宗教组织对宗教财产并不享有所有权，也就丧失了独立的物质基础。由国家鼓励并帮助成立的佛教、道教、伊斯兰教、天

---

〔1〕《世界人权宣言》英文版第26条：Everyone has the right to education. Education shall be free, at least in the elementary and fundamental stages. Elementary education shall be compulsory. Technical and professional education shall be made generally available and higher education shall be equally accessible to all on the basis of merit. Education shall be directed to the full development of the human personality and to the strengthening of respect for human rights and fundamental freedoms. It shall promote understanding, tolerance and friendship among all nations, racial or religious groups, and shall further the activities of the United Nations for the maintenance of peace. Parents have a prior right to choose the kind of education that shall be given to their children.

〔2〕（台）许育典：《宗教自由与宗教法》，元照出版公司2005年版，第217页。

主教、基督教协会的资金和财产来源也依靠政府财政划拨。此时，既往的财产纳入公有范围，后继的财产依靠政府，宗教组织的财产既不独立也不自主，主体地位无从谈起。即便是在"自治、自养、自传"的政策指引下，也要求"政府积极出面推动"。[1]至1976年"文革"结束，五大宗教已经七零八落，无可详考。[2]

改革开放以后，国家对宗教组织和宗教事务的管理日益重视，宗教活动和宗教财产能够获得一定程度的法律保护，但宗教组织的法律地位问题仍比较混乱。目前我国宗教领域并未制定"宗教法"等全面规范宗教组织和宗教活动的基本法律。因此，各类宗教组织的法律地位无法寻求直接的法律依据，只能结合《民法通则》中的相关规定以及国务院颁布的行政法规，对宗教组织的法律地位进行法律解读。其中，比较重要的法规是国务院颁布的《宗教事务条例》，其对宗教组织的管理区分为宗教团体和宗教活动场所两种，明确提出"宗教团体的成立、变更和注销，应当依照《社会团体登记管理条例》的规定办理登记"；[3]至于宗教场所，诸如寺庙、道观、教堂的法律地位则没有任何法律法规予以明确。对此，我国学界对宗教组织的法律地位以"混乱"、"不明确"等加以形容并不为过，与客观实际情况也比较吻合。

在现行法制框架下，部分宗教组织（主要是指宗教协会团体）根据《宗教事务条例》的要求，并依据《民法通则》对法人的分类，成为了社会团体法人。同时也受制于《民法通则》的既有规定，虽然宗教团体在我国被认定为社会团体法人，但对宗教活动场所的法人地位未有提及。因此，现阶段我国宗教团体与宗教活动场所的法律地位呈现出了不同面貌，形成了法人和非法人两种类型。前者取得法人资格于法有据，后者则缺乏法律的明确规定。由于宗教组织与其他社会团体相比，有着自身鲜明的特点，对于国家稳定、社会文明、民族团结都有着不言而喻的重要意义。因此，随着我国法治建设的发展，宗教组织的管理也亟待纳入法治的轨道。我国已出现过宗教团体或者宗教活动场所被承包的丑闻，宗教界人士在"两会"上也不断呼吁还佛门

---

〔1〕 "中共中央关于积极推进宗教革新运动的指示"，载人民网：http://cpc. people. com. cn/GB/64184/64186/66656/4492730. html，2015年10月20日访问。

〔2〕 冯令源、胡安："改革开放新形势下中国宗教现状及我们的理论思考"，载《当代宗教研究》2002年第1期。

〔3〕 《宗教事务条例》第2章第6条。

净土。[1]我们不可再用落后陈旧的制度来管理新时期的宗教事务，应当对宗教组织的法律地位予以全面、准确的界定。

（二）我国宗教组织法律属性的理论探讨

1. 区分说。考虑到宗教组织包括宗教团体和宗教场所，我国有学者认为应当借鉴大陆法系关于社团法人和财团法人的分类，将以宗教协会为代表的宗教团体和以寺庙道观为代表的宗教场所区分开来。宗教组织中以中国佛教协会、中国道教协会为代表的宗教团体，多组织其内部人员进行宗教活动，此时，该宗教团体的成员性质突出，近似于人的集合，该类宗教团体应视为社团法人。[2]相比之下，宗教组织的另外一类暨宗教场所，如寺院、宫院、清真寺、教堂等，其内部组织中的成员则呈隐性特点，其主要事务在于对宗教捐助财产的管理。对此，海外多将该类宗教组织视为财团法人。这与传统民法理论中社团法人、财团法人的分类不谋而合。因此，不乏学者认为，宗教活动场所是财团法人；[3]或者认为在学理上而言，其可以取得法人资格，宜被划为财团法人之列。[4]

2. 统一说。也有的学者认为，区分说的观点没有认识到宗教活动场所对宗教活动参与人的组织性。寺院、道观、教堂等宗教活动场所的基础和重心在于宗教信徒的集合体——僧团，因此，应当将寺、庙、宫、观等宗教组织定位为社团法人而非学界支持的财团法人。[5]按照此种观点，宗教团体与宗教活动场所休戚相关且无法分离，宗教活动场所内"人的组织因素"亦很重要，若硬性地将其与宗教团体加以区分对待，将会与尊重宗教活动的自由理念显得格格不入。因此，宗教组织中不论是宗教团体还是宗教活动场所，可统一视为社团法人。

3. 否定说。有学者认为我国宗教团体主要是指中国佛教协会、中国道教

---

[1] "寺院承包——香火背后的黑金真相"，载凤凰网：http://fo. ifeng. com/special/siyuanhe-imu/，2015 年 11 月 6 日访问。

[2] 孙宪忠："财团法人财产所有权和宗教财产归属问题初探"，载《中国法学》1990 年第 4 期。梁慧星：《中华人民共和国物权法草案建议稿》，社会科学文献出版社 2000 年版，第 225~226 页。王利明：《中国民法典学者建议稿及立法理由（物权编）》，法律出版社 2005 年版，第 303 页。

[3] 朱庆育：《民法总论》，北京大学出版社 2013 年版，第 418 页。

[4] 朱庆育：《民法总论》，北京大学出版社 2013 年版，第 418 页。

[5] 仲崇玉："我国佛教道教宗教法人财产权的历史变迁"，载《中共青岛市党委校 青岛行政学院学报》2015 年第 1 期。

协会等五大宗教协会以及各地方性的宗教活动团体。在现行法下，它们依据《社会团体登记管理条例》已经被界定为社会团体法人。而宗教活动场所则是指开展宗教活动的寺院、宫院、清真寺、教堂和其他固定处所，[1]其法律地位甚是模糊。依据现行法律规定，宗教活动场所不能取得法人资格。

前述几种观点，各有利弊。区分说看到了宗教团体和宗教活动场所的不同。但是，倘若仅仅以为按照社团法人和财团法人的分类就能解决问题，可能会脱离宗教界的实际情况。就宗教组织中的宗教活动场所而言，如寺庙、宫院、清真寺、教堂、道观等，有的以管理捐赠财产为主要活动，具有财团法人的特征；但有的主要以集中宗教人士开展活动为主，具有社团法人的特征；有的索性兼具两者的内容。因此，单纯的认为宗教团体就是社团法人，宗教活动场所就是财团法人的观点过于简单化。统一说看到了宗教组织和宗教活动场所的密切关系，甚至在特定状态下的不可分性。但是把宗教组织不做任何区分地纳入到社团法人一类，难以体现宗教团体和宗教场所各自的特点。就否定说而言，只是对我国现行法律规定的再次重述，按照此类观点，宗教场所的法律属性仍然模糊，也无法阐明其所占有、使用乃至一定程度上可以支配的教产的性质。

综上，宗教组织的法律属性如果按照传统的社团法人、财团法人的二分法，则不足以寻求到博弈的平衡点，无法对我国的宗教组织现状进行科学化解释。如果放弃社团法人、财团法人的分类方法，而是按照我国《民法通则》将法人分为企业、机关、事业、社会团体法人的四分法，则宗教活动场所之类的宗教组织无法获得相应的法律地位，也无法被纳入法律的调整范围之内，将出现法外空间。因此，我们必须寻求理论的创新与突破，考虑或研究宗教组织是否更适合选择一种独属于自己的法人类型——宗教法人。其实，纵观世界其他各国的作法，对宗教组织法人化几乎没有争议，只是视为何种法人类型却各不相同。其中，日本通过宗教法人制度解决各类宗教组织法律地位的作法独树一帜，值得我们借鉴。

---

[1] 《宗教活动场所管理条例》第 2 条。

二、日本宗教法人制度的启示与借鉴

(一) 日本《宗教法人法》的启示

1. 日本《宗教法人法》简述。《宗教法人法》作为日本宗教领域的基础性法律,成为日本宗教团体一切活动的方向指南。宗教组织于日本立法上被称为宗教团体,包含本文所称宗教协会等宗教团体与各类宗教活动场所。对于宗教组织的法律地位,日本《宗教法人法》第 10 条规定:"宗教法人在法令规定的目的范围内,拥有法人的民事权利能力和民事行为能力,同时也要承担相应的义务。"[1]该立法将符合《宗教法人法》所要求的宗教团体视为一种区别于传统法人类型的法人——宗教法人,从而改变了宗教团体依附于其他社会组织和国家权力的状态。[2]当然,这不必然导致所有的宗教团体"被法人",只有符合要求且经过登记成为宗教法人的宗教团体才能成为民事主体中的独立一员。日本的宗教法人以宣扬宗教教义,举行仪式,以及教化信徒为其主要目的,[3]其相关的法律规制呈现出三个特点。

首先,放弃对宗教组织采取社团法人、财团法人的传统二分法,于民事主体中单独设立宗教法人一类,制定《宗教法人法》进行单独管理。宗教法人与普通的社团法人、财团法人相比,有着独有的特性,其人合性和财合性紧密联系,能够很好地回应学理上对宗教团体到底是成员显性更多还是成员隐性多的理论争议。另外,宗教法人独立成类也标明了法律对宗教团体的尊重与重视,我国台湾地区就曾借鉴日本的立法模式制定了"宗教法人法草案"[4]。

其次,对宗教法人的教义、章程等采取任意管理模式,对宗教法人的设立、变更、合并、解散采取认证制。[5]在认证制下,只要宗教团体符合宗教法人的要求并得到相关政府职能部门的认可,就能取得法人资格。相比之下,有学者曾批评说,宗教团体登记的许可制有时表现为对信仰内容进行审查批

---

〔1〕 徐玉成:"日本《宗教法人法》管窥 (下)",载《法音》2001 年第 11 期。

〔2〕 徐玉成:"日本《宗教法人法》管窥 (下)",载《法音》2001 年第 11 期。

〔3〕 国家宗教事务局宗教研究中心编:《国外宗教法规汇编》,宗教文化出版社 2002 版,第 132 页。

〔4〕 龙敬儒:《宗教法律制度初探》,中国法制出版社 1995 版,第 158 ~ 167 页。

〔5〕 黄文伟:"解构日本宗教法人法",载《世界宗教文化》2002 年第 1 期。

准，有违背宗教信仰自由之嫌，用认证制可谓较适当之选择。[1]因此，日本对宗教法人的设立采取认证制是法律对宗教信仰自由的体现和保护。

最后，独立的宗教法人模式使得宗教组织财产的产权明晰成为现实。财产是法人享有民事权利并承担民事义务的必要物质基础，宗教法人亦是如此。例如，日本《宗教法人法》第 1 条第 1 款规定："本法律以赋予有助于宗教团体在维持和运营礼拜设施和其他财产及为达成此目的而经营的其他业务、事业中，拥有法人的能力与资格为根本目的。"同时，该法第 12 条、19 条、23条、32 条还对宗教组织的基本财务、宝物等财产做出规定，对财产的变动记录要求均有详细说明。由此可见，在日本宗教法人制度下，宗教组织的财产权利能够得到充分的法律保护。

从日本的立法可以看出，宗教组织（包括宗教场所）完全可以进行法人化处理。法人作为"法律认可其主体资格的团体"，[2]其分类通说认为有两种，即从法人设立目的和其依据的法律角度出发，将法人区分为公法人和私法人；从法人成立的基础出发，可分为社团法人和财团法人。[3]因此，对于宗教组织的法律地位，虽然世界上其他国家和地区也有财团法人立法模式，[4]以及社团法人的立法模式。[5]但基于我国现阶段宗教组织法律地位所突显的问题，以及宗教组织同时具有社团法人、财团法人的综合性特点，采取单一的社团或财团法人立法模式均不是最佳选择，借鉴日本的宗教法人制度不失为一个合适的做法。

2. 我国宗教组织的法人化。我国《民法通则》从所有制与行政本位的角度出发，没有采用社团法人与财团法人的分类，而是将法人分为企业、机关、事业单位与社会团体四类法人。其法律行文表述从"一般规定"到企业法人、机关、事业单位和社会团体法人，再到联营，奠定了我国各单行法关于法人叙述的基本法律框架。[6]对此种立法模式，我国学界多有诟病，普遍认为不仅公法人和私法人的分类没有在现行《民法通则》中得到体现，同时立法还

---

〔1〕 黄文伟："解构日本宗教法人法"，载《世界宗教文化》2002 年第 1 期。

〔2〕 朱庆育：《民法总论》，北京大学出版社 2013 年版，第 407 页。

〔3〕 王利明主编：《民法》，中国人民大学出版社 2010 年版，第 72 页。

〔4〕 如德国、意大利以及我国台湾地区现行立法。

〔5〕 如英国、美国等。

〔6〕 朱庆育：《民法总论》，北京大学出版社 2013 年版，第 421 页。

将各种组织类型统一于法人概念之下，既造成了法人类型的混乱，还导致政府对本应属于司法范畴的民间组织实行了严格管控。[1]对此，有学者精辟地指出，当下法人制度混乱的局面使得所有法人均或多或少带有公法人的性质。[2]

另外，我国的宗教团体依据《宗教社会团体登记管理实施办法》第4条的规定，经登记后取得法人资格，其登记条件远比《民法通则》对法人资格取得的条件苛刻。同时，宗教活动场所依照《宗教事务条例》第14条而设立，其登记的条件也比《民法通则》对法人设立要件的规定严格许多。因此，不论是何种宗教组织（包括宗教活动场所），只要是在我国依法设立的，均能达到《民法通则》对于法人的基本要求，因此，我国的宗教团体和宗教活动场所实现法人化并无任何客观障碍。

如果宗教组织没有法人制度的保障，在现实生活中必然成为他人的附庸，政教分离和信仰自由的基本理念难以贯彻，因而必须运用法律手段赋予宗教团体独立的民事权利能力和民事行为能力。[3]从实现宗教信仰自由的角度来看，宗教组织法人化是一个有效的选择，如此方可使得其具有独立的主体地位，在进行民事活动时能够做出真实的意思表示，体现宗教自治。日本的宗教法人制度，就是实现政教分离的重要制度，从而保障了信仰自由理念的实现。[4]

同时，宗教法人制度也可为宗教组织拥有独立的财产权提供制度基础。法人拥有独立的财产是法人具备独立主体地位的物质基础，亦是其独立从事民事活动的物质保障。在宗教法人的制度框架下，一切经过合法登记的宗教组织取得实实在在的宗教法人资格，自然拥有法人所具有的独立财产权。所以在宗教法人制度之前提下，再行讨论如何保护宗教组织的财产，如何明确宗教组织的独立财产权，便显得轻松许多。

综上，我国宗教组织与国家的关系目前尚属于国家主导型，因此，宗教组织的存在及其活动必须要获得法律上的依据。[5]宗教组织若按照当下的实

〔1〕黄本莲："宗教组织法人资格的再思考"，载《湖北师范学院学报》（哲学社会版）2015年第2期。
〔2〕朱庆育：《民法总论》，北京大学出版社2013年版，第416页。
〔3〕徐玉成："日本《宗教法人法》管窥（下）"，载《法音》2001年第12期。
〔4〕徐玉成："日本《宗教法人法》管窥（下）"，载《法音》2001年第12期。
〔5〕莫纪宏："论我国宗教组织的法律地位"，载《金陵法律评论》2009年第1期。

践和《民法通则》中法人的分类进行管理，科学性有所欠缺。考虑到宗教事务之于一国稳定、和谐的重要性，我国倘若全面将宗教事务的管理纳入法治化轨道，应以宗教组织的法律地位作为制度创新的重要突破口，可考虑借鉴日本《宗教法人法》的相关规定，为宗教团体和宗教活动场所创设宗教法人制度。

三、我国宗教组织的财产权问题

（一）我国宗教组织财产的法律规定

宗教财产，是指由宗教团体或者宗教活动场所依法使用的土地，依法所有或者管理、使用的房屋、构建物、各类设施、用品、工艺品、文物、宗教收入、各类捐赠以及从事经营服务活动的合法收益和其他合法拥有的财产。[1]其种类繁多，财产丰富。目前，我国《宪法》明确规定国家保护社会主义的公共财产。禁止任何组织或者个人用任何手段侵占或者破坏国家的和集体的财产。同时也规定公民的（合法的）私有财产不受侵犯。为保障和落实这一宪法规定，我国在其他民事法律、行政法规的层面构建起了对于宗教财产的法律保护体系。

1. 民事法律。我国《民法通则》第 77 条规定的"社会团体包括宗教团体的合法财产受到法律保护"明确了对宗教财产的民法保护基础，使得保护宗教财产成为可能。但是，此条规定过于笼统，其他条文也找不到具体的保护方式，只能成为一个概括的指导性规定。同时，法条中所指的宗教团体没有包括宗教活动场所，后者的财产保护问题在民事法律层面丧失了依据。从《物权法》的规定来看，其第 69 条规定"社会团体依法所有的不动产和动产，受法律保护"，此处没有出现"宗教团体"的字眼，多被解读为是法律对该问题的回避策略。这样的回避在学术界引起了诸多讨论，实务界也出现了回避态度之下的教产乱象之态。其实，早在物权法起草阶段，梁慧星、王利明等学者便一再呼吁应将宗教财产的归属写入法条，但终究被立法所回避。[2]如今适

---

〔1〕　梁迎修："我国宗教财产法律保护刍议"，载《中国宗教》2008 年第 1 期。

〔2〕　梁慧星主持《中国物权法草案专家意见稿》第 64 条："宗教财产，属于宗教法人所有。"《对物权法草案（第 5 次审议稿）的修改意见》中增加"寺庙、宫观、教堂、清真寺的不动产和动产，属于宗教法人所有。"王利明主编《中国物权法草案建议稿及说明》第 160 条："宗教财产属于宗教团体、寺庙等宗教组织。……任何组织和个人不得非法占有、平调、截留和私分宗教组织的财产。宗教组织对宗教财产在法律、法规规定的范围内，享有独立的支配权，不受他人的干涉。"

逢民法典编纂工作启动，如再次回避这一重要的法律现象和法律问题则实属不妥。

2. 宗教事务管理的特别法。《宗教事务条例》第 5 章"宗教财产"从宗教组织合法使用的土地、房屋，接受捐赠物以及实行审计制度等多方面肯定了对宗教财产的保护。但从该法规的字面表述来看，似乎并不能给宗教财产的归属问题一个清晰的界定，仅仅停留在"法律保护"、"不得侵占"等宣示性表达的阶段。

3. 散见于其他法律法规之中的零散规定。如《文物保护法》中将一些宗教活动场所的建筑和佛像等视为文物，并肯定为国家或集体所有，其他个人和组织不得损害。这样单一的论述也未能明确将宗教财产分成文物和非文物，所谓宗教文物归属于国家或集体所有，如此的立法处理是否真的能够起到保护宗教财产的作用也未可知。

综上，虽然现阶段"国家对宗教财产的管理正从原来以行政手段为主逐渐向行政和法律手段并用过渡。"[1]但是"在敏感的宗教财产尤其是宗教房产的归属问题上，我国实践中的政策和作法相当混乱，对这些财产的法律关系的认识及保护措施相当缺乏。"[2]当前的法律对宗教财产问题采取回避乃至模糊的态度，但细读法条，还是可以发现我国当下对宗教财产的法律规定形成了四个基础性共识，这为进一步构建新的宗教法人制度之下的宗教财产规则提供了方向和指引。

首先，宗教财产受法律保护。《民法通则》第 77 条和《宗教事务条例》第 30 条都为宗教财产开启保护之门，这成为构建宗教法人财产制度的基础，也是防止行政、个人、社会组织干预的有效方式。其次，允许取得合理收入。《宗教事务条例》第 35 条和第 37 条对宗教财产的社会公益性作出规定，并且允许宗教组织可以在兴办公益事业的前提下取得合法收入。这成为宗教组织获得独立财产并实现长久自我发展的基础。再次，依法管理和使用。《宗教事务条例》第 36 条要求宗教组织建立健全财务、会计和审计制度，这不仅为建立宗教法人民事责任制度奠定了基础，一定程度上也成为监督宗教财产使用

---

〔1〕 冯玉军："中国宗教财产的范围和归属问题研究"，载《中国法学》2012 年第 6 期。

〔2〕 孙宪忠："财团法人财产所有权和宗教财产归属问题初探"，载《中国法学》1990 年第 4 期。

和收入公开透明的方式。最后，特殊问题特殊处理。例如，宗教财产中的不动产多享受免税特权，与普通法人依法缴税不同。同时，一些被认定为文物的宗教财产属于国家或集体所有，宗教组织享有使用权。

（二）我国宗教组织财产立法的改进

我国当下对于宗教财产权属的认识，实务界的作法是默认财产和资金的来源，并根据资金的来源判定其最终权属之处。资金来源于国家的，财产即定为国家所有；群众集资的，群众所有；个人出资的，个人所有；集资来源众多而难以明确的，则定为社会所有。[1]但对于这样的处理方式，不论是学者早期的研究还是近期的讨论都多有批评之声。"国家所有"被认为是难以做到政教分离，易形成官办宗教的局面；"社会所有"实则将宗教财产推向无主财产，且不能形成明确、肯定的法律关系，给不法侵占之人以可乘之机；"集体所有"无法确定捐赠群体，且主观已经出让捐赠物的所有权；"宗教协会所有"更是彻底违背了信徒们捐赠的初衷，而且有悖僧众道徒不可成为宗教财产所有人的宗教教规信条。[2]

有权利主体方可谈如何保障权利，若想对一个社会组织的财产进行最有效的法律保护，构建并确定该类组织的法律主体地位是基本前提。我国宗教组织中的宗教团体能够取得法人资格，但宗教活动场所至今仍然是非法人类宗教组织，这成为了保护宗教财产，明确宗教财产权属的巨大阻碍。对此，前文已述，通过建立统一的宗教法人制度，使得具有法人条件的宗教组织都能够通过合法途径成为宗教法人，以取得独立的民事主体资格，从而为保护宗教财产迈出第一步。对此，有学者一语中的："在我国建立宗教法人制度，既能明确宗教组织的法律地位，也能消除宗教财产所有权主体不确定、性质不鲜明的弊端。"[3]由此可见，解决问题的最佳选择是建立宗教法人制度，即将各类宗教组织（包括宗教团体和宗教活动场所）法人化后归为独立的宗

---

〔1〕 孙宪忠："财团法人财产所有权和宗教财产归属问题初探"，载《中国法学》1990年第4期。

〔2〕 早期的，如孙宪忠所撰写"财团法人财产所有权和宗教财产归属问题初探"，载《中国法学》1990年第4期。近期的，如张建文所撰写"宗教财产所有权归属与目的性使用问题"，载《法学》2012年第6期。

〔3〕 华热·多杰："我国宗教组织财产所有权问题刍议"，载《青海师范大学学报》（哲学社会科学版）2005年第6期。

教法人组织，于传统法人分类中增加宗教法人一类。在此基础上确立宗教法人所有权制度，方可从根本上解决宗教组织的财产权属与管理问题。

在制度构建过程中，我们应考虑到宗教财产权属的立法一方面要突出宗教财产的特殊性，同时也要注意其社会复杂性，使教产能够回归适格主体的同时避免其他社会问题。因此，宗教财产的法律规则设计应遵循以下几点思路。①坚持宗教财产的公益性。不论宗教财产权归何处，宗教法人始终是公益性质的法人，其肩负着转播宗教文化，实现宗教信仰等诸多社会重任，同时关乎国家稳定、民族团结等社会问题，宗教财产的公益性质必须得到体现。②坚持宗教财产的宗教性。宗教法人的财产须严格区别于其他企业法人财产的商业性，不可随意用来进行非宗教性质的活动。该原则也成为宗教财产的另一个紧箍咒，即其财产具有专款专用性质，一定程度上限制了宗教法人财产的自由支配性，这是宗教法人特殊性的体现。③坚持宗教财产的共享性。宗教财产更多的是面向社会大众，使得大众的信仰有所寄托，这就决定了宗教财产立法要注重公开，透明。一方面能让不特定公众享受宗教财产，另一方面也能形成社会对宗教法人使用宗教财产的监督。具体而言：

首先，宗教法人与非法人宗教组织的财产保护一视同仁。建立在宗教法人制度之上的宗教财产权制度，不仅要对经合法登记取得法人资格的宗教组织的财产权进行保护，也要保障未登记为法人的其他宗教组织的合法财产。是否登记为法人，宗教组织具有自主决定权。宗教法人的财产权属不言而喻，但是非法人类宗教组织的财产也要成为这一制度之下的保护对象。

其次，将宗教财产分门别类确定权属。应把宗教财产中的文物与非文物进行区分。我国《文物保护法》明确规定，宗教文物归国家所有，但哪些宗教财产属于文物在实践中并没有统一标准。实践中往往有因权属不明而导致文物保护行政机关与宗教组织之间对于宗教财产处分方式的对立态度，明确文物与非文物便成为了国家所有权的权利边界。同时，文物又可分类为纯历史文物和具有宗教寄托功能类文物。纯历史文物在当下只具有观赏、收藏功能，其所有权属国家无争议。而一些被认定为文物，但依然能够提供给公众进行宗教活动的场所、佛像等，这些文物由宗教组织占有、使用和收益，但处分权归国家。

再次，将私人宗教财产剥离。不论是建国前还是改革开放以后，确由私人出资修建的宗教性质建筑和购买的宗教性质器皿，均被国家承认为私人所有。这同私人所有的普通财产在物权上的保护并无区别，只须将其权属确定即可。

最后，强化宗教财产权的保障措施。行政部门虽然不可干预宗教事务，但要做好监督工作，包括杜绝其他个人、组织借宗教名义私建庙宇、宫观借机敛财，至于承包、上市等乱象更须得到遏制。另外，要严格执行财务会计制度，在《宗教事务条例》概括性条文之下，还应细化宗教法人的财务会计制度。

四、结语

我国《民法通则》将法人类型划分为企业法人、机关法人、事业单位法人与社会团体法人四种，沿用至今在学术界及实务界均受到不同程度的质疑。适逢我国民法典编纂工作启动，是否将法人四分法进行修改或者直接沿用成为讨论的话题。按照法人四分法，宗教协会团体应被划分为社会团体法人一类，但宗教活动场所却似乎没有立足之地。纵观世界其他诸国，对宗教组织法人化几乎没有争议，只是视为何种法人类型却各不相同。其中，日本的宗教法人制度颇值借鉴。

我国宗教法人制度的缺位也是当下宗教财产权属混乱的重要原因。宗教财产保护的制度建设应以宗教法人制度为基础，进一步理清各项宗教财产的权属问题。宗教财产权属立法应该保证宗教财产的公益性、宗教性和共享性。我国应对宗教财产进行分类，区分文物和非文物，进一步确定权属分类标准；应把私人所有的宗教财产剥离开来，同时对非法人宗教组织的财产进行平等保护；要加强行政部门的监督作用，建立健全宗教财产的财务会计制度。

试论破产审判职权主义的裁判思维
——基于公司裁判和破产裁判的比较分析

张凌云*

一、问题的背景

2007 年《破产法》实施后破产案件受理数量逐年下降，其中涉及的原因很复杂，既包括中国社会信用与商业诚信缺失所带来的制度环境劣势，也包括破产立法的先天不足以及破产审判存在的种种机制性痼疾。这个问题已经引发了实务界和学术界的高度关注。[1]然而，最近一年多以来中国破产法的实施环境发生了诸多变化。

一方面，新《民事诉讼法解释》通过限制参与分配制度的适用倒逼破产申请，《民事诉讼法解释》第 513 条建立了职权辅助主义的破产启动模式，《民事诉讼法解释》第 516 条规定对于不能进入破产程序的企业法人要按照采取执行措施的先后顺序实现债权，实际上是限制了对企业法人适用参与分配制度。这是最高人民法院在实现执破衔接方面的重大举措。同时，各地法院在审判机制改革方面的试点正在如火如荼地展开：北京朝阳法院推行破产案件常规化审理；上海长宁法院大力推行执行程序向破产程序转化的机制性尝试；上海高院试点设立破产审判专业庭室以及跨区域的集中管辖制度；温州法院开展破产案件简易审理程序试点；浙江高院试行破产风险处置联动机制；浙江高院、深圳中院等地推行了破产预登记制度；山东法院试点破产财务管

---

* 张凌云，国家法官学院讲师。
〔1〕 王欣新、徐阳光："中国破产法的困境与出路——破产案件受理数量下降的原因及应对"，载《商事审判指导》2014 年第 1 辑。

理、财务顾问制度；福建法院试点跨境破产处理机制；山东、浙江、江苏、深圳等地尝试设置破产财政援助基金。〔1〕破产审判机制的试点改革将为下一步的统一动作奠定基础。

另一方面，随着企业信用信息公示的全面推开，中国的信用环境也正在发生质变。2014 年 10 月 1 日起，《企业信息公示暂行条例》开始施行，工商行政管理部门、各政府部门以及各类企业都应按照规定在全国统一的企业信用信息公示平台上定期上传各类企业信用数据。2014 年 10 月 31 日，最高人民法院和国家工商总局联合颁布了《关于加强信息合作规范执行和协助执行的通知》：人民法院与工商行政管理机关要积极创造条件，逐步实现人民法院通过企业信用信息公示系统自行公示相关信息，建立被执行人、失信被执行人名单、刑事犯罪人员等信息交换机制。2015 年 10 月 1 日起，工商总局推行的"三证合一"改革正式启动。全国各级工商行政管理部门将向新设立企业、变更企业发放加载统一代码的营业执照。统一的社会信用代码将代替企业的组织机构代码和税务登记证。可以说，建立一个整合司法信息、工商信息、质监信息、税务信息等甚至包括银行信贷信息的统一的企业信用信息公示平台指日可待。破产法不仅解决市场退出机制问题，而且是信用交易的保障法。中国信用环境改善以后对破产法的需求必定增加。

2013 年开始至 2015 年，制造业所代表的实体经济一年比一年艰难，房地产和金融业等虚拟经济也进入下行通道，为中国经济的前景蒙上一层阴影。根据彭博统计数据，截至 6 月底，中国企业和家庭的未偿还贷款占 GDP 的比例为 207%，远远超过 2008 年的 125%。这意味着，从大型国企到到小企业，从实体企业到银行，都深深陷在债务链条中，只要其中的一个环节断裂，会给整个经济链条带来连锁反应。在这个过程中，如果破产程序能用好，就相当于给债务危机设置了一道道防火墙，让陷入资不抵债的企业尽快推出市场，切断其对其他企业的负面影响。否则债务危机将如同恶性肿瘤一样蔓延到整个实体经济和虚拟经济。实际上，在浙江、广东、江苏、上海等经济发达地区破产案件已经呈现爆发式增长，这与上述积极开展破产审判机制改革的试点地区分布是一致的。

---

〔1〕 王欣新、郑志斌主编："破产文化暨破产制度的构建"，载《破产论坛》（第 9 辑），法律出版社 2015 年版。

可以预见，在未来几年破产案件受理量会有大幅提升。针对目前破产审判资源不足以及破产审判人才匮乏的现状，我们研究破产法的裁判思维和法律适用是非常必要的，为应对下一步破产案件的大量增加做好理论准备。

二、破产审判职权主义裁判思维的理论溯源

破产审判具有非常明显的不同于其他民商事审判的特点。传统的民商法规则适用的前提是债务人的责任财产足以清偿全部债务，法律无须过分干预当事人的私权博弈，因此在实体问题上奉行意思自治和责任自主，程序问题上奉行辩论原则和处分原则。但是在破产领域这个前提不复存在，破产法在企业法人资不抵债时进行债权债务清理。因债务人财产无法清偿所有债权债务，产生了各方利益相关者之间剧烈的利益冲突，因而破产法问题具有很强的社会性色彩，传统规则的适用就要发生相应变化。例如，同为商事主体法，破产法裁判与公司法裁判呈现完全不同的特点。下面通过对比破产审判与公司审判不同的特点来追溯破产审判职权主义裁判思维的理论根源。

（一）公司法与破产法的法益目标不同

公司作为拟制的法人具有独立的财产、独立的意志和独立的责任。公司治理中涉及的方方面面的利益主体，例如股东、董事、高管、职工、债权人等等，均统合于公司本身的利益。公司法的法益目标就是促进公司财富的最大化，实现公司本身利益最大化。因而公司法采行"效率适度优先于公平"的原则，具体表现为尊重公司自治、保护商事外观主义、保护第三人信赖利益等思维特点。背后的根本动因是通过牺牲部分交易公平保全交易效率，以实现公司利益最大化的目的。

而在破产程序中，公司作为一个实体行将终止，原有的治理结构消亡，维系原利益相关者一致利益的基础不复存在，各方利益冲突十分剧烈尖锐，这里不再有一个整体统合的利益可言。[1] 所以《破产法》的根本任务就是如何公平清理债权债务，实现债权的整体平等受偿。《破产法》第1条规定，"为规范企业破产程序，公平清理债权债务。"《最高人民法院关于正确审理企

---

[1] 债权人作为剩余财产索取权人过于分散难以有效行使控制权，原股东因丧失剩余财产索取权没有任何利益了，原债务人管理层则产生了欺诈破产转移财产的激励，管理人存在代理成本问题（管理人报酬采行按标的额计酬法，按可分配财产价值总额作为收取报酬的基数，优点是鼓励管理人尽可能多地清收债务人财产扩大分配，缺点是对管理人从事与增加财产无直接关系的工作缺乏激励）。

业破产案件为维护市场经济秩序提供司法保障若干问题的意见》中指出，"人民法院要正确认识企业破产法保障债权公平有序受偿的作用。"最高人民法院民二庭负责人在《关于适用〈中华人民共和国企业破产法〉若干问题的规定（二）》出台后的答记者问中指出，"为了保护破产法公平清偿的立法目的……。"由此可见，《破产法》的立法目的是实现公平清偿。尽管破产法还有诸多经济功能如优化资源配置、实现优胜劣汰、理顺市场主体退出机制等，但是从民商事审判的角度看，实现债权人的公平清偿是破产法最重要的功能。[1]

（二）法益目标不同背后的逻辑是公司控制权配置的模式不同

有限责任本身即是两权分离历史演进的结果，[2]因而现代公司控制权配置一般遵循最终控制权和经营控制权两个层次的分离（法律对控制权的配置遵循的是剩余风险和剩余所有权相对应的"状态依存所有权"安排）：最终控制权归属于剩余风险承担者，经营控制权则由最终控制权主体通过授权的方式分离。控制权的具体配置方式在公司正常经营、破产清算、破产重整这三种状态中都是不同的。

现代公司奉行分权制衡的治理结构，最终控制权属于股东会或股东大会，经营控制权则归属于董事会。最典型的是德国双层董事会制度和美国的董事会中心主义。我国《公司法》则通过权力机关股东会、决策机关董事会、监督机关监事会、执行机关经理来构造现代法人治理结构。具体控制权配置结果要区分为股权分散型和股权集中型：在股权分散型的控制权结构中，公司的控制权掌握在经理人手中，法律配置的重点是如何达到对管理层自主经营权的最优控制；而在股权集中型的控制权结构中，控股股东对公司具有绝对的控制权，故法律关注的重点是如何界定控制股东控制权正当行使的界限。

企业从正常经营向破产清算转化的过程中，治理结构发生了颠覆性的变化。随着剩余索取权人由股东变更为债权人，剩余控制权人也发生了变化：股东会作为权力机关被债权人会议取代、董事会作为决策机关被破产管理人取代、法院作为外部监督主体加入治理博弈中。在这个过程中，破产企业丧失了有效的意思机关和控制权主体，治理结构出现了严重的代理人缺位问题：

---

[1] 郭洁、郭云峰："论执行与破产的对接程序"，载《人民司法》2015年第11期。
[2] 生产力的发展决定了两权分离这种经济关系的发展，两权分离发展到一定程度才出现了有限责任这种法律关系。

债权人作为剩余财产受益者无法对诉讼进行有效监督（分散性、信息弱势、专业知识欠缺、搭便车倾向等）；管理人并非实体权利义务的最终承受者，利益驱动较低进而存在道德风险；原股东和高管没有剩余财产权，容易出现恶意串通、虚假诉讼、转移财产等现象。这种控制权失灵现象，不仅存在于破产衍生诉讼中，而且贯穿于整个破产程序。这也决定了破产审判诸多不同于其他程序之处。

而破产重整又不同于破产清算，其是公司的一种极端特殊的经营状态，破产重整制度成为公司法与破产法的联接点。一方面，破产重整强调损失在各相关利益方之间分担，公共利益的考虑更是不能回避的，各利益相关方原先由契约确定的权利义务关系处于不确定状态，这种权利真空的状态类似破产清算程序；另一方面，重整企业需要引入新的投资者进行运营，公司的所有权结构面临新的调整，其治理结构与公司法的控制权配置又有相似之处。在破产重整程序中，由于重整原因的出现，股东再无剩余索取权，股权价值实际为零。在重整期间公司资产实际上已经属于债权人，重整的边际收益与边际风险都由债权人承担，故最终控制权配置给债权人最为合适。债权人通过债权人会议和债权人委员会的设计行使最终控制权，经营控制权的配置有两种模式：一种是由管理人负责管理财产和营业事务；另一种是债务人在管理人的监督下自行管理财产和营业事务（DIP）。在DIP模式下，经营控制权归原债务人享有，管理人退居监督者的角色。[1]

（三）公司控制权配置的不同模式决定了司法权介入的不同模式[2]

公司控制权配置只是法律默认的原始状态，当公司控制权的实际行使与原始设计发生事实上的偏离时，有必要通过司法权介入对公司控制权的运行作出重新调整。

在常态的公司法域是司法权有限介入原则，司法对公司控制权的偏差进行适度矫正。即假设公司控制权配置是有效的，公司内部纠纷以程序性救济为主，司法不轻易干预公司自治之下的控制权配置。其一，在公司正常经营

---

[1] 需要注意的是，按照我国《破产法》第73条的规定，能否实行DIP模式并非经债权人会议表决，而是经债务人申请由法院批准。这种模式在实践中的运作出现了相应的问题，例如ZY集团破产重整失败的案例。

[2] 瞿静："破产重整司法权介入及理性路径——基于司法介入公司控制权模式的比较研究"，载《浙江审判》2012年第7期。

阶段，由公司控制权机构作出的决议在无利益相关方提起诉讼的情况下，法院不得以公共利益为由进行主动审查，公司存续与否等重大问题均留待公司自主决定。其二，公司内部发生纠纷应首先按照"私力解决程序优先"原则处理，只有在公司控制权配置失灵，公司行为使实体公平严重受损，且在用尽公司内部救济的情况下，司法才进行实体性救济。典型的例证为股东代表诉讼的前置程序和公司司法解散中对是否尝试了其他一切救济手段的审查。当然要注意程序救济原则不能成为法院拒绝实体裁判的托辞，过于强调程序救济而拒绝受理公司内部纠纷在审判实践中已非鲜见。

而在破产法域内，破产清算与破产重整控制权配置严重失灵，这已经无法通过传统契约理论来解决了。破产程序本身即为司法主导的程序，司法权全面介入公司意思自治，表现为以下几个方面：第一，无论是破产清算还是破产重整都要在法院的监督和指导之下进行，即社会本位原则替代了股东利益至上，非经法院的司法审查和干预不产生破产之法律效果；第二，破产衍生诉讼体现了强烈的职权主义色彩，法官注重对债权人的倾向性保护；第三，破产重整程序中存在大量刚性制度，司法的实体决策权往往渗入公司控制权。[1]

（四）司法权介入的不同模式又决定了不同的裁判思维

司法有限介入原则是公司裁判思维的首要规则和指引，是宽容裁判思维最重要的决定因素。按照蒋大兴教授的观点，宽容裁判思维至少包含以下要点：在审理公司法案件时，充分尊重股东自治和公司自治；谨慎解释自治和强制的界限，理解强制性规范设定的基准，理解公司法并非推行公共政策的合适领域；法官要充分尊重公司的商业判断，不对公司实体运营过多干预；公司诉讼要采取更为宽缓灵活的方式，案件处理可以设置调解程序或者主动压缩审理周期。[2]

而司法全面介入原则则决定了破产法职权主义裁判思维，体现为实体和

---

〔1〕 例如在我国破产法模式下，是否批准债务人自行管理（DIP）是法官的自由裁量权。法官在行使裁量权时一方面要考虑公司有没有完整的治理结构，一方面要考虑它对债权人的利益有没有损害的可能性，还要考虑自行管理是否有利于重整成功，甚至要考虑这个公司在进入重整程序之前有没有重大的不诚信行为，比如虚假破产的可能性等。

〔2〕 蒋大兴："公司自治与裁判宽容——新公司法视野下的裁判思维"，载《法学家》2006年第6期。

程序两个方面：从实体法上看，破产法是债法的特别法，不同于民商法的传统规则，破产裁判体现出实质公平优先于公司自治、内部利益保护优先于商事外观主义、利益衡量优先于形式逻辑等特点；从程序法上看，破产法是特别执行程序，与普通民事诉讼程序存在诸多区别之处，体现在破产清算程序、破产重整程序和破产衍生诉讼中。

三、职权主义裁判思维下破产法律的适用特点

（一）实体法上的职权主义裁判思维

1. 实质公平优先于公司自治。在公司诉讼中，要区分法官角色和商人角色。[1]法官须尊重公司决策机关商业判断，不轻易使用公平正义的理念去判断公司内部决策的正当性。只要商业决策不损及强行法，不损害公共利益，没有理由否定其正当性。例如公司是否分配盈余是典型的公司自治事务，在面临司法审查时应当遵循公司自治优先的原则。

而在破产程序中，职权主义的裁判思维决定了我们要更尊重实质公平衡量。实质公平的思维体现在以下几个方面：①债权人至上的价值导向。破产清算程序的价值是实现全体债权人的公平清偿，法院要注意审查破产财产确定、变价、分配等一系列程序能否公平保护所有债权人利益。当然，这种倾向性保护也不能绝对化，须注意在破产程序中涉及各种复杂的利益冲突，应当谨慎平衡各方利益，尤其是在破产重整程序中要兼顾债务人复兴的价值目标。②实体决策权的行使。破产重整程序致力于实现企业营运价值的再生，在保护债权人利益的同时兼顾债务人利益，司法对破产重整程序的主导及审查不可避免地涉及与企业经营决策相关的商业判断。在某些法定条件下，从社会公共利益角度出发，法院对于控制权机构未予认可的决议或者计划，以权威裁判权的方式赋予其法律效力。③生存利益优先于财产利益。《最高人民法院关于建设工程价款优先受偿问题的批复》中关于商品房买受人的优先权、建设工程价款优先权的规定，以及《最高人民法院关于刑事裁判涉财产部分执行的若干规定》关于人身损害赔偿中的医疗费用优先于担保物权受偿的规

---

[1] 在公司治理中，商主体被假定为合理的经济人，其在思维方式、决策标准、表示方法上均与民事主体存在差异；对于缔约成本、经营风险、营利预期以及是否契合商业公平等，商主体有其独特的价值判断标准。

定，都体现了生存利益优先于财产利益的价值取向。

2. 内部利益保护优先于商事外观主义。公司法在处理对外关系时坚持"外部利益优先保护"原则，当公司内部利益与外部利益发生冲突时，优先保护商事外观主义和善意第三人的信赖利益。例如，公司章程规定董事会作出的公司担保决议无效，或者董事长没有权限签订对外担保的合同，其效力仅及于公司内部，公司不能以章程规定对抗外部善意的交易相对人。[1]

相对而言，破产审判弱化了对第三人信赖利益的保护，相反更加注重对破产企业内部利益的保护，也即贯彻破产财产最大化原则。《破产法》中多次出现"使债务人财产受益的除外"，例如：《破产法》第32条"破产申请受理前六个月内不得进行个别清偿，使债务人财产受益的除外"；《破产法解释二》第41条"管理人不得主动主张抵销，使债务人财产受益的除外"。此外，破产撤销权的行使不以对方恶意为前提，破产受理之日起诉讼时效中断和重新起算，管理人解除待履行合同不以对方违约为前提等。这些规则均体现了破产财产最大化的思维。[2]

3. 利益衡量优先于形式逻辑。公司案件的"宽容裁判"遵循"形式审查为主，实质审查为辅"、"合法性审查为主，合理性审查为辅"的原则，最大程度地尊重公司自治。[3]

而破产案件的职权主义裁判思维决定了利益衡量优先于形式逻辑的方法，体现为以下几个方面：①物债二分的突破。例如破产清偿顺序中存在各种优先

---

〔1〕《最高人民法院公报》2011年第2期刊登了"中建材集团进出口公司诉北京大地恒通经贸有限公司、北京天元盛唐投资有限公司、天宝盛世科技发展（北京）有限公司、江苏银大科技有限公司、四川宜宾俄欧工程发展有限公司进出口代理合同纠纷案"，在该案的裁判摘要中，最高人民法院认为，公司违反《公司法》第16条第1款、第2款的规定，与他人订立担保合同的，不能简单认定合同无效。《最高人民法院公报》2015年第2期刊登的"招商银行股份有限公司大连东港支行与大连振邦氟涂料股份有限公司、大连振邦集团有限公司借款合同纠纷案"中，最高人民法院再次延续了此前公报案例的裁判思路，认为《公司法》第16条第2款的规定并非效力性强制规范，不应以此作为认定合同效力的依据。另外参见北京市高级人民法院"江苏银大科技有限公司、中建材集团进出口公司合同纠纷案"民事判决书（〔2009〕高民终字第1730号），与上述裁判思路相同。

〔2〕"内部利益保护"和"商事外观主义"这两种思路看似泾渭分明，其实都是以保护债权人利益为重心，不过是"商事外观主义"侧重保护外部的债权人，而进入破产程序之后债权人成为控制权主体，以"破产财产最大化"的方式保护债权人利益。但这两条思路背后的价值还是有区别的，"商事外观主义"的根本价值在于效率，"内部利益保护"的根本价值在于公平。

〔3〕 胡田野：《公司法律裁判》，法律出版社2012年版。

于担保物权的超级优先权,客观上造成了债权优先于物权的例外。②合同相对性的突破。例如进入破产程序后,债权人可以对债权表记载的其他债权提出确认之诉。③保护交易自由的例外。破产审判可以依据"公平清偿"否定债务人和第三人的交易自由,最典型的就是破产撤销权:破产法规定的可撤销行为,在债务人有清偿能力是具有法律效力的,属于债务人对其民事权利的自由处分;但在债务人丧失清偿能力时,因违背公平清偿原则,这些行为便属于偏袒清偿行为,应予撤销,不问对方当事人的善意恶意。④物权行为无因性的例外。破产法上待履行合同解除后,从平衡各方当事人利益的角度考虑,相对人一般不能享有物权性的原物返还请求权,也不能行使取回权,只能按照《破产法》第53条的规定以解除合同所受损失作为破产债权申报。这意味着在合同解除场合债权行为无效后,物权行为的效力得以保留,客观上造成了物权行为无因性的例外。除此之外,破产法上各种实体性权利,诸如破产撤销权、抵销权、别除权、取回权等与民法上相应权利的行使方式都有很大区别,均体现了利益衡量优先的思维。

(二)程序法上的职权主义裁判思维

破产程序作为司法主导的程序,职权主义的裁判思维体现在破产清算与破产重整程序的全过程中。惟特别需要注意的是,破产衍生诉讼作为民事诉讼程序在破产程序中的应用,也应当贯彻职权主义的裁判思维。根据最高人民法院民二庭的指导意见,法院在破产衍生诉讼中强化诉讼监督职能应体现在以下几个方面:[1]

1. 在事实和证据层面。对于虚构破产债权、逃避破产企业债务等损害破产企业债权人合法权益的事实,法院得进行职权探知并采纳为裁判基础;对于当事人的自认,如存在虚假自认等损害破产企业合法权益的情形,法院应不受其拘束;对于涉及破产企业债权人合法权益的事项,法院得对相关证据进行职权调查。需要注意的是,法院在对事实和证据层面实施职权介入时,不论是在事实(主要事实的采纳、自认事实的认同与否)层面,还是在证据(职权调查证据)层面,均应赋予当事人必要的程序保障。

2. 在诉讼请求方面。法院应当严格审查管理人一方的诉讼处分权行为,

---

[1] 最高人民法院民二庭编著:《企业改制、破产与重整案件审判指导》,法律出版社2015年版,第449页。

对于管理人的撤诉行为，如可能损害到破产企业债权人等第三方正当权益时，可依职权不准撤诉；对于当事人的调解行为，法院应注重调解的合法性，在事实清楚的基础上进行调解，注意防范恶意调解等对破产企业债权人正当权益的侵害；审理破产案件的法官还应对管理人怠于起诉的情形进行监督，在必要时通过相应的惩戒机制监督管理人起诉，按照处分权主义，是否提起相关诉讼一般由当事人自主决定，法院对管理人的督促起诉依然是建立在对处分权主义原则的尊重基础上。

3. 在调解方面。要特别注意调解中管理人权限以及调解方式的恰当选择问题。在债权确认纠纷诉讼中，管理人对债务人企业原未承认的破产债权予以认可时，法院须慎重使用调解书确认债权的方式；即使使用调解书，一般也应要求全体债权人以及债务人对该债权确认诉讼的调解结果无异议，否则可能损害其他债权人以及债务人对该债权异议的诉权；实际上，法院释明后一般可避免使用调解书，而采取管理人修改债权表，然后该债权人撤诉，然后再就该债权重新召开债权人会议进行审查的方式来确认债权。破产衍生诉讼的调解应更多从调解理念贯彻以及调解方法运用的角度理解，而非仅仅关注结案方式。

4. 在具体个案中。法院应依据案件对抗性的强弱程度、各诉讼参与方之间的相互关系等因素，灵活调整相关诉讼监督的力度。在具体审查方法上，法院不但可以综合个案中的证据及事实进行审查，还可以依据在破产程序中所获悉的资料（如审计资料等）和信息（如资产负债情况、职工情况等）进行辅助判断。在法院内部分工方面，在坚持中立裁判的基础上，尽可能由负责审理破产案件的合议庭合并审理相关破产衍生诉讼案件，以获得更好的诉讼监督效果。破产案件审理机构是否有能力处理案由较为丰富的派生诉讼，值得争议，这可以通过在实践中对派生诉讼案由的归纳、审判人员设置的方式解决。[1] 通过建立集中审理的专业模式，最终从形式和实质上实现专业化审理的目标。[2]

---

〔1〕 对于属于商事案由的派生诉讼案件，可以由破产审判庭直接审理；其他案由的可以通过长期设置或者临时指定民事、知产、行政审判业务庭的法院与破产合议庭组成新的合议庭审理。

〔2〕 梁闽海、陈长灿："论破产衍生诉讼的审判方式——以适度强化的职权主义审判方式为视角"，载《法学》2011 年第 2 期。

四、结论

无论从法院的角度讲，还是从实务破产法工作者的角度看，破产案件都是非常矛盾和复杂的，涉及到方方面面的法律问题，需要平衡多种利益和冲突；不仅涉及破产法问题，而且相关的民商法、刑法问题交织在一起；不仅涉及复杂的法律规则，而且体现了法律和政策的交织；不仅包括私权利的博弈，而且包括司法公权力的介入和私权的冲击，以及公司治理结构所带来的一系列变化。就此，明确破产审判的职权主义裁判思维对于实践中统一破产法律的适用方式和裁判尺度是非常有必要的。一方面要依靠民商法律的严密体系进行逻辑推演，严格把握相关法律规定；另一方面要在破产法特有的价值引导下，能动地运用职权主义裁判方法，必要时突破形式逻辑的思维，在案件事实、法律规则和公平正义之间搭建一条联系的桥梁，努力为法官裁判开辟一条"微观法治"之路。[1]

---

〔1〕 蒋怡琴："解除待履行合同的溯及力研究——以完善企业破产法第十八条为切入点"，载《破产法论坛》（第10辑），法律出版社2015年版，第233页。

商事投资法

企业国际投资法律环境的动态分析

刘弓强*

引进外国资本，可以弥补由于国内资金的不足对经济发展所带来的影响，同时，还可以扩大本国的就业以及增加政府的税收，因此，在国际投资问题上，发达国家除国家安全以及社会公共利益的因素外，对于国际投资一般持较为开放的态度。但是，由于外国投资者往往具有较大的资金和技术优势，因此，一些资本输入国特别是发展中国家，考虑到保护本国产业以及国内经济秩序稳定的需要，对外国资本的流入进行了必要的限制。

企业是从事国际投资的核心力量。在国际经贸活动多元化的今天，促使企业从事国际投资的原因可以归纳为：①为确保市场进行投资；②为避免汇率的升值进行投资；③为利用当地资源（人力、物力）进行投资；④为避免贸易摩擦进行投资；⑤为跟随到海外投资的核心企业进行追随投资；⑥为满足当地市场的要求以及消费者的喜好进行投资（例如在当地国家设立研发中心）；⑦；为转嫁本国业已饱和或衰退的市场进行投资；⑧为获取国外的技术进行投资。国际投资与国际贸易，构成了当今国际经贸活动的两大支柱。

---

* 刘弓强，北京工商大学法学院副教授。

一、我国企业国际投资行为类型的法律分析

（一）国际投资的分类

1. 按照投资的主体的不同，国际投资可以分为官方投资与私人投资。所谓官方投资，就是一国的政府或者国际组织对他国所进行的投资。比如世界银行对我国基础设施的投资以及外国政府对我国的贷款等均属此类。官方投资通常带有援助以及增进友好的性质。

以追求经济利益为目的企业所进行的投资为私人投资。私人投资是当今国际投资领域中的核心力量，该投资对当今的国际经贸活动乃至世界经济的走势产生着深远的影响。

2. 按照投资者是否以参加经营活动为目的，国际投资可分为国际直接投资与国际间接投资。所谓国际直接投资，是指投资者为参加经营活动，在他国通过设立分公司、合资办厂等手段所进行的投资。对此，国际间接投资则是投资者为获取分红、利息等目的所进行的投资活动，国际间接投资有时也称为国际证券投资。

3. 按照投资的方向，国际投资可分为对内投资与对外投资。所谓对内投资，从我国的角度出发，是指外国投资者对我国所进行的投资。比如美国的企业在我国投资办厂等。对此，对外投资则是指我国企业到国外所进行的投资。

（二）我国企业国际投资行为类型的法律分析

鼓励中国的企业走出去，是我国的一项国策。就我国企业从事国际投资的现状上看，在此，可以将我国企业从事国际投资进行以下的行为类型整理。

1. 国际工程承包。国际工程承包是我国企业从事国际投资的一个代表性的项目。所谓国际工程承包，是指承包方在他国承包兴建发包方所委托的工程项目，以此获取报酬的一种商业活动。

国际工程承包，具有以下法律特点：

（1）工期长且合同金额巨大。由于国际工程承包一般工期较长，因此，外部环境的变化，往往会对国际工程承包产生重大的影响。防范由于国家政策、物价以及银行利率、国际汇率的变化，对承包方带来的负面影响，在国际工程承包中显得十分重要。

国际工程承包，具有金额巨大的特点。因此，无论对于发包方还是承包

方来讲，如何筹集工程所需要的资金以及避免损失的发生，成为了一个重要的课题。在此方面，充分利用政府所提供的融资和保险制度在此十分必要。同时，通过国际项目融资的方式从事国际工程承包成为当今的一种趋势。

（2）参与的主体众多。从事国际工程承包，承包方一方往往由多个企业共同构成一个施工体（consortium or joint venture）从事工程的施工建设。[1] 除此之外，还存在有提供器材的供应商、从事具体施工的建筑公司、提供资金的金融机构和对工程进行策划、调查、设计等工作的咨询工程师（consulting engineer）以及对施工进行监督管理的监理师（engineer）等。因此，在国际工程承包中，明确各方所应承担的责任，对防范今后纠纷的发生是十分必要的。

（3）发包方多为发展中国家的政府。在国际工程承包中，发包方多为发展中国家的政府。因此，一旦发生纠纷，便会产生如何解决企业（私人）与国家间纠纷的法律问题。基于国际工程承包合同所具有的国家契约这一属性，通过仲裁的方式（《解决国家与他国国民间投资争议公约》）解决纠纷为实务中通常所采用的方法。

在此背景下，如何妥善处理上述问题成为我国企业从事国际工程承包成败的关键所在。

2. 国际直接投资。近几年，我国企业联想公司以及吉利公司并购外国公司受到了社会的普遍关注。

企业在他国进行国际直接投资，从方法上讲可以在当地国通过设立新的企业（新建）或者通过收购（M&A）已有的企业这两种方式得到实现。

新建与收购对于企业的经营活动来讲，具有以下的法律特点。

（1）新建的优点：①可以选择符合自己要求的环境和条件，建设符合环保要求的高效的工厂；②按照自己的需要对职工进行培训；③不受旧的债务以及纠纷的影响。

---

〔1〕 承包方一方由多个企业共同构成一个施工体从事国际工程承包的施工建设，通常其成员方对发包方所承担的责任为连带责任。在成员方内部的责任划分上，仅仅对于自己所承担的施工部分承担责任的施工体形式为 consortium，joint venture 则是按照成员在施工建设中所占的的比例，按份确定承担责任的施工体形式。由多个企业共同构成一个施工体从事国际工程承包的施工建设，由于具有分散风险、相互间进行技术的互补以及便于融资的优点，因此，在国际工程承包中为最为常见的一种建设施工方式。

（2）新建的缺点：①建设新的工厂，到投产运行需要较长的时间；②必须招募员工并且进行培训；③在市场的开发、商业信用的建立以及企业的认知度上需要投入大量的精力和物力。

对此，收购旧的企业的优缺点正好与上述相反。

从上述中可以看出，我国企业从事国际直接投资，在具体的方法上存在着多种选择的可能。基于此，我国企业应根据自己的具体情况，衡量利弊，最终作出符合自己实际情况的决策。

3. 国际间接投资。所谓间接投资，对投资者而言，是指不以参加经营活动为目的，通过分红、利息等手段以此满足自己经济利益需要所进行的投资。该类型的经济活动，同时对企业进行融资发挥着决定性的作用。其表现形式主要是进行借贷、发行企业债券以及股票这三种形式。

（1）国际借贷。在国际借贷活动中，银行通常为提供资金的主要力量。为筹集借贷活动中所需要的大量资金以及分散还贷所存在的风险，在国际借贷中，通常采取了国内外的银行通过结成一个融资团体对此进行贷款的辛迪加贷款方式（syndicated loan）。在辛迪加贷款协议中，除与通常的借贷协议在条款上具有共同之处外，通常在协议中还订立有对借款方由于不能履行债务所产生的风险，按照贷款方融资的比例在贷款成员间予以分担的条款（pro-rata clause）。考虑到辛迪加贷款通常为无担保的借贷合同，为保证贷款人能够有效地行使自己的债权，通常在协议中设定禁止借款方将其所得到的上述贷款为其自己的其他债务设定担保（negative pledge），以及借款方不履行他合同债务时自动构成不履行本合同债务的连锁不履行（cross default）条款等，以此防范损害债权人利益的发生。

为突破借款方由于受资产规模的影响对借贷所带来的不利以及缓解还贷中所存在的风险，近些年来，尤其在大型工程的建设中，作为国际借贷中的一种特殊形态，国际项目融资这种融资手段得到了广泛的使用。

（2）国际证券。发行国际证券对企业来讲，是筹集资金的一个重要渠道。我国企业为筹集资金，仅2013年在海外就发行了500亿美元的企业债券。[1]

国际证券主要包括债券与股票这两种形式。在发行的方式上有公开发行

---

〔1〕 孙红娟："中国企业海外发债赶场，美元债券发行受追捧"，载《第一财经日报》2014年5月9日。

（公募）与非公开发行（私募）之分。上述两种发行方式的区别主要在于发行对象人数的多少。例如在美国联邦证券交易委员会的实务中，对于发行对象超过 35 人的，无论该发行的对象是否为本公司的职员还是股东，该发行被视为公开发行。对于公开发行，为保护不特定多数投资者的利益，一般要求公司公开其经济、财务等方面的情况。对此，非公开发行由于往往是针对掌握投资信息和具有相关专业知识的特定的投资家（机构投资者）所进行的发行行为，因此，非公开发行通常不要求或简化发行者公开自己的相关信息。

国际证券的发行及交易，除对国家的国际收支平衡以及本国货币的稳定产生影响外，同时，还会对发行市场国的证券交易市场产生重要的影响。为此，国际证券的发行和交易除受到该企业所在国诸如外汇管理法等法规的制约外，市场国还为保护投资者的利益以及维护本国的证券市场的秩序，通过证券交易法等法规对此进行规范。因此，我国企业在海外发行国际证券时，对上述这些法律要点应予以充分的注意。

二、促进国际投资开放的国际公约的分析

企业从事国际投资，是否能够盈利，除企业的经营管理水平外，国际投资的开放以及国家风险问题严重地制约着企业的国际投资活动。

在国际投资开放问题上，美国的艾克森伏罗雷欧条款（Exon – Florio Provision）充分地反映出该问题所具有的复杂性。艾克森伏罗雷欧条款原本的立法目的在于，防止外国企业通过并购美国企业对美国安全带来的影响，在美国 1988 年所制定的《1988 年贸易与竞争综合法案》（第 5021 条）中，赋予了总统以及总统授权的机构（财务部长与外国投资委员会）对涉嫌危害国家安全的并购案件享有调查以及对此作出禁止的权利。并且，总统对此所作出的决策不受司法审查的限制。该条款原本于 1990 年到期失效，但是，在 1991年所制定的《1991 年防卫生产法延长法以及修正法》中对该条款再次作出了规定。但是，该条款在适用中，时常带有伪装限制（disguised restriction）国际直接投资之嫌，因此，遭到了一些国家的警惕。近期在我国的联想公司并购美国 IBM 公司 PC 业务的事例中，该条款受到了国内的关注。

为应对当今一些国家限制国际投资阻碍国际经贸活动的做法，国际社会在该领域进行了如下的努力。

1. 《关于资本流动的自由化规约》。为促进国际直接投资以及国际间接投

资的开放，发达国家间所结成的经济合作与开发组织（OECD），于1961年制定了《关于资本流动的自由化规约》。在该公约中，成员国除根据社会公共利益以及保障国家安全的需要外（第3条），负有逐步取消有关限制资本流动措施的义务（第1条、第2条）。并且，鉴于国际投资对国内所产生的重大影响，允许成员国根据其本国财政、金融方面的需要，临时采取必要的回避开放的措施（第7条）。

2.《服务贸易总协定》。《服务贸易总协定》（GATS）作为WTO协定中的一个重要协定，在该协定中，将服务贸易分类为越境服务的提供、海外消费、商业据点的设立以及自然人的工作、劳动移动这四种类型（第1条）。成员国对其承诺开放的部门，负有向其他成员国提供市场开放以及国民待遇的义务。在上述的服务贸易类型中，商业据点的设立（诸如银行、保险公司等），必然伴随着国际直接投资活动。因此，《服务贸易总协定》从其表面上看，是一个促进服务贸易开放的协定，但是，该协定从侧面上实际发挥着加速服务贸易领域中国际直接投资开放进程的作用。

3.《与贸易有关的投资措施协议》。鉴于20世纪80年代后，资本输入国所出现的阻碍国际直接投资的一些措施，在WTO的《与贸易有关的投资措施协议》（TRIMS）中，为矫正和消除上述措施对贸易所带来的负面影响，将上述一些措施作为违反《1994年关贸总协定》所确立的国民待遇原则（第3条）与取消数量限制（第11条）的具体形态表现，对此作出了禁止。

作为违反《1994年关贸总协定》所确立的国民待遇原则的行为是：

（1）要求投资者购买当地生产的部件和原材料；

（2）要求投资者保持产品进出口的均衡。

作为违反《1994年关贸总协定》所确立的取消数量限制的行为是：

（1）限制投资者使用进口的部件和原材料；

（2）通过限制投资者使用外汇的数量，限制投资者进口生产所需要的部件和原材料；

（3）要求投资者就其所生产的产品在当地进行销售。

我国为符合WTO《与贸易有关的投资措施协议》的要求，在现行的三资企业法中取消了上述公约所禁止的影响贸易的投资限制措施。

三、解决和避免国家风险国际条约的分析

国际投资除上述所出现的影响国际投资开放的问题外，同时还往往伴随着诸如国有化等国家风险的发生。为促进国际投资的开放以及解决和避免国家风险对国际投资所带来的负面影响，在防范国家风险方面国际社会做出了如下的努力。

1. 友好通商航海条约。友好通商航海条约（treaty of commerce and navigation）原本为协调两国间贸易关系的一种双边条约。在国际投资尚不发达的年代，国际投资问题在条约中往往作为一项附带性的问题对此进行规范。由于通过友好通商航海条约的形式规范国际投资问题难以满足现实的需要，两国间签订专项的投资协定成为了当今国际社会的主流。

2. 双边投资协定（bilateral Investment treaty：BIT）。为应对发展中国家自20世纪60、70年代后对国外投资所采取的国有化措施，在发展中国家与发达国家间通过签订双边投资协定的形式对上述问题进行了规范。在协定中通常包括国外投资者享有国民待遇，对于国家的征收行为应给予对方充分、及时、有效的补偿等内容。在纠纷的解决程序上，为将资本输入国的国内司法与国际相关机构的活动进行有机的结合，在协定中通常规定，将国际投资争端提交解决投资争议国际中心（ICSID）进行处理，同时，承认多边投资担保机构享有代位清偿权等内容。

双边投资协定在其具体表现形式上，有投资保证协定（Investment Guaranty Agreement）与促进与保护投资协定（Agreement for Promotion and Protection of Investment）之分。投资保证协定这种双边投资协定模式首创于美国，在该协定中通常就国家风险的投保、代位求偿权以及争端的解决等问题进行规范。对此，促进与保护投资协定则不仅仅局限于规范国际投资争端的事后解决程序，同时，就国际投资领域中的国民待遇以及最惠国待遇等实体法问题也进行了规范。由于该模式的投资协定首创于德国，因此该模式的投资协定也常称为德国式投资协定。

3. 多边投资担保机构公约。20世纪80年代，面对发达国家的投资者由于担心发展中国家所频发的国家风险，在向发展中国家投资上采取了低调的态度。为消除发达国家投资者的后顾之忧，促进对发展中国家的投资，世界银行于1985年制定了《建立多边投资担保机构公约》（MIGA）。我国为该公

约的成员国。

通过公约所建立的多边投资担保机构，其业务主要是为满足以下条件要求的投资者所遭受的风险提供担保：

（1）多边投资担保机构承保的风险是：货币汇兑险、征收和类似措施风险、违约险、战争与内乱险以及其他非商业风险（公约第11条）。

（2）多边投资担保机构承保的投资（合格投资）是：产权投资、借贷以及债务担保等（公约第12条）。

（3）多边投资担保机构承保的投资者是：在商业性投资的前提下，对于自然人，为东道国之外的成员国的国民；对于法人，为在东道国之外的成员国成立，并且在该成员国设有主要营业所的法人，或该法人的多数资本为东道国之外的成员国或其国民所有的法人（公约第13条）。

（4）多边投资担保机构承保的区域范围是：在发展中国家成员国领域内所进行的投资（公约第14条）。

（5）在风险承保的程序上，由外国投资者事先征得资本输入国的同意，在此基础上，由外国投资者向多边投资担保机构提出申请（公约第15条）。

多边投资担保机构承保的风险发生后，外国投资者可以根据资本输入国国内的行政救济程序要求赔偿，在合理的期间内未能得到赔偿的情况下，外国投资者可以向多边投资担保机构提出支付保险金的申请。多边投资担保机构向该投资者支付保险金后，对资本输入国行使代位求偿权（公约第17条、第18条）。

通过《建立多边投资担保机构公约》建立的多边投资担保机构，其目的在于，一是补充许多发达国家目前在其国内所建立的投资风险保证机制，同时，更为重要的是，在投资风险发生后，由于由国际组织行使代求偿权，可以达到缓解资本输入国（发展中国家）抵触情绪的目的，以此防止由于投资争议所引发的资本输入国与资本输出国国家间争端的发生。

四、结语

由以上可以看出，妥善解决国际投资的开放以及国际投资中所出现的国家风险，是保障国际投资健康发展的关键所在。为此，国际社会在上述问题的解决上倾注了大量的心血，并且取得了一定的成果。鉴于各国目前在国际投资上所开放的程度还难以满足国际经贸活动的需要，以及国际社会目前在解决国际投资问题上所采取的将国际投资开放问题与风险的回避和解决，通过不同的国际公约进行规范造成缺乏有机结合的现实，在近期的诸如北美自由贸易协定（NAFTA）等地区性自由贸易协定以及以 OECD《多边投资协定》（MAI）为代表的多边国际公约中，[1]出现了将国际投资开放问题与投资风险的回避以及争端的解决统一进行规范的动态，该方法必将对国际社会今后规范国际投资问题产生重要的影响作用。同时，与上述做法性质相同的 TPP 协定近期业已成立，研究该组织的动态无疑对我国企业从事国际投资活动具有重要的价值和意义。

---

〔1〕 OECD1995 年开始的关于成立《多边投资协定》（MAI）的谈判，在其议案中，将国际投资的自由化、国际投资的保护以及国际投资争端的解决作为该议案的三大内容供参加国进行商讨。由于参加国难以协调其间所存在的利害关系，成立《多边投资协定》（MAI）的谈判于 1998 年宣告破产。

股指期货风险法律控制的类型化研究

李　洹[*]

控制风险，是股指期货的起点和命途。股指期货肇始于世界股灾避险需求的金融创新运动，极大地促进了股票现货市场的繁荣；同时，股指期货市场又产生了风险，控制风险是股指期货市场治市的关键。

一、股指期货的建市、治市与风险

股指期货探索建市和治市的过程，也是我国开展金融期货交易方面的多次尝试的过程。

（一）我国的股指期货建市历程与风控实践

20世纪90年代，我国金融期货试点因风险失控而关闭。影响较大的风控实践案例主要有海南证券交易中心的股指期货交易失败、"3·27"国债期货风波等。20世纪初随着我国股市的成熟壮大，避险需求越来越烈，股指期货又被提上日程。2006年以前，关于股指期货的研究主要集中在建市的必要性和可行性上，进程较缓。后因新加坡抢先推出中国指数期货，我国在离岸市场抢夺定价权的压力下加快筹备工作。2006年9月，中国金融期货交易所成

---

* 李洹，北京市第二中级人民法院法官。

立；2007 年 2 月至 7 月间，集中发布《期货交易管理条例》、《期货交易所管理办法》、《期货公司办法》、《中金所交易规则》等一系列法规文件，为我国开设股指期货市场创建法制环境。2010 年 4 月，我国经过 3 年多的股指期货仿真交易经验的积累，正式建立股指期货市场。相应的，股指期货的聚焦点也从建市转为治市——即风险控制。

（二）风险控制失败实例的启示

海南证券交易中心股指期货交易的失败，对我国股指期货风险控制有着直接的启示意义；而"3·27"国债期货作为我国金融期货初期尝试，其失败也极具警示意义。这两次典型的风险控制失败实例带来的启示包括：

1. 单独依靠市场机制无法实现有效的风险控制，股指期货风险控制离不开法律机制。90 年代试点期间，我国金融期货市场法制环境建设尚处空白，[1]对风险控制只能采取"对事"行政惩处，具有事后性、欠缺普遍性的特点。

2. 股指期货市场设立和合约上市应当加强监管。海南证券交易中心开设股指期货交易，并未取得政府监管机关的批准，[2]并且在被叫停后未经监管机关同意擅自恢复交易，导致风险的扩大。

3. 股指期货市场交易者应当具备风险控制能力。股指期货市场上应当以套期保值的机构投资者为主，而众多个人投资者使得整个市场主体结构失范，过度投机气氛浓重，增大市场风险。

4. 应当建立完善的风险控制制度，并且通过法律加以固定，保障制度的严格执行。"3·27"国债期货风险失控的一个重要原因，就在于当时上海证券交易所保证金制度、限额持仓制度的执行不严，以及涨跌停板制度、大户持仓报告制度的缺失。

5. 应当增强市场外部监管，尤其是对违法违规事件的监管。两次风险事故中直接的导火索就是市场操纵行为。"3·27"国债期货虽经正式审批上市，但是一直到风险事故发生后都没有法定、明确的主体对国债期货市场进行系统的风险监控。

---

〔1〕"3·27"事件后，中国证监会与财政部联合颁布了《国债期货交易管理暂行办法》，这是我国后来第一部具有全国性效力的国债期货交易法规。但是当时基本性法规如证券法、国债法、期货法等尚未出台。

〔2〕海南证券交易中心开展股指期货的依据，是由中国人民银行海南省分行批准的一份由海南证券交易中心提交的、申请由人民银行海南省分行作为股指期货交易结算行的报告。

（三）股指期货风险的类型化研究路径

股指期货风险的类型化研究，首先应当区别于股票和期货的风险类型。而这种区别，应当来源于股指期货交易的特征。

1. 与股票交易相比，股指期货交易的特征。

（1）交易对象不同。股指期货的交易对象并不是股票，而是以一组股票投资组合的价值指数。

（2）交易机制不同。股票交易是足金交易，而股指期货交易是保证金交易，且股指期货采取 T+0 的交易，虽然降低了持仓风险，但同时也刺激了市场的流动性。此外，股指期货采用每日无负债结算制度，股指期货合约数量和市场价值规模也具有无限性。

2. 与其他的期货交易相比，股指期货交易的特征。

（1）股指期货因其标的物为特定的股票组合的指数，完全脱离了实物资本运动，其标的物并非实际存在的实物，也不具有价值。故而其他期货品种的交割方式包括现金交割和实物交割，而股指期货仅能进行现金交割。

（2）交易所选择模式。期货交易在期货交易所进行，是一般规则，如商品期货交易在对应的商品期货交易所，外汇期货、利率期货在对应的金融期货交易所；而股指期货的交易所选择则并非局限于期货市场，由国际经验所概括出的模式主要有"东京模式"、"芝加哥模式"和"混合模式"三种。

对于股指期货交易风险的归类，比较常见的有以下几种：①以风险是否可控为标准，分为不可控风险和可控风险；②以不同的交易环节来划分，分为代理风险、流动性风险、强平风险与交割风险；③以不同的风险产生主体为标准，分为交易所风险、经纪公司风险、客户风险与政府风险；④按照当前国际上对衍生交易的风险类型认可程度较高的巴塞尔银行监管委员会《衍生品风险管理指引》的六分法，可分为市场风险、信用风险、流动性风险、操作风险、结算风险和法律风险。本文结合上述股指期货交易的特征，从法律控制层面提出主体风险、品种风险、交易过程风险的类型化研究路径，最大限度地减少法律不完备性的风控空白。

二、股指期货的主体风险与法律控制

市场主体一方面是进行控制风险的主体，另一方面当其风险控制不力时，就会演变成市场上的风险源。

（一）主体风险源的分析

股指期货市场上的市场主体主要有投资者和中介业务机构。在股指期货市场上，一旦投机者多于套期保值者，过度投机行为将会在现货市场和期货市场产生瀑布效应和倒挤压力，有可能引发全面的金融危机。同时，从事中介业务的机构也应当具备相应的风险控制能力，这是由于股指期货风险的传递性决定的。此外，股指期货的跨市性，客观上对证券业与期货业之间人员、信息的双向流动提出要求，证券公司可以通过介绍经纪业务参与股指期货，实现低成本入市。券商在从事股指期货自营业务与介绍经纪业务中面临的巨大风险也要求其必须具备相应的资格。

（二）主体风险的法律控制

法律上对股指期货市场主体风险的控制，主要是通过对主体进入市场的途径和资格进行限定，排除不具有相应抗风险能力的不稳定主体因素，以提高市场整体的风险控制能力。

1. 投资者入市途径的限制。出于金融安全和风险控制的考虑，股指期货交易被限定为场内交易，因此投资者要进行交易仅有两种途径：一是取得交易所会员身份从事自营业务；二是取得期货经纪公司客户身份。

会员是交易所最基本的元素。交易所通过对申请者基本情况的审查核实，能够预先评定申请者的风险级别，有利于交易所在制定交易所整体风险控制方案和会员风险监察制度时更具备针对性和有效性。各国交易所对会员资格的限定一般包括：①自然人或法人的限制。如美国《商品期货交易法》将期货交易所会员定义为"拥有或持有期货交易所的会员资格或被承认拥有会员代表资格的个人"，香港期货市场上的会员既可以是公司也可以是个人，[1]但大多数国家立法规定会员身份为法人或机构，如我国、[2]新加坡。②资产条件的限制。对资产条件的考察有两种方式：对注册资本的考察和对净资产的考察。成熟股指期货市场通常采取净资产考察方式。③行业信誉条件。如香港《期货交易所有限公司规章条例》中规定正式会员应当满足"让董事会相信其

---

〔1〕 香港实行分级会员制，包括正式会员、市场会员、场上会员和交易附属会员四种，其中仅有场上会员规定为个人，其它均可为个人或机构。李明良：《期货市场风险的法律控制》，北京大学出版社 2004 年版，第 196～197 页。

〔2〕 《中国金融期货交易所会员管理办法》第 2 条规定："会员是指根据有关法律、行政法规和规章的规定，经交易所批准，有权在交易所从事交易或者结算业务的企业法人或者其他经济组织。"

有良好的信誉与商业诚实"。

我国《中国金融期货交易所会员管理办法》第6条规定了交易会员的资格取得条件。[1]通常,仅有极少部分机构和个人能够具备交易所会员资格所要求的严格资信条件,大部分投资者是通过期货经纪公司的代理而间接取得股指期货市场的准入资格的。

2. 投资者入市资格的限制。按照金融行为学理论,投资者理性是有限的,大多为行为投资者,而非标准投资者,因此对于套期保值者和投机者的认定比较困难,故本文采取个人投资者与机构投资者的分类方式。

(1) 个人投资者入市资格限制。包括:个人投资者不能取得中金所会员身份,一般通过期货经纪公司代理进行交易;无行为能力或限制行为能力人不得以本人或他人名义从事股指期货交易,因行为能力欠缺会导致合同瑕疵;身份限制,防范内部人利用职业的便利或特殊的关系占据信息优势、进行内幕交易等。

(2) 机构投资者入市资格限制。机构投资者是股指期货市场的投资者主体,主要有证券公司、证券投资基金、保险公司等。

①证券公司。证券公司是具有套期保值目的的投资者,一般通过取得交易所自营会员身份直接向交易所申请交易,避免暴露现货头寸给期货公司。

②证券投资基金。根据台湾地区的经验,[2]证券投资基金运用股指期货,应当依照基金的契约规定;证券投资基金从事股指期货交易,应于内部控制制度中订立基金从事上述交易的风险监管措施及会计处理事宜、形成稽核报告;内部稽核人员应定期了解期货及期权交易内部控制允当性;证券投资基金运用股指期货、期权,应依交易分析、交易决定、交易执行、交易检讨四个步骤实施。每个步骤都有详细的规定等。

③会员期货公司只能从事经纪业务,不能从事自营业务。否则将受到责令改正、警告、没收违法所得并处罚款,甚至责令停业整顿或吊销业务许可证的处罚。

④保险公司、商业银行、QFII 等。保险公司也是重要的套期保值者,根

〔1〕《中国金融期货交易所会员管理办法》第5、6条。

〔2〕主要参考1999年5月26日我国台湾地区颁布"证券投资基金从事金融衍生品交易的注意事项 管理办法",随着台湾地区证券投资基金对股指期货的熟悉和监管当局监管能力的提高,该条例在2004年11月1日被废除,但是我国处于股指期货市场起步阶段,该办法对我国仍有借鉴意义。

据《保险资金管理暂行办法》（草案）第5章"投资管理"第24条，保险公司只要符合偿付成立和比例监管的规定就可以从事股指期货合约。商业银行参与股指期货初期主要身份是中金所特别结算会员身份。在 QFII 主体资格方面，应当限定其以套期保值为目的，并对其保证金作出特别限制，且必须通过境内结算机构办理结算交割。

（3）其他组织、机构入市资格限制。

①对于政府机关、事业单位的限制。在国际惯例上，国家机关和具有公共事业性质的组织是不允许进行股指期货交易的。在法国、德国、意大利和荷兰，公共机构诸如市政公司、当地国家机关或其他公共部门实体从事金融衍生交易要么被禁止，要么依其所涉风险因素或交易是否为了一般公共利益而受限制。[1]本文认为，禁止政府机关和具有公益性质的组织参与股指期货交易是合理的，原因在于：首先，政府机关和公共事业组织通常不以营利为目的，允许其进行股指期货交易违背了其功能的设定；此外，从社会安全的角度讲，政府机关因其权力能够集中和调动大量资金，容易生成腐败，而公共事业组织通常对国家资金具有管理权和使用权、或者享受国家财政支持，在运用"别人"的资金为自己获利时极易进行风险操作。

②个体工商户、非金融机构的公司等。本文认为，鉴于个体工商户所从事的通常为生产经营服务等活动，一般不存在套期保值的动机。而对于非金融机构的公司来说，股指期货交易风险巨大，一旦出现巨额损失，不利于保护其债权人、公司员工等利益相关人的保护，也难于审计监督。

3. 中介业务的资格取得。在股指期货交易中，如果期货经纪公司的风险承担能力和管理能力不足，将造成风险聚集和传递，甚至引起系统性风险。

（1）金融期货经纪业务资格的取得。股指期货经纪业务经营资格的获取，主要有两种形式：①登记注册制。如美国 CPO 和 CTA 的登记注册制度。②许可制。如我国台湾地区"期货交易法"规定，期货商须经主管机关的许可并发给许可证照的，始得营业。我国股指期货经纪业务资格取得采取许可制。《期货交易管理条例》第17条、《期货公司管理办法》第11条等规定了资格

[1] Jonathan Kelly, "United Kingdom: Legal and regulatory Issues in Derivatives - Past , Present and Future", *International Financial Law Review* (*IFLR*), April 1999。转引自丁晓华："论金融衍生交易的法律规制——以美国法为研究中心"，厦门大学2001级硕士学位论文，第9页。

取得的条件和程序。

（2）金融期货结算业务资格的取得。期货结算业务资格的取得，包括两种立法例：一种是在采用结算会员制度的国家；一种是在不采用结算会员制度的国家，如日本，每个交易所会员都具有结算业务资格。中国证监会的《期货公司金融期货结算业务试行办法》规定了结算资格取得的基本条件。[1]

（3）券商 IB 业务资格的取得。股指期货的跨市性，要求证券业与期货业之间实现人员的双向流动，建立共享的资讯平台，为证券公司提供了 IB 业务参与模式；同时 IB 制度也符合券商对于风险隔离的要求。世界各国期货市场上普遍存在从事此类中间业务的个人或机构，如美国介绍经纪人（Introducing Broker，简称 IB）、香港核准代理人（Approved Introducing Agent，简称 AIA）。我国台湾地区自 1998 年 7 月 21 日推出股指期货后，即引进了券商 IB 制度。[2]我国大陆目前出台的关于 IB 业务的文件，规定了证券公司按照法定条件进行介绍经纪业务的内容，其实质是股指期货市场上的证期合作。

三、股指期货的合约风险与法律控制

股指期货合约审批制是对合约市场操纵风险进行法律控制的主要方式。而合约设计中法律风险的实质是股指信息的法律保护问题。此外，监管机关与交易所对股指期货风险控制的便利是合约上市地点选择中的决定因素。

（一）股指期货合约的上市审批制与知识产权保护

股指期货合约是否会引发市场操纵风险，是合约上市监管的核心。海外相关证券或期货政府管理部门为防范股市与股指期货市场之间跨市操纵，对于上市品种都设定有严格条件限制或审核程序；不符条件或未经审核的，不得上市交易。例如，法国股指期货品种上市必须经巴黎交易所运行委员会（COB）审批；日本大藏省负责审核股指期货品种。[3]当前国际上主要的股指期货合约上市机制包括审批制、注册制和核准制，其中除成熟市场外，大多采取审批制。我国股指期货合约上市实行审批制。

股指合约的标的为股票价格指数，合约设计中选取证券信息编制股指是

---

〔1〕《期货公司金融期货结算业务试行办法》第 8、9 条。

〔2〕龚建文："证期合作与股指期货 IB 业务风险研究"，载《华东理工大学学报（社会科学版）》2008 年第 3 期。

〔3〕杨峰："海外股指期货市场比较研究"，载《金融研究》2002 年第 7 期。

核心环节；而是否有权利用股指信息开发股指期货，是一个涉及合约产品合法性的基本问题。早在 1983 年，美国法院就审理了一起关于股指期货合约设计的案件，即道·琼斯公司诉芝加哥期货交易所案。2006 年 9 月新加坡交易所推出"新华富时中国 A50"股指期货，随后"新华富时受诉案"指出该产品的指数编制行为涉嫌违约、侵权，导致"新华富时中国 A50"上市之后反应冷淡。[1]

股票价格指数被视为证券交易信息中的实时信息。[2]通观国际各证券交易所都宣布对证券交易信息的所有权。美国最高院曾通过 Board of Trade v. Christie Grain & Stock Co.、[3]Hunt v. New York Cotton Exchange[4]等案确定证券交易所对信息的所有权。审视我国当前对股指信息的法律保护，主要有《合同法》、《著作权法》、《反不正当竞争法》。其中，证券交易所信息网络公司与交易所会员以外的信息使用者通常签订《证券信息经营许可使用合同》，对信息的使用、传播及产权有所规定，但是一般侵权人都不是合同的相对人，《合同法》所能提供的保护非常有限；《反不正当竞争法》第 10 条只将作为"商业秘密"的技术信息和经营信息纳入保护范围，股指信息作为"公开信息"显然不能适用；可依据的仅有《著作权》第 14 条，将股指信息尤其是成份股信息作为体现独创性的"汇编作品"予以保护，可以说，我国在对股指信息的法律保护方面存在极大的不足。

（二）股指期货合约上市地点的选择

狭义的股指期货市场，即股指期货上市的交易所。本文认为，从交易所的设置探讨股指期货建市意义不大；股指期货市场设立问题的实质，是指股指期货合约上市交易的交易所选择。

1. 股指期货合约上市的交易所选择模式。一般而言，由于股指期货与股票的天然联系，股指期货交易可选择的场所为证券交易所和期货交易所。通

---

〔1〕 方晓雄："沪深 300 股指期货与海外中国概念股指期货的竞争性分析"，载《新金融》2008年第 2 期。

〔2〕 吴辰："证券交易所交易信息法律保护问题研究"，载《深圳证券交易所法律部研究报告》第 495 页。

〔3〕 Board of Trade v. Christie Grain & Stock Co., 198 U. S. 236 （1905），资料来源：http://web 2. westlaw. com。

〔4〕 Hunt v. New York Cotton Exchange, 205 U. S. 322 （1907），资料来源：http://web 2. westlaw. com。

过国家经济政策和法律的安排，国际上股指期货交易场所的选择主要有以下四种模式：①分离模式，又称"芝加哥模式"。股指期货只在期货交易所进行交易，证券交易所不对股指期货的上市和交易提供平台。如美国。②整合模式。"整合"，即把期货交易作为广义概念下的证券交易类型，由证券交易所整合各类证券交易，包括开设股指期货交易，如日本，因此又被称为"东京模式"。[1]③混合模式。"混合"，即不对股指期货的交易场所设限，证券交易所和金融交易所均分别有权设立股指期货交易，实现股指期货交易场所的多选择化。此种模式以俄罗斯、巴西、波兰等国家为代表。④股指期货在金融期货交易所上市，这种模式主要为新兴市场所在国选取，以新加坡为代表。1984年，新加坡直接进行立法，为专门创办国际金融交易所（SIMEX）提供法律依据，此后SIMEX迅速发展成为全球最大的期货市场。

2. 股指期货市场设立中的风险控制分析。本文认为，与其说各国（地区）的金融市场环境决定了股指期货上市地点，不如说风险法律控制模式才是股指期货上市地点选择中的决定因素。如美国的"芝加哥模式"与分割－协作监管模式。1982年美国国会对1978年《商品期货交易法》进行修订，确立了CFTC与SEC对于股指期货市场监管的"分割"模式，即①CFTC对所有期货合约的管辖权；②当CFTC管理下的业务活动涉及SEC、财政部、联邦储备局等部门的管辖业务时，要进行通报，并征求意见。1992年再次对1978《商品期货交易法》进行修正，规定"争论已久的股价指数期货保证金制度，联邦储备局得选择自行执行或转授权CFTC为之。"2000年美国颁布《商品期货现代化法案》，简化共同监管的法律程序，进一步完善了"分割协作"监管模式。在美国，股指期货市场由CFTC监管，证券市场由SEC监管，其依据在于股指期货属于期货品种，与证券具有类别差分。证期两市的分割监管体制，使得CFTC取得对期货市场的统一监管权，结合立法对合约产品的区分，决定了股指期货上市的场所。

同理，"东京模式"与分业监管模式、新加坡充分利用新兴市场"先立法、后建市"的实践中，法律推进对股指期货的巨大成功有着重要作用。

---

〔1〕 日本早期的股指期货，是1988年在东京证券交易所上市的东证股指期货，以及后来在大阪证券交易所上市的日经平均股价期货。1989年，东京金融期货交易所开设，但主要以短期利率期货和货币期货为主。陈九月："日本的金融期货商品交易——兼谈多样化金融商品的集资原理"，载《国际金融研究》1991年第4期。

四、股指期货的交易风险与法律控制

股指期货交易伴随风险而行，在美国 1987 年股灾、英国巴林银行事件、香港金融保卫战等多次股指期货风险事件之后，国际上逐渐形成对股指期货交易机制风险进行有效控制的制度体系。

（一）保证金制度

保证金制度是股指期货交易结算的核心制度。从风险管理的角度来看，各国股指期货市场都将保证金制度作为控制违约风险的核心手段，在业务规则中重点规定。

保证金制度并非仅由单一的保证金构成，而是具有多种不同功能的保证金类型。大体来说，保证金可分为结算准备金和交易保证金。此外，常见的保证金类型还包括基础保证金、维持保证金、可用保证金等等。一般来说保证金交易制度通常采用层级制。以我国为例，按照保证金存放账户的不同（或者说，收取/交纳主体的不同），股指期货保证金制度设计可概括为"两层三级制"：第一层为交易所收取的保证金，即交易所在期货保证金存管银行开设"专用结算账户"，结算会员需按交易所规定在该账户内存放保证证。按照收取方（交易所）不同可视为独立一层，亦为独立一级；第二层为会员收取的保证金，又可分为两级，一级为结算会员收取的保证金，包括全面结算会员向其客户和受托交易会员收取的保证金，以及特别结算会员向其受托交易会员收取的保证金。此类保证金存放于结算会员在期货保证金银行开设的"期货保证金账户"；一级为交易会员收取的保证金，其中交易会员为期货公司的，应当开设的期货保证金账户存放其客户保证金。交易会员不是期货公司的，应当开设结算账户。结算会员和会员经纪公司为了避免以自有资金替客户垫付追加保证金，往往自行制定额外的保证金率，该额度一般要高于期货交易所的保证金率。

我国股指期货交易的法定最低保证金比率为10%，同时中金所具有一定的保证金比率调整权。我国司法实践中，以交易所的保证金比率作为认定期货透支交易的依据。[1]

---

[1] 《最高人民法院关于审理期货纠纷问题的若干规定》第31条第3款规定："审查期货公司或者客户是否透支交易，应当以期货交易所规定的保证金比例为标准。"

（二）价格限制相关制度

价格限制相关制度主要包括涨跌停板制度和熔断制度。其中，熔断制度又称断路器制度，是美国在 1987 年股灾之后重大发明。美国采用的熔断制度是单向止跌断路器，后发市场在借鉴该制度时，进一步将单向止跌发展为双向涨跌限制，如新加坡期货交易所的双向断路器。涨跌停板制度，是指股指期货合约当日价格高于或低于一定涨跌幅度时，即启动停板措施，超出该幅度限制的报价及成交交易无效。我国采取双向熔断机制。

（三）持仓限额制度和大户报告制度

持仓限额制度和大户报告制度，都是从控制交易部位角度出发的风险控制制度。持仓限额制度是指会员或客户持有的某一单边未平仓合约头寸不得超过一定的限额。我国持仓限额制度的规定存在标准严格、单一的问题。同时，我国规定了"持仓限额豁免"作为限额制度的例外。持仓限额豁免的各项条件必须严格执行。大户持仓报告制度是指会员或客户的某一合约持仓达到"大户"标准的，须向交易所进行报告。

通常，大户持仓报告制度与股指期货的政府监管紧密相连，如美国 CTFC 通过对大户头寸监控和大户持仓报告的监控，及时将风险化解于萌芽状态。[1] 我国目前对股指期货交易部位的控制采取客户编码制度和大户报告制度相结合的方式，能够方便、及时的监控会员及客户交易部位的真实情况，实现交易所及证监会的有效监管。

（四）强制平仓制度

强制平仓对客户风险的处理将损失锁定，是股指期货交易中最有效、最直接的风险处理手段。[2] 一旦执行强制平仓，则客户的持仓量当即减少或归零，资产的损失是不可自动恢复的。因此，强制平仓手段的运用必须符合严格的条件和程序。

1. 保证金追缴制度相联系的强制平仓。当客户保证金低于交易所规定或期货公司约定的风险控制条件时，强制平仓的启动应当符合一定的前提条件，即保证金追缴失败。只有当交易所或期货公司恰当、充分的执行保证金追缴

---

〔1〕 姚兴涛："股指期货的监管属性"，载《证券市场导报》2000 年第 6 期。

〔2〕 值得强调的是，有些观点认为强制平仓对于客户来讲也是风险源之一，事实上，强制平仓制度本身并不导致损失，客户的损失源于市场判断失误或操作失败，不应归咎于强制平仓手段的运用。

中的通知义务，并给予合理期限，而客户仍未追加保证金或自动平仓时，方可进行强制平仓。

适度平仓是普遍原则。即进行部分平仓后保证金与剩余头寸已经满足风险控制要求时，交易所或期货公司就不应扩大平仓的规模。否则应当对超过合理限度的平仓承担对客户的损害赔偿责任。

2. 与违规超仓相联系的强制平仓。对于违反持仓限额制度、大户报告制度等违规超仓进行的强制平仓，目的一方面在于防止因少数会员或客户超出资金承受能力的交易导致风险过度集中，另一方面在于防止会员或客户个别或联合操纵市场的违规操作。一般来说，交易所的持仓限额制度和大户报告制度执行较好的情况下，违规超仓具有隐蔽性。其形式通常表现为借仓、分仓，由此造成多逼空或空逼多的行情势态，以获得优厚的盈利。分仓在严格意义上来说是操纵市场的行为，是被监管部门禁止的，所以分仓都进行得很隐蔽，并且分仓占用的账号都是期货公司或主力资金的关系户的账号，以避免被监管部门查获。如何对此类违规超仓强行平仓，避免损害无辜客户的资产，是值得探讨的法律问题。

（五）结算联保制度和风险准备金制度

结算联保制度，是由结算会员按照交易所规定缴纳结算担保金，对于结算会员违约风险进行共同担保的制度。当个别会员出现违约时，首先由该会员的结算担保金承担违约责任；不足部分由其他会员的结算担保金按比例共同承担。风险准备金是交易所承担违约责任的资金保障。对于会员的违约，首先由会员资金承担违约责任；不足以承担的，由交易所以风险准备金及其自有资金代为承担。

（六）风险警示制度

风险警示制度是一种软性风险控制制度，指交易所认为必要时对会员和客户采取的警示和化解风险的制度。其"软性"控制体现在风险控制手段以劝诫、提醒为主，包括要求报告情况、谈话、书面警示、公开谴责、发布风险警示公告等。我国通过2007年立法修法活动建立风险警示制度可谓一大进步，体现了"事后惩罚"到"风险萌芽（轻微）状态的协调疏通"的思路的转变。

按照针对群体的不同，风险警示制度包括对特定人的风险警示及对全体的风险警示。一般来说，对全体的公告风险警示是在风险较大、容易转变为整个市场的风险时作出的警示。不同于特定人的风险警示采取的《风险警示函》，在全体风险警示中采用的是风险警示公告。

五、结语

我国股指期货市场尚属新生市场，需要在治市实践中积累风控经验。本文从法律的角度，遵循"主体风险控制——产品风险控制——交易行为风险控制"这一研究思路，主张股指期货风险法律控制应当针对风险的类型化研究有效控制手段，克服法律的不完备性。

第一，我国股指期货市场应当坚持"依法治市"，充分发挥了新兴市场的优势。风险的本质是不确定性，而法律能够通过各种制度安排最大限度地减少不确定性，从而有效地控制风险。必须吸取20世纪90年代金融期货试点风险控制失败的经验和教训，坚持运用法律机制对股指期货风险进行控制。

第二，从控制主体风险的角度而言，对参与股指期货交易的市场主体做出入市限制是基本手段。当前我国股市投机气氛较浓，且散户众多、投资者结构不适当，可以预见到股指期货市场将同样面临此类问题，因此对投资者入市进行限制是必要的。此外，股指期货风险具有强烈的传递性，投资者发生穿仓、爆仓等风险事件不能履约时，为其进行经纪、结算业务的中介机构要首先以自有资金承担违约责任，而后取得追偿权，因此不具风险控制能力的中介机构一概不得进入股指期货市场。通过对交易入市进行法律控制，实现限制个人投资者入市、仅允许具有较强风险控制能力的机构投资者入市以及对从事中介业务的机构严格把关。

第三，从控制产品风险的角度而言，股指期货合约产品设计中的市场操作风险和法律风险是控制的重点。当前我国推出的股指期货合约品种仅为沪深300指数期货一种。但是一个成熟的市场必然集中多种产品的活跃交易，建立和完善我国股指期货合约上市审批制、消除"一事一议"对金融创新的束缚是必然的选择。应当建立和完善股指信息保护制度，以助于成功应对国际上激烈争夺我国股指期货定价权的局面。对于股指期货合约上市地点的选择，应当吸取"3.27"国债期货试点中的经验，立法明定股指期货市场独占权。

第四，从控制交易中风险的角度而言，通过制度安排要求交易行为遵循一定的规则，即建立和贯彻风险控制制度，对于控制因股指期货特殊的交易机制产生的风险具有重要意义。从全球股指期货市场来看，风险控制制度的路径演进与美国 1987 股灾、英国巴林银行事件、香港金融保卫战等一系列重大风险事件相联系，集中了风险控制的经验和智慧，具有相当的功能性。因此我国应当充分借鉴国外股指期货风险控制的制度，并结合我国现实国情做出调适，以期在真正开展股指期货交易后能够有效控制交易中的风险。

证券市场异常交易的法律规制研究

——以光大"乌龙指"事件为例

张　龙　周晨龚[*]

2015 年股票市场的一举一动，都拨弄着亿万股民紧绷的神经。疯涨后的狂落，就如同一次次精神的过山车，考验着股民脆弱的信心，也考验着我国证券市场的运行机制。由此我们不禁联想起 2013 年的光大乌龙指事件。对这一事件进行法律层面的深入梳理与思考，不仅能为今后此类事件的预防与解决提供思路与对策，也将为未来我国证券市场的法治建设与完善提供更多的制度借鉴与参考。

一、8.16 光大"乌龙指"[1]事件之始末

近年来，随着我国证券市场不断做大做强，各种相关的问题也在不断显现。如上市公司虚假陈述侵犯中小股东知情权甚至套取股利，损害众多股民权益；股票发行者内幕交易操纵股票价格使得不明真实信息的投资者盲目投资等。此外，还有一种并不常见但却影响重大的"证券乌龙事件"，如 2013 年 8 月 16 日的光大证券"乌龙指"事件。这一事件表明，异常交易给整个证券市场交易秩序的公平、公正所带来了巨大冲击，使得因信赖机构投资者进行投资的广大股民遭受了惨重的损失。

2013 年 8 月 16 日，光大证券公司交易员郑冬云一如往常地操作着公司的高频套利系统。他先打开下单程序，然后打开订单生成系统，系统计算得出

---

　　[*]　张龙，北京工商大学法学院副教授；周晨龚，北京工商大学法学院研究生硕士。
　　[1]　乌龙指：股票中的"乌龙指"是指股票交易员、操盘手、股民等在交易的时候，不小心敲错了价格、数量、买卖方向等事件的统称。

需要买入的股票及数量，接着郑点击"买"按钮，最后打开订单执行系统，点击"执行"界面。平常这些委托执行基本都能成交，未能完成的，他会手动撤单再重新买入。但这一天早上未成交订单的笔数比较多，他便想起公司同事——经验丰富的崔云钏设计的"重下"功能，该功能可以把未成交部分重新进行委托。然而这一次操作却出现了不小的意外。当日11：05，二人在电脑前发现指数开始上涨，现货数据开始乱跳。郑连忙撤单，并迅速向策略投资部负责人杨剑波报告。但系统的编码漏洞还是使公司在短短几秒内疯狂买入72亿元的ETF[1]股票，而这远远超出了其本身的交割头寸。同时这也意味着光大证券的流动性风险已经迫在眉睫，而这又偏偏是一家企业的生命线。截止到当日11点45分上海证监局、上海证券交易所等监管部门的询问电话不断打入之时，监管部门得到的一直是光大证券含糊不清的回答。在公司利益至上的念头下，他们所能想到的就是尽可能争取时间来一手拼命撤单，一手在期货市场通过对冲来套期保值，[2]减少损失。众所周知，若市场交易主体普遍知悉上述事件的背后原因，其交易预期也将在真实信息公布后各个银行拒绝贷款以助其弥补头寸的反应中得到印证。光大证券的上述行为导致上证指数不明就里地被大幅拉升，大盘一分钟内涨超5%，最高涨幅达到5.62%，指数最高报2198.85点，盘中逼近2200点。而当日11点44分，上交所仍称系统运行正常。当日中午休市时，作为公司董秘的梅键却没有一刻休息，一边是他在字斟句酌的反复推敲着上交所不断催促的公告，另一边上交所不停发来短信，"简化版的公告赶快，不要抠字眼，差不多就可以了"，"领导在催，公告两三句即可，三点后再出详细公告"。终于，在当日下午2点，光大证券公告策略投资部门自营业务在使用其独立的套利系统时又出现问题，造成了相关股民的重大损失。该事件被称为"光大乌龙指事件"。事件发生后，各界对于证监会和相关法院的处置结果又出现了大量的猜疑、争议

---

　　〔1〕　交易型开放式指数基金，通常又被称为交易所交易基金（Exchange Traded Funds，简称"ETF"），是一种在交易所上市交易的、基金份额可变的一种开放式基金。

　　〔2〕　套期保值（Hedge 或 Hedging），是指企业为规避外汇风险、利率风险、商品价格风险、股票价格风险、信用风险等，指定一项或一项以上套期工具，使套期工具的公允价值或现金流量变动，预期抵消被套期项目全部或部分公允价值或现金流量变动风险的一种交易活动。为了在货币折算或兑换过程中保障收益锁定成本，通过外汇衍生交易规避汇率变动风险的做法。罗曦："场外金融衍生产品交易法律规制研究"，2013年吉林大学博士学位论文，第17页。

和不满。尤其是利益遭受损失的股民索赔无门、怨声载道。该事件及其后果充分说明了在对此类异常事件的认识和处理方面，我国现有的法律未能发挥有效的规范和引导作用，市场也无法形成合理的预期和调节。[1]

二、对撤销交易制度的引介与借鉴

证监会后来对光大乌龙指事件做了如下的基本定性：光大证券交易部门在 2013 年 8 月 16 日上午因技术故障造成的意外事件不具有非难可能性的，而其下午因未对影响证券及期货交易市场的内幕信息予以及时披露以图拖延时间操作对冲弥补损失的行为明显违法。就上午的事件而言，目前我国《证券法》有暂停牌和暂停市的规定可以援引。此外，证监会的规则中也有中止交收的相关规定。但无论措施皆属于暂时性、结果未定的措施，而不像域外（美国、英国、德国、新加坡、日本、香港等）的撤销交易制度那般明确、肯定。甚至从某种程度上讲，该事件中光大没有及时向外界通报恰恰是因为其无权撤销，只能铤而走险通过内幕交易的办法尽力避免损失。

撤销交易制度在性质上相当于证券交易合同无效的确认，即交易双方互负返还义务，进而回到没有发生交易的状态。撤销交易包括依职权撤销和依申请撤销两种，但无论哪一种都需考虑证券交易的效率性及稳定性。所以在上述国家和地区中都明确规定了相应的限制，包括依职权做出决定的时间，依申请时申请的时间（常见的是 30 分钟）和答复的时间（只能由交易方申请，任何第三方不得申请）及方式（电子邮件）等。虽说撤销交易无论如何设计都将或多或少的影响交易的效率性和资金的活跃性，但是，从证交所的性质（非营利性）和职能（提供一个以时间、价格优先为条件自动撮合交易，形成公平价格的平台）的角度来看，公平性在金融交易中是必须得到优先保障的首要价值。为此，甚至不得不在一定情况下牺牲效率。这也被视为撤销交易制度存在合理性的法理学依据。

其实，我国也曾出现过撤销交易的实践，那便是金融界著名的"327 国债"事件。在该事件中，上海证券交易所认为，1995 年 2 月 23 日进行的 327 国债期货交易存在异常情况，并宣布该交易日最后八分钟所有的 327 品种期货交易无效，各会员之间实行协议平仓。交易所这一处置措施便是典型的撤

---

[1] 陈亦聪：《证券交易情况的法律规制》，法律出版社 2014 年版，第 81 页。

销交易行为。但令人遗憾的是，在随后的《证券法》、沪深交易所的《交易规则》和《实施细则（试行）》中都未将撤销交易措施给予制度层面的肯定，从而造成了现行相关制度的缺失。为此，笔者呼吁我国应尽快以立法方式确立撤销交易制度，特别是在目前证券市场活跃时期，紧急情况下的撤销交易不但可以矫正操作失误，使得交易恢复到人们自愿达成最优价格的状态，而且对于社会主义市场经济下的金融生态的良性循环也大有裨益。

在具体移植借鉴过程中，笔者认为首先应对撤销交易制度的适用条件予以明确。为此，可参考美国纳斯达克证券交易所的相关规定：①该交易必须是由于一个毫无争议的差错所导致的结果，例如错误的证券名称、价格或成交量的转变、额外的数据；②该价格必须引起价格的实质性变化。该交易的执行价格必须相当大的偏离错误指令输入前该证券的价格；③考虑到当前行情和相关证券的交易活动，该交易须被视为不合理；④当前行情、市场活动、市场波动以及已经达成交易的证券的价值也应被纳入考虑范围。而以上关于上述条件中的"毫无争议"、"实质性变化"、"相当大的偏离"的概念的范围，应根据我国目前证券市场具体实践来确定，形成最终合理可行的本土化执行标准。

此外，还必须明确撤销交易制度启动的时间限制，这是在证券市场运行方面寻求公正与效率最佳平衡点的关键所在。纵观英、美、德等国的证券法律及证券交易所自治规则来看一般采用30分钟的标准。即无论是依申请还是依职权，从受理到通知利害关系人再到最后做出是否撤销的决定，都不应超过半个小时。由此我们不难发现在发达的证券市场中对于撤销交易时间的严格控制和对交易效率的强烈追求。笔者建议我国也可以在今后的相关规定中采用类似的时间规定。

三、对"熔断机制"[1]的引介与借鉴

如果说撤销交易制度是作为一种事后的补救措施来调整证券市场健康发展的话，那么目前有没有一种在交易过程中便存在的机制使得明显错误的操作可以被最大限度的避免呢？答案是肯定的，那便是熔断机制。顾名思义，

---

[1] 熔断机制（Circuit Breaker），是指对某一合约在达到涨跌停板之前，设置一个熔断价格，使合约买卖报价在一段时间内只能在这一价格范围内交易的机制。陈亦聪：《证券交易异常情况的法律规制》，法律出版社2014年版，第50页。

熔断机制就是通过提前设定熔断价格，当触及此设定时，证券交易只能按此标准继续进行，待深入调查后再做决定的一种制度设计。光大乌龙指事件正是由于其旗下独立的高频套利系统并没有置于光大整体风控系统监督之下，交易所亦未设置熔断机制，如此一系列偶合才使得乌龙指事件得以发生。其实熔断机制本身并不神秘，甚至我国沪深指数 300 期货〔1〕交易市场便有熔断机制的设定。但从历史上看，这一设定也可谓一波三折。最早设定的熔断价格为 6%，即当市场价格触及 6%，并持续五分钟，熔断机制即行启动。在随后的五分钟内，买卖申报价格只能在 6% 之内，并继续成交。超过 6% 的申报会被拒绝。十分钟后，价格限制放大到 10%。然而鉴于对熔断制度的复杂性、实施效果的不确定性和市场参与者的接受程度等诸多因素的顾虑，相关部门取消了该机制。

在光大乌龙指事件两年之后的 2015 年上半年，上海证券交易所、深圳证券交易所、中金所审时度势地联合发布了拟将熔断机制引入 A 股市场的意见稿，建议通过设定 5%、7% 两个以沪深 300 指数为基准的阀值，配套个股的涨跌停制度，共同稳定股市伤害性的大起大落，并为此广泛向社会征求意见。笔者赞成意见稿中的熔断机制的设定。首先，从股票市场通过集合竞价实现"价格发现"的功能来看，熔断后的一段时间可以给投资者一个冷静的时机来考虑行为本身的合理性，这也为"真正价格"的发现提供了保障。其次，在我国整体经济由单纯追求体量增长转为寻求合理、健康发展的角度讲，即使因为一段时间的"耽搁"而减少了市场上的"换手率"，〔2〕从而可能带来增加市场恐慌的负效应，但在确保公平、稳定的正效应方面来看，该做法的正面效应远远大于其负面效应。此外，熔断机制在效用上与涨跌停也并不重复，前者是对整体盘面的熔断，而后者只关心个股的剧烈波动。最后，也是最重要的一点，这一措施完全是在法律法规框架下对于现有制度的完善，依据就

---

〔1〕 沪深 300 股票指数由中证指数公司编制的沪深 300 指数于 2005 年 4 月 8 日正式发布。沪深 300 指数以 2004 年 12 月 31 日为基日，基日点位 1000 点·沪深 300 指数是由上海和深圳证券市场中选取 300 只 A 股作为样本，其中沪市有 179 只，深市 121 只样本选择标准为规模大，流动性好的股票。沪深 300 指数样本覆盖了沪深市场六成左右的市值，具有良好的市场代表性。王小丽："股票和股指期货跨市场监管法律制度研究"，2012 年安徽大学博士学位论文。
〔2〕 "换手率"也称"周转率"，指在一定时间内市场中股票转手买卖的频率，是反映股票流通性强弱的指标之一。黄惠娜："应觉醒的机制——光大'乌龙'指事件之法律分析"，载《法制与社会》2015 年第 20 期。

是《证券法》第114条"因突发性事件而影响证券交易的正常进行时，证券交易所可以采取技术性停牌的措施。"这便为此次规定的出台提供了合法性保障。

如果说撤销交易和熔断机制是对于异常交易行为本身的防治，那么对于已经发生的异常交易行为对股市投资者造成的实际损害进行有效救济，就应当引入和完善"同时交易"、"集团诉讼"及"胜诉酬金"的制度。

四、"同时交易"制度的威力初显

光大乌龙指事件发生后将近四个月的时间里，因为光大证券没有按照法律规定及时披露其误操作及后续内幕交易中的对冲行为，不明真相跟进后蒙受损失的众多股民纷纷起诉光大，要求其承担侵权损害赔偿责任。但多数法院都没有予以立案。不立案的理由一是强调我国相关法律缺位，仅有的《证券法》上的保护股民的指导原则过于笼统，不太具有适用的可能性；二是强调我国是成文法国家，在此项立法缺失的情况下，法官造法不被允许。为此，最高人民法院在当年的11月15日，特发文通知：就光大证券"8·16"内幕交易引发的民事赔偿案件法院受理和管辖等问题作出规定，明确起诉人以中国证监会对光大证券作出的行政处罚决定为依据，以行政处罚决定确认的违法行为侵害其合法权益、导致其损失为由，采取单独诉讼或者共同诉讼方式向法院提起民事诉讼的，人民法院应当受理。至此，才逐渐开启了股民在光大乌龙指事件后的维权之幕。起初，股民的维权之路异常艰辛，维权效果也并不理想。归结起来主要有以下两方面的原因：一是在诉讼中很难举证证明光大的行为与股民损失之间的因果关系；二是广大股民大多为分散于全国各地的零小散户，他们出于诉讼成本的考虑，最终并没有提起诉讼。虽然从经济效率的角度来讲，可能这种抉择是明智的，但就本事件性质讲，正义却没能得到最终伸张。

反观美国，在经历了20世纪20年代后期股市的疯狂和崩盘后，痛定思痛，在罗斯福总统的大力推动下，分别于1933年和1934年制定并颁布实施了《1933年证券法》（Securities Act of 1933）[1]和《1934年证券交易法》

---

〔1〕《1933年证券法》是世界各国证券市场监管立法的典范，更为各国仿效和借鉴的对象，我国证券立法亦是如此。又称证券真实法（Truth in Securities Law），共28条，是第一部真实保护金融消费者的联邦立法，也是美国第一部有效的公司融资监管法，包含了州蓝天法的许多特色。颜晓闽："美国证券法律史研究"，2010年华东政法大学博士学位论文。

（Securities Exchange Act of 1934）。在长期司法实践上，1984 年和1988 年美国国会又分别颁布施行了《1984 年内幕交易制裁法》和《1988 年内幕交易与证券欺诈实施法》。该系列法律确立了一项重要的原则，那便是"同时交易"。同时交易原则是指在证券交易市场中可对整个市场交易的秩序或其他参与主体的交易理性产生影响的投资者，特别是机构投资者，在违反禁止内幕交易的规定下所做的交易行为给其他交易者带来损失的，其他交易者有权向其索赔。同时实行举证责任倒置，即由涉嫌内幕交易方证明自己没有进行内幕交易或其内幕交易与其他交易者损失没有因果关系方可免责。该机制的建立，在司法实践中大大降低了受侵害者的举证责任，令其在维权过程中胜诉的可能性大幅提高。同时，该规则通过加重机构投资者的举证责任，间接抑制了其在日常活动中实施侵权行为的动机，使其在股市交易中变为谨慎。在证券市场活跃的机构投资者，一般都是股市中势力较强、掌握信息较多、获利较高的股市参与者，与众多中小散户相比，其有着天生的优越感与强者地位。法律的终极目标之一就是追求一种动态的基于理性与秩序的相对正义，所以法律通常要对处于弱势地位的中小散户做出一定的倾向性保护，以此来平衡各方利益团体的力量，维护整个社会的公平正义。

上海市第二中级人民法院于2015 年9 月30 日对原告张某等8 名投资者诉光大证券股份有限公司证券、期货内幕交易责任纠纷案作出一审宣判，支持了张某等6 名投资者的全部或部分诉讼请求，6 名投资者分获2220 元到200 980 元的民事赔偿，同时，驳回了王某等两名投资者的诉讼请求。法院在认定侵权因果关系方面正是借鉴了上文介绍的"同时交易"制度。本案裁判也为今后此类案件的裁判提供了宝贵思路，具有重大的示范意义。但该判决也引发了进一步的追问：那些没能来到法院起诉的股民的权益到底该如何维护？

五、"集团诉讼"[1]与"胜诉酬金"制度的必要性及可行性

"无救济，则无权利。"关于如何化解众多中小散户分布零散且个体诉讼成本较高、维权艰难的困境，笔者建议我们不妨借鉴一下英美的集体诉讼制

---

［1］ 集团诉讼（class action）是指一个或数个代表人，为了集团成员全体的共同的利益，代表全体集团成员提起的诉讼。法院对集团所作的判决，不仅对直接参加诉讼的集团具有约束力，而且对那些没有参加诉讼的主体，甚至对那些没有预料到损害发生的相关主体，也具有适用效力。章武生："论群体性纠纷的解决机制—美国集团诉讼的分析和借鉴"，载《中国法学》2007 年第3 期，第22 页。

度和胜诉酬金制度。虽然 2002 年我国最高人民法院发布的《关于审理证券市场因虚假陈述引发的民事赔偿案件的若干规定》中就初步规定了针对证券市场的民事诉讼制度，但规定过于宽泛和操作障碍过多还是使得我国证券市场方面的民事诉讼困难重重。对于光大乌龙指事件中暴露出的众多小散户实际上的诉讼不力，笔者建议参考美国的集团诉讼制度。

集团诉讼制度始于英国，勃兴于美国，至今已走过了两百多年的历史，在英美运行已经较为成熟顺畅。该制度设计的核心考量是：众多单个受损利益较小或个人能量较弱，进而维权较难，但整体受损较大的社会群体却具有分散而强大的力量来寻求正义。关键在于建立一种有效的制度将分散的力量与诉求集结起来有效维权，对侵权者造成强大的压力，防止类似侵权事件的再度发生。在英美关于集团诉讼的司法实践中通常认为，整个集团存在相同的法律事实与请求权基础，初始的具名原告具有典型性，而由登记进入的其他原告能够证明其与具名原告的基本情况相同，集团诉讼的法律地位便可形成。接下来通过初始的具名原告或由整个集团选出的若干名代理人（被选举出来的代理人一般由此群体中受损利益相对最大、个人威信相对较高且名声较好、所受教育相对较高、有法律或金融方面理论储备或实践经验的若干个体组成）具体适用法律程序，参与诉讼过程。同时，这一化零为整的制度，也克服了各地管辖混乱，适用法律不一致，增加司法负担的缺陷，大幅节省了司法资源。

在委托律师方面，笔者建议我国也可借鉴英美的胜诉酬金制度。胜诉酬金制度是指诉讼集团内部众人依据自身的涉案金额，按比例分摊额外的胜诉奖励，以此来吸引优秀的律师，激发更为专注的工作热情，从而尽最大可能追求胜诉的结果发生。不过，在集团诉讼的判决结果是否适用于先前没有参加登记，但是事后以此判决要求对方执行判决事项这一问题上，笔者观点却与目前实践有所不同。美国的集团诉讼判决结果是可扩张于没有明示将自己排除于该利益集团的，但笔者认为这样会出现经济学中"搭便车"[1]的情况普遍发生，从而削弱了集团诉讼这一制度的正向激励，也使得侵权者的赔偿

---

[1] 搭便车理论首先由美国经济学家曼柯·奥尔逊于 1965 年发表的《集体行动的逻辑：公共利益和团体理论》（The Logic of Collective Action Public Goods and the Theory of Groups）一书中提出的。其基本含义是不付成本而坐享他人之利。赵鼎新："集体行动——搭便车理论与形式社会学方法"，载《社会学研究》2006 年第 1 期，第 2 页。

长时期处于不确定的状态。基于此，笔者建议暂不扩张为宜，除非该权利主张者有证据证明在限时公告登记期内有不可抗力等客观造成其不能参加诉讼的事由，否则当事人只能另行提起诉讼。

综上诉讼，若我国法律对股市异常交易的相关法律规定得以及早完善，在股市异常交易发生时有"取消交易"和"熔断机制"的预防、限制与纠正，在异常交易发生后有"同时交易"和"集团诉讼"制度的惩罚、补救与救济，则类似光大证券乌龙指一类的股市"乌龙"事件及其危害才将大幅减少和降低。

中国股市的法治化程度愈高，中国股市的正效应方可愈加凸显，中国股民的好日子方能"长长久久"。

私募股权基金治理结构相关问题研究

张 星*

作为一种新型的投资工具，私募股权投资在中国悄然兴起并迅猛发展。私募股权投资不仅仅为企业提供了融资支持，同时基于私募股权投资机构专业的财务管理和咨询水平而能够提升所投资公司的治理结构和管理水平。我国的私募股权基金从组织形式上看，可以分为三种形式，有限合伙制私募股权基金与公司制私募股权基金、信托制私募股权基金（也称契约制私募股权基金）。这三种组织形式的私募股权基金各有自己的特点、优势及不足，因此不同的投资者可能会选择各自认为向对自己最有利、最适合自己的组织形式的私募股权基金进行投资。

有限合伙制私募股权基金的治理结构存在一定的问题，比如有限合伙制私募股权基金作为股权有限公司发起人股东的合法性问题、计算股东人数的问题等等，通过研究相关法律规定，进而找出解决这些问题的思路，对于正在兴起私募股权投资热的我国来说，显然具有理论上和实践上的双重借鉴意义。

一、私募股权投资概述

（一）私募股权基金的内涵和基本特征

1. 私募股权基金的内涵。私募股权基金（Private Equity）有三种层次的内涵，其狭义的内涵是指对已形成一定规模的，并形成稳定现金流的成熟企

---

* 张星，北京东方广场有限公司法律事务主任，北京企业法治与发展研究会企业治理研究中心研究员。

业的股权投资基金，主要是指创业投资后期的私募股权投资部分；广义的内涵是指为非上市企业提供股权资本，包括企业首次公开发行（IPO）前各个阶段的股权投资，形式上包括创业投资、并购投资等；而最广义的内涵则不仅包括对非上市企业的股权投资，还包括其他形式，如基金中的基金（Fund of Funds，FOF）、不良债权投资、基础设施投资等。[1]

不过，在通常情况下，我们所知的私募股权基金是在上述第二种内涵（广义的内涵）上讲的，即笼统地说，私募股权基金是指"通过私募而不是像公众公开募集的形式获得资金，对非上市企业进行权益性投资"的基金。[2]

2. 私募股权基金的特征。结合私募股权基金的内涵，不难发现私募股权基金至少有如下几个特征：

第一，面向特定的少数人进行资金募集。私募，顾名思义就是"私下募集"，也就是所私募股权基金的资金来源是非公开的、向私人募集的，而不是像公募基金那样公开的、向非特定的人募集的资金。这是私募股权基金与公募基金之间最大的区别。当然，这是指传统意义上对"私募"的理解。最近几年来，"出于对流动性、透明度和募集资金来源的考虑，到公开市场上市的私募股权基金数量开始增加。"[3]

第二，基金的投资对象是非公开发行股票的企业的股权。私募股权基金的资金募集完成之后，就着眼于未上市的企业的股权投资。这就是私募股权基金的英文 Private Equity 中的"Private"的由来。"'Private'最初是从投资对象的角度强调其投资的是非公开上市的股权，是为了与投资于公开上市交易的证券相区别。"[4]

私募股权基金的投资对象定位为非上市的企业的原因是，私募股权基金最常见的退出方式是通过上市退出，而企业未上市前的原始股与上市后的流通股相比，股价往往翻了多倍，这是私募股权基金获利的最佳时机。一旦其

〔1〕 刘勇：《私募股权投资基金（PE）：中国模式及应用研究》，辽宁人民出版社2010年版，第41页。

〔2〕 潘启龙：《私募股权：投资实务与案例》，经济科学出版社2011年版，第4页。

〔3〕 刘勇：《私募股权投资基金（PE）：中国模式及应用研究》，辽宁人民出版社2010年版，第43页。

〔4〕 刘勇：《私募股权投资基金（PE）：中国模式及应用研究》，辽宁人民出版社2010年版，第39页。

通过二级市场购买上市公司的股票进行资本运作，不仅风险很大，而且获利的几率和金额往往少得多，不是私募股权基金的惯常盈利模式。

第三，私募股权基金主要通过退出获利。如上所述，私募股权基金投资于非上市企业与其盈利模式相关。私募股权基金投资获利的渠道主要包括其投资的企业年底的盈利分红以及退出时的资本增值收益。其中，私募股权基金退出获利是最重要的盈利手段。企业年底的盈利分红固然能够为私募股权基金带来一定的盈利，但是除非企业的业务大规模增长，否则其年底分红的金额相当于其投资的股权比例而言并不会太高，而通过退出获利往往可以实现财富的裂变，快速地实现私募股权基金投资的超值回报。"从投资收益上看，成功的投资项目可以获得几十倍甚至上百倍的利润。"[1]

当然，私募股权基金的这种高回报是与其投资项目的高风险分不开的，这种高风险的根本原因是"其投资对象是从事创新活动的企业，……风险包括产品开发的技术风险、资金投入后的管理风险以及未知的市场风险等。"[2]

第四，私募股权基金提供高附加值的增值服务。私募股权基金在为企业提供资金的同时，还为企业提供必要的协助和支持，如改善公司的治理结构、完善企业的发展战略和方向、加强政府部门的沟通、进行产业链的打造、扩展产品市场渠道等等一系列附加的增值服务，以促进所投资企业更好、更快的发展。私募股权基金这种提供"增值服务"的行为是私募股权基金不同于银行贷款、企业发行股票和债券等融资行为之处，也正是其魅力所在。

总体上讲，私募股权基金作为一种新兴投资工具，由于其具有以私募方式募集资金，向非上市企业进行股权投资并通过退出获利（特别是通过上市退出获得高额利润）的特点，成为了资本市场的一股重要力量。

二、私募股权基金的组织形式分析

我国的私募股权基金从组织形式上看，可以分为三种形式，有限合伙制私募股权基金、公司制私募股权基金、信托制私募股权基金（也称契约制私

---

[1] 杨金梅：《解构私募—私募股权投资基金委托代理问题研究》，中国金融出版社 2009 年版，第 9 页。

[2] 杨金梅：《解构私募—私募股权投资基金委托代理问题研究》，中国金融出版社 2009 年版，第 8 页。

募股权基金）。这三种组织形式的私募股权基金各有自己的特点、优势及不足，因此不同的投资者可能会选择各自认为向对自己最有利、最适合自己的组织形式的私募股权基金进行投资。

有限合伙制私募股权投资基金的组织形式是有限合伙企业，公司制私募股权基金的组织形式是有限责任公司和股份有限公司，而信托制私募股权基金则是以信托的形式存在的。有限合伙制私募股权投资基金与公司制私募股权基金、信托制私募股权基金的区别如下：

第一，企业治理结构不同。有限合伙制私募股权基金采用的是有限合伙企业的组织形式，由普通合伙人执行合伙事务，而有限合伙人不执行合伙事务，不得对外代表有限合伙企业。因此，有限合伙制私募股权基金中的投资人即合伙人中的有限合伙人与普通合伙人之间的分工并不相同。有限合伙制私募股权基金内部一般设置投资决策委员会（或类似机构）和合伙人会议两个层面的机构。"有限合伙制解决治理问题，防范风险，发挥了专家优势"。[1]

公司制私募股权基金采用的是公司制，无论其采用有限责任公司的形式还是股份有限公司的形式，公司制私募股权基金的投资人大会即股东会或股东大会为公司的最高权力机构。此外，公司制私募股权基金还需要按照我国《公司法》的要求设置董事会或执行董事以及监事会或执行监事等组织机构。应该说，在这三种组织形式的私募股权基金中，公司制私募股权基金的治理结构是最完善和规范的，对投资人的利益也往往是最有保障的。

信托制私募股权基金实质上是投资人与信托公司之间建立的一种契约关系，在投资人将资金交付给信托公司之后，信托公司提供一种集合的信托计划实现对外的股权投资，实际上投资人和信托公司之间并非如有限合伙制私募股权基金的那种合伙人与合伙企业之间的关系，也不是公司制私募股权基金的那种股东与公司之间的关系，而是简单的委托与被委托的关系，其将资金交付给信托公司管理和运营，而信托制私募股权基金也并非一种法人实体，而是一种契约关系。信托公司通过受托人投资决策委员会（或类似机构）对信托资金进行投资管理。

第二，是否双重征税。有限合伙制私募股权基金最大的优势就是其能够

---

〔1〕 刘勇：《私募股权投资基金（PE）：中国模式及应用研究》，辽宁人民出版社 2010 年版，第 52 页。

避免双重征税。根据我国税法的有关规定，合伙企业只在合伙人层面征税，合伙企业本身免税。因此，有限合伙制私募股权基金的盈利所得在其分配给合伙人时需要由合伙人纳税，而私募股权基金本身不需要缴税。公司制私募股权基金则不是这样，在其盈利后就需要在公司层面纳税（企业所得税），而其将盈利所得分配给股东后，股东需要再次纳税（个人所得税），这无疑增加了私募股权基金投资人的税负。当然，上述双重征税的问题主要发生在自然人股东身上。根据我国《企业所得税法》的规定，企业之间的股息、红利等权益性投资收益为免税收入，因此如果公司制私募股权基金的法人股东获得私募股权基金分配的红利后，是不需要纳税的。

信托制私募股权基金的税收政策与有限合伙制私募股权基金类似，由于其通过信托公司对外投资，其获得的投资收益在信托环节免税，而在投资人环节征税，其将信托公司将信托计划的盈利分配给投资人时，投资人需要缴纳税款。

第三，投资人所承担的责任是有限责任还是无限责任。有限合伙制私募股权基金的投资人是承担有限责任还是无限责任，要根据其投资人的身份而定。如果投资人是有限合伙人，则其承担的是有限责任，而如果投资人是普通合伙人，则其承担的是无限责任。

公司制私募股权基金的投资人以其出资额为限，承担的是有限责任。这是公司制私募股权基金相对于有限合伙制私募股权基金有优势的地方，至少任何投资人都不用承担无限责任。不过，如果从另外一个角度看，也许有限合伙制私募股权基金更有优势。原因在于，有限合伙制私募股权基金的普通合伙人负责执行合伙事务，由其承担无限责任，能够促使其尽力地履行自己的职责，努力为私募股权基金运作好的投资项目并取得盈利，这对有限合伙人更为有利，其将私募股权基金委托给普通合伙人管理则更为放心。

信托制私募股权基金的投资人只是将资金委托给信托公司，以集合股权投资计划的形式开展对外股权投资，因此投资人承担的是有限责任，以其出资额为限。

第四，投资人是否参与投资决策和管理。有限合伙制私募股权基金的投资人中的普通合伙人有权通过投资决策委员会等形式进行投资决策，而有限合伙人则不能进行投资决策和日常事务管理，只能通过合伙人会议对入伙、退伙、清算等事宜进行决议。

公司制私募股权基金的股东组成的股东会或股东大会是公司的最高权力机构，有权进行投资决策，而日常事务的管理则交给董事（会）和总经理执行。

信托制私募股权基金的投资人将资金交付给信托公司之后并不能参与其投资决策，信托公司获得投资人的资金后自行组织受托人投资决策委员会进行投资决策。

第五，投资决策的效率不同。由于这三种组织形式的私募股权基金采用的治理结构不同，其投资决策的效率也有所不同。有限合伙制私募股权基金采用的是由普通合伙人组成的投资决策委员会进行投资决策，其投资决策的效率往往比较高，而公司制的私募股权基金需要召开股东会或股东大会进行投资决策，程序相对比较繁杂，效率比较低。信托制私募股权基金的投资决策效率与有限合伙制私募股权基金的投资决策效率比较类似，由专业人士组成的投资决策委员会往往带来高效的投资决策效率。

在实际情况中，有限合伙制私募股权基金的普通合伙人也有可能会参与投资决策，究其原因，有限合伙人对普通合伙人的不信任往往是重要因素之一，而不信任也往往与普通合伙人的诚信相关。"私募股权市场对有限合伙制本身的优势也给予了认可，但是公司制依然是我国私募股权投资基金的主要组织形式。合伙人的诚信依然是我国私募股权投资基金的最大劣势。"[1]但是，有限合伙制私募股权基金的有限合伙人参与投资决策，会抑制普通合伙人工作的积极性和创造力。

有限合伙制、公司制和信托制私募股权基金中，并没有哪种组织形式的私募股权基金是最好的，三者各有各的优势和不足，对于投资人而言，只有选择最适合自己的私募股权基金才是最理性的选择。

三、有限合伙制私募股权基金的治理结构问题

有限合伙制作为一种新的合伙形式，在法律上得到确认源于 2006 年的《合伙企业法》修订后规定了"有限合伙"这种合伙形式，有限合伙制私募股权基金因而作为一种新的私募股权基金的存在形式出现。由于有限合伙制私募股权基金出现和发展的时间并不长，其治理结构也存在一些法律障碍和

---

〔1〕 潘从文：《私募股权基金治理理论与实务》，企业管理出版社 2011 年版，第 171 页。

问题，这些法律障碍和问题至少包括以下几个方面：

（一）作为股份有限公司发起人股东的资格问题

有限合伙制私募股权基金要想通过其投资的企业上市而退出，首先要经过的步骤是其所投资的公司由有限责任公司变更为股份有限公司，有限责任公司的股东变更为股份有限责任公司的股东，但是这一变更需要进行变更登记，获得法律的认可。我国《公司法》第93条规定了股份有限公司需要向公司登记机关报送下列文件，申请设立登记：……（六）发起人的法人资格证明或者自然人身份证明；……"这就意味着，股份有限公司发起人股东的资格应当是"法人"或"自然人"，否则就可能因为无法提供法人资格证明或自然人身份证明而无法成为发起人股东。但是，根据《民法通则》第36条的定义，法人是具有民事权利能力和民事行为能力，依法独立享有民事权利和承担民事义务的组织，显然合伙企业（包括有限合伙制私募股权基金）不是法人，因为其无法独立承担民事义务和责任，而独立承担民事义务和责任是法人的特征之一，这就使得有限合伙制私募股权基金因为无法提供法人资格证明而丧失了作为发起人股东的资格，显然不利于有限合伙制私募股权基金的运作。

有限合伙制私募股权基金作为发起人股东对于其实现私募股权基金的投资目的至关重要，原因无他，由于股份有限公司存在溢价发行股份的情况，作为发起人股东，相对于非发起人股东，其可以以相对少的资本获得同等的股份，以符合私募股权基金"小投资、大回报"的特点。与此同时，私募股权基金往往是在拟投资企业的资金实力相对比较弱，即拟投资企业处在有限责任公司的状态时加入该企业，那么私募股权基金在该公司整体变更为股份有限公司时也应当成为该股份有限公司的股东，否则私募股权基金之前的努力就会付之东流。由此可见，解决有限合伙制私募股权基金作为股份有限公司发起人股东的资格问题的困扰对于实现私募股权基金的投资目的至关重要。对于如何解决这一问题，笔者将在下一章中进行详细论述。

（二）作为股份有限公司股东的人数计算问题

上文已经提到，为了实现私募股权基金获得高额回报的投资目的，私募股权基金往往需要作为拟投资企业变更为股份有限公司的发起人股东，以便在其能够以相对低的价格购买公司股份，从而在退出时能够取得比较高的差额利润。

但是，根据我国《公司法》第78条的规定，设立股份有限公司，应当有二人以上二百人以下为发起人。那么问题是，在计算股东人数时，是将私募股权基金作为一个发起人股东来认定，还是以私募股权基金的合伙人的人数来认定？法律对此并未作出明确规定。相关立法在此问题上的缺失导致了私募股权基金在投资到一家有限责任公司并在随后变更为股份有限公司时在计算股东人数的问题上遇到了困惑。

显然，我们不能忽略这一问题，否则将会导致工商行政部门在实践操作中的混乱和不一致，有损于法律的权威性。笔者将在第四章从合伙企业本身以及私募股权基金的特点出发提出解决这一问题的建议。

四、有限合伙制私募股权基金的治理结构的法律完善

笔者在上一章中提到，由于有限合伙制私募股权基金出现和发展的时间并不长，其治理结构存在一些法律障碍和问题。只有挖掘这些法律障碍和问题并通过立法、司法解释等方式予以解决，才能够疏通有限合伙制私募股权基金的治理结构，鼓励和促进有限合伙制私募股权基金的发展。

（一）赋予有限合伙制私募股权基金发起人股东资格

由于《公司法》和《民法通则》相关规定存在的瑕疵，有限合伙制私募股权基金因为无法提供法人资格证明而丧失了作为发起人股东的资格，困扰着私募股权基金实现其投资目的的。针对这一问题，笔者建议，赋予有限合伙制私募股权基金发起人股东资格可以消除这一问题。

如上文所述，由于《公司法》第92条关于发起人股东资格证明的要求，有限合伙制私募股权基金无法提供法人资格证明或自然人身份证明而无缘成为发起人股东。为了鼓励有限合伙制私募股权基金积极投资非上市企业，特别是有限责任公司，应当赋予有限合伙制私募股权基金的发起人股东资格，对《公司法》第92条关于发起人股东资格问题应当进行相应修改为"（六）发起人的主体资格证明。"

（二）按照有限合伙制私募股权基金的合伙人人数确定股东的人数

上文已经提到，在计算股份有限公司的股东人数时，法律并未明确规定将私募股权基金作为一个发起人股东来认定，还是以私募股权基金的合伙人的人数来认定，导致了工商行政机关在认定股东人数上的混乱，笔者认为，有限合伙制私募股权基金应当按照其合伙人的人数确定股东人数，而不应当

将私募股权基金作为一个股东对待。

根据《合伙企业法》第 61 条的规定，有限合伙企业由 2 人以上 50 人以下的合伙人组成，即有限合伙企业是一种人的集合体，具有"人合"的特点。如果将私募股权基金作为一个发起人认定，这就意味着为了规避《公司法》关于 200 以下的发起人的规定，可以通过成为私募股权基金的合伙人而间接投资于该股份有限公司，从而使得实质性的发起人可以达到 1 万人（200 × 50），这显然不符合股权有限公司限制股东人数的初衷。同时，这种做法也容易导致委托持股、员工持股等隐蔽性投资的行为。

有限合伙制私募股权基金的合伙人存在一定的隐秘性特征，原因在于，私募基金合伙人往往不希望自己的身份、对基金投入的份额、基金投入动向等信息公开。因此，从有限合伙制私募股权基金的合伙人的角度，其肯定愿意将该私募股权基金作为一个股东来认定。

与此同时，有限合伙制私募股权基金具有一定的穿透性。由于有限合伙制私募股权基金的"人合"性，以及其对外承担责任的不彻底性，无法将其与合伙人之间的关系像如同公司那样与其股东那样割裂的彻底，这就意味着，有限合伙制私募股权基金作为一种有限合伙企业，其无法保持自身的独立性，一旦发生任何债务，往往需要穿透其表面，深入到其合伙人层面，根据合伙人的性质（有限合伙人还是普通合伙人）分别承担相应的债务。

有限合伙制私募股权基金的隐蔽性和穿透性是相互矛盾的，隐蔽性是有限合伙制私募股权基金的合伙人的需求，而穿透性则是其私募股权基金的本质，因此，考虑到私募股权基金的穿透性，在计算股份有限公司的股东人数时，有限合伙制私募股权基金应当按照其合伙人的人数确定总人数，而不应当将私募股权基金作为一个股东对待，否则就可能导致投资人利用私募股权基金的外壳规避《公司法》对股权有限公司股权限制的规定。

民间借贷法律边界的认定标准

王亦平[*]

一、民间借贷的概念和特征

民间借贷，是指金融机构以外的自然人、法人、其他组织之间及其相互之间进行资金融通的行为。它具有以下法律特征：

1. 民间借贷法律关系的主体是自然人、非金融机构法人和其他组织。在商事借贷或金融借贷中，借贷关系的主体至少有一方是金融机构。而民间借贷的主体则是金融机构之外的其他民事主体。根据 2015 年 6 月 23 日最高人民法院公布的《关于审理民间借贷案件适用法律若干问题的规定》第 1 条的规定，公民之间的借贷纠纷，公民与非金融机构法人之间的借贷纠纷，公民与其他组织之间的借贷纠纷，非金融机构法人、组织之间的借贷纠纷都属于民间借贷纠纷。

2. 民间借贷既可以是有偿的，也可以是无偿的。商业借贷必定是有偿的。而民间借贷则基于借贷双方的不同关系或对借款的不同用途，使得某一笔借款既可能是无偿的，也可能是有偿的。比如，至亲好友之间的借贷，或为消费而进行的借贷，可能会是无偿的；而普通熟人之间的借贷，或生意上的借贷，则可能是有偿的。当然，这仅仅是一般情理上的划分，实际上，民间借贷有偿性和无偿性的界定并没有统一的标准，亲朋好友之间的借贷或消费性借贷可能是有偿的，而普通熟人之间的借贷或经营性的借贷在某些情况下也有可能是无偿的。

---

* 王亦平，北京工商大学法学院教授。

3. 民间借贷的方式由当事人约定。商业性借贷涉及的内容较为复杂，如果贷款人和借款人不以某种方式将其约定的内容记录下来，一旦发生纠纷则难以确定各自的责任，因此，法律明确规定要求其采用要式行为达成合约。《商业银行法》第 37 条规定："商业银行贷款，应当与借款人订立书面合同。"而民间借贷则既可以采用口头方式，也可以采用书面方式，具体采用何种方式，则取决于双方当事人的意思表示，法律对此无须作出限制性规定。但为了有效保护自身的合法权益，当事人最好采用书面形式，因为根据最高人民法院的规定，对于既无书面借据，又不能提供必要的事实根据的起诉案件，人民法院将不予受理。

4. 民间借贷法律关系的成立以交付借款为要件。在民间借贷中，借贷双方就借贷事项形成合意后，并不意味着该合同已经成立，只有在出借人将钱款交付给借款人后，该借贷法律关系才能成立。民间借贷具有方便灵活的特点，对于实践中大量存在的口头约定的借款合同，如果按照诺成性合同的规则来处理，则并无太大的实际意义。另外，民间借贷作为临时性、非营利性的借贷具有相当的随意性，当事人可能会因为各种原因而经常改变主意，倘若一定要严格按照诺成性合同来对待，反而会抑制民间借贷的发展，使其失去本来的面目。法国、德国、日本等多数国家的民事立法，均将消费性借贷合同规定为要物合同。当然，如果民间借贷合同当事人另有约定，则应按其约定。

二、企业以借款名义为集资行为的性质认定

最高人民法院在《关于如何确认公民与企业之间借贷行为效力问题的批复》（法释［1999］3 号）中指出："公民与非金融企业（以下简称企业）之间的借贷属于民间借贷，只要双方当事人意思表示真实即可认定有效。但是，具有下列情形之一的，应当认定无效：①企业以借贷名义向职工非法集资；②企业以借贷名义非法向社会集资；③企业以借贷名义向社会公众发放贷款；④其他违反法律、行政法规的行为。"从上述规定可以看出，企业只要不是非法集资即可向本企业职工或社会公众借款。事实上，企业向自己的职工或企业之外的其他公民借款用于生产经营是很常见的事情。最高人民法院的这一批复，既承认了企业与公民之间经营性借贷的客观存在，又强调了对民间借贷可能对金融市场形成冲击的严格管束。然而，什么是"以借贷名义向职工

非法集资"？什么又是"以借贷名义非法向社会集资"呢？"借款"和"集资"究竟有何区别？判定其合法与非法的标准到底是什么？实践中，由于对企业与公民之间的"合法借贷"与"非法集资"的界线搞不清楚，因此，当事人之间一旦因借款到期不能归还引发纠纷而诉至法院后就经常发生令当事人难以信服的判决，甚至将民事纠纷当作刑事案件进行处理。所以，现行法律或行政法规有必要对企业与公民之间的这种模糊借贷行为进行明确的界定。

对于企业与其职工或社会公众融资行为的性质，我们可以从以下几个方面进行认定：

（一）借贷双方签订的借款协议是否系自愿达成

企业在生产经营过程中，为了解决临时性资金短缺的问题，在无其他融资渠道的情况下，有可能转向本企业职工借取款项，筹集资金。在这种借贷关系中，由于双方当事人处于一种事实上的不平等地位，因此，作为借款方的企业有可能利用自己的优势地位以"签订合同"为幌子，强迫职工出借款项，甚至直接从职工工资中扣取所谓的"借款"，职工恐于被企业开除而往往不得不违心地签下借款合同。对于这种以胁迫方式订立的合同，由于其违反了《合同法》第52条的相关规定，因此，应认定其为非法集资。

实践中的问题是，一旦引发纠纷、诉至法院时，审判人员面对"借款合同"，应如何认定该借款合同当事人的"意思表示"一致？在合同无效的情况下又如何维护职工的合法权益？笔者认为，在这类借款合同是否违背职工的意志问题上，应从以下几个方面进行判断：一是该借款是否直接从职工的工资中扣划的？如果是直接从职工工资中扣划的，应认定该借款合同未体现出借人的真实意志。因为从我国的劳资关系讲，职工明显处于弱势的地位，在劳动力市场处于相对饱和状态的今天，对于普通百姓来说，谋得一份工作实属不易，因此，在企业直接从职工工资中强扣借款时，大多数人都不会公然抗拒，在这种情况下形成的借贷关系，一般都带有强迫的性质，所以，一旦涉诉，应认定该合同无效。二是企业通过发文，以科室或车间、班级为单位有组织地进行的借贷行为，应认定无效。通过发文动员的方式向职工借贷，本身就有行政命令的含义在里边，再通过各科室、车间、班组进行有组织的借贷，更渗透有直接的人身依附关系，这种借贷方式比直接扣划工资的借贷方式对人的精神压制更大，它使得非法的借贷活动更为隐秘，更具有外观的合法性，因而，一旦涉诉，同样应认定该合同无效。

对于认定无效的合同，应判令借款企业返还职工的本金及银行同期存款利率。同时，应对借款企业处以银行同期贷款利率两倍以上的罚款；如果借款企业是国有企业或集体企业，则除对企业进行处罚外，还应通过该企业的主管部门，对企业的法人代表及相关管理人员进行行政处罚，以遏制企业的非法借贷行为。

（二）企业是否以公告的形式向外部不特定的主体筹集资金

根据我国对债券管理的法律规定，企业向社会公众发行债券、募集资金，必须报经政府有关部门的批准，依照一定的程序进行。企业以借贷名义向社会集资，只要是以公告方式向不特定的社会公众筹集的，就应视为构成"非法向社会集资"，因为以公告的方式向不特定的社会公众集资牵扯的人数较多，范围较大，通常募集的资金数额庞大，如果对借款人的资质不进行审查，任其随意筹资，就有可能因到期不能偿还债务而引发严重的社会问题，这在我国已有深刻的教训。因此，凡是对于未经审批而以公告的方式向不特定的社会公众募集资金的，都应认定其为"以借贷名义非法向社会集资"的行为，属无效合同，对于这类非法的借贷行为，因其社会危害性较大，所以，通常应对其组织者给以刑事处罚，以杜绝这类非法集资行为。

（三）企业借款的用途是否符合国家的产业政策

无论企业是向本单位职工借贷，还是向企业外部的社会公众借贷，如果其借贷的款项用途不符合国家的产业政策，则应认定该项借款为非法集资。只要违反国家的产业政策，就应认定其无效。借款企业应向出借人返还借款本金和银行同期贷款的利率，同时对借款企业的相关责任人员给以一定的行政处罚或刑事处罚。

三、对企业之间借款合同效力的分析

值得注意的是，最高人民法院关于民间借贷的最新司法解释中对法人主体的范围未作明确的限定。现实中的问题是，中央和地方国有企业之间的借贷，是否属于民间借贷？在中国注册登记的外资企业法人、合资企业法人及其分支机构之间的借贷是否属于民间借贷？名为公益性事业法人，实为营利性企业法人的民办高校，民办医院，民办养老院，民办幼儿园等法人之间的借贷是否属于民间借贷？上述所有法人之间以及他们与自然人之间的借贷是否属于民间借贷？

民间借贷是一把双刃剑，这一点在非金融企业法人及法人与自然人之间的借贷中表现尤为明显。一方面，在银行资金不能满足企业需求的情况下，企业之间的借贷由于数量较大，所以能够有效地填补银行资金的缺口，化解企业资金匮乏与发展生产的矛盾；另一方面，由于企业之间的借贷不在国家金融统计和货币政策的控制范围之内，因此，对国家货币政策的制定和的调控干扰较大，影响了国家产业政策的正确制定。

对于企业之间借款合同效力问题的认定，法学界和实务界一直有两种不同的观点。主导的观点认为，企业间借贷是资金的体外循环，不利于银行统一调配使用资金，对这类借款合同应无条件地宣布其无效。其理由是该类借款合同违反了国家金融管理规定。1981 年 1 月，国务院《关于切实加强信贷管理严格控制货币发行的决定》第 5 条规定："一切信贷活动必须由银行统一办理，任何地方和单位不许自办金融机构，不许办理存贷款业务……"。1981 年 8 月，中国人民银行发布的《关于加强工商信贷管理的若干规定》第 10 条规定："根据国务院重申信用集中于银行的原则，企业之间不得相互借贷"。1996 年 6 月，中国人民银行发布的《贷款通则》第 61 条规定："各级行政部门和企事业单位、供销合作社等合作经济组织、农村合作基金会和其他基金会，不得经营存贷款等金融业务。企业之间不得违反国家规定办理借贷或者变相借贷融资业务。"根据上述金融法规的规定，应确认企业间的借贷合同无效。另一种观点认为，在市场经济体制已经确立的今天，企业间的相互借贷有其存在的社会基础和经济条件，有利于筹集社会闲散资金，用于发展生产，以弥补银行资金的不足，同时也有利于引进竞争机制，促进金融体制的改革。因此，对企业间借贷合同的效力应具体情况具体分析，既不能简单地肯定，也不宜一味地否定。

我们这里讲的企业借贷是指企业之间的私相借贷，而不包括企业通过银行进行的委托借贷，因为以银行为中介的委托贷款是现行金融法规允许的。非金融企业尽管有这种合法的融资渠道，但他们并不愿意通过这种渠道进行借贷，一是因为委托银行进行借贷要向其支付一定的代理费，这无形中增加了企业之间的借贷成本；二是银行对资金运行的风险控制能力尚未达到应有的水平，企业委托其贷款仅仅是在形式上办一下手续，银行对委托企业出借资金的风险控制并不能给予实质性的帮助，最终的风险仍要由委托企业自己来承担，因此，企业之间更愿意撇开银行直接进行借贷。在现实经济生活中，只要银行的资金不能满足企业的需求，企业之间的借贷就难以避免。如果我们对其采取一刀切的做法，一律认定其为无效合同，则不利于广大的中小企业的成长发展，甚至有可能使其陷入绝境，造成对社会生产力的人为破坏。鉴于此，我们应在拓宽企业间的融资渠道与避免冲击国家金融秩序之间寻找一个平衡点，以更好地适应我国经济发展的现状。

实践中，我们应从以下几个方面对企业之间借贷行为的合法性进行把握：

（1）对企业之间以固定资产投资为目的的借款合同应认定无效。固定资产投资一般数额较大、周期较长、风险较高，如果对其不加严格控制，容易削弱国家对宏观经济的调控能力，扭曲国家的产业政策，冲击国家的货币政策。因此，对企业间的投资性借贷行为应予以完全的禁止。

（2）对企业之间经常性的、数额较大的借款行为应认定无效。企业之间的借贷即使借贷的资金用于生产经营，但如果成为经常性、高额度、高利息的借贷行为，实际上已经超出了其经营范围，从事了金融放贷业务，这种行为一旦常态化则会对国家的金融秩序形成一定的冲击，这是毋庸讳言的。之所以允许其在一定范围内有限度地存在，主要是考虑到它能够在银行信贷资金不足或国家采取收紧银根的政策时，为中小企业提供一种有效的融资渠道，不至于因为资金短缺而使其陷入生存危机，也就是说，国家要牺牲一定的金融调控能力，以换取对中小企业间相互融资的支持。但是，如果企业经常性地进行巨额资金借贷，势必会使其偶尔性的借贷行为变成经常性的经营行为，最终导致其消极作用大于正面影响。在利弊平衡点向弊端一方倾斜的时候，国家当然就不应再任其发展下去，所以，企业之间在相互借贷时，一定要把量控制好。一般来说，借贷的数额以借款企业一次性临时周转资金所需数额的一半为限，一个财务年度不超过两次，否则，就视其为无效借贷行为。

（3）对国有企业之间的借贷行为应认定无效。国有企业的改制尚在进行中，作为独立的市场经济运行主体，其内在治理结构尚未有效建立，在这种情况下，如果允许其相互借贷，特别是与其他非公有制性质的企业相互借贷，则意味着为国有资产的流失又拓宽了一个渠道。退一步讲，将来即使国有企业改制成功了，但作为政府的企业，就其性质而言不应介入到竞争性行业中来，而应以公共服务产品为其经营对象，在这种情况下，其营运资金可以纳入到国家金融政策调控的范围之内，因而也无须进行企业间的借贷，所以，对国有企业之间的借贷行为应认定为无效。

考虑到企业之间的借贷对国家宏观经济政策的不利影响，在实际操作中，我们可以通过一定方式将其不利影响降到最低点：一是对企业之间的借贷行为实行登记制度。凡是企业与企业之间发生借贷关系的，应签订书面借款合同，并在交付借款后，持合同到借款企业所在地的人民银行进行登记备案，以将企业之间的私相借贷纳入到中央银行金融统计的管理范围之内，便于国家对金融的宏观管理。如果借贷企业未到人民银行进行登记备案，则对其利益不予保护，并处以相应的罚款。但中国人民银行不应对其贷款投向等企业行为进行干预。二是对企业借贷的次数和总量进行控制。我们可以通过制定法规将企业间在一定财政年度的借贷次数和额度确定一个幅度范围，在这个幅度范围之内，由中国人民银行根据国家宏观经济的总体形势和规划，结合本地的具体情况进行适当的调配，这样，既可满足企业的资金需求，同时又不会对国家金融管理形成冲击。

四、对有组织的民间借贷行为的认定及处理

有组织的民间借贷在我国由来已久。改革开放以来，在浙江、福建、河北、宁夏等地出现了"标会"、"经互会"、"储金会"、"股金会"等名目繁多的各种民间经济互助组织。最近几年，在河南、山西、甚至北京等多地，一些民间资本以投资公司的名义，通过工商注册登记，名正言顺、大张旗鼓地以合法的身份进入了融资市场，有些组织的规模甚至超过了某些基层信用社和地方商业银行。目前虽然有许多此类投资公司正被查办处理，但从众多投资人追偿债务的情况看很不乐观。中国的现实情况是各类有组织的民间借贷已经泛滥成灾，如果不对法人之间的借贷、法人对自然人之间的借贷进行严格控制的话，必将会酝酿出更大的社会动荡和混乱。为此，全国人大应就民间借贷制定一个统一的法律规范。

对于未经审批而擅自开展储蓄和贷款业务的这类民间金融机构，当然应认定其为非法的金融机构，并给以严厉的打击，国务院于1998年7月发布的《非法金融机构和非法金融业务活动取缔办法》对此已有明确的规定。但有学者对此持有不同的观点，他们认为，"'经互会'是民间借贷关系的桥梁，有储有贷是'经互会'生存的必然条件，允许民间借贷关系存在，就必须允许'经互会'存在。同样，合法的借贷关系受到法律保护，'经互会'在不违反国家法律政策的前提下也应受到法律保护。因为'经互会'成员之间的会金

往来实质也是一种借贷关系。"

笔者认为，只要以组织形式出现的民间借贷，无论其是否涉及到赌博和高利贷，都应认定其为违法活动。理由是：第一，有组织的民间借贷活动具有经常性的特点。无论何种民间经济互助组织，它都必须从会员中吸纳一定的资金，形成其运作的"会金"。然后再向其会员或其他第三人贷放出去，以解决会员的生活或生产之需。这其中，资金进进出出，形成了一种经常性的活动。民间借贷本身是一种零散的、应急的、临时性的活动，如果形成了有组织的活动，势必会对国家正常的金融秩序形成严重干扰，因此，只要是有组织的经常性的金融活动，就必须纳入到国家的管理中来，依照法定条件和程序，经过审批之后，才能确立其合法的身份，否则，就是违法。第二，有组织的民间借贷活动具有高风险的特点。民间金融组织成员入会多以盈利为目的。对于持有闲散资金的入会者来说，其交纳会金的目的是为了获取高额的利息；而对于缺乏资金的入会者来说，其入会的目的是为了利用他人的闲散资金，通过经营获取收益。比如 2004 年 6 月发生大规模崩盘的福安标会就是这样运作的：会头（发起人）负责召集会脚（会员），在第一个月，每个会脚要向会头交纳 600 元的会金，其中的一半交给会头免费使用，作为对会头筹集会金、组织竞标、追缴会钱的回报，另一半则拿来竞标。出的利息最高的会脚可以将这一半会金拿去使用，但从下一个月开始，他每个月都必须交纳一定数额会金。这样的竞标每个月都要进行一次，一直到所有的会脚都轮遍。这种标会的便利之处是：急需用钱的会员可以通过标会取得一笔现钱，而不用到处举债，然后在剩余的时间里分期还款；没有标到钱的人则可以赚取他人竞标时出的利息。因此，这种标会就在街坊邻里、亲朋好友之间广泛发展起来。标会的形式非常灵活，凑够十人就可以做会，持有 30 元、50 元都可以入会，参加了这个会还可以加那个会，完全视个人手中持有的现金量和需要来定。又因为各个标会的利率高低不同，所以又出现了小会入大会、大会套小会的盘根错节的复杂资金链条，一旦某个环节出现问题，"倒会"崩盘是必然的。鉴于民间金融机构缺乏有效的风险控制能力，因此，"倒会"也就成为必然。第三，有组织的民间借贷活动必然会引发严重的社会治安问题。这种缺乏监管的民间金融组织主要靠个人的信用进行运转。由于我国目前面临普遍的信用危机，所以，靠个人信用维持的民间金融活动很难持久地发展下去，实际生活中，常常因为会头的大肆挥霍、会脚透标、携款潜逃等原因引发一系列的社会治安案件甚或刑事案件。

对于有组织的民间借贷活动，我们应采取以下措施予以处理：

（1）对组织设立非法民间借贷机构的组织者一律给以刑事处罚，并没收其非法所得。国务院在1998年7月发布《非法金融机构和非法金融业务活动取缔办法》第22条规定："设立非法金融机构或从事非法金融业务活动，构成犯罪的，依法追究刑事责任；尚不构成犯罪的，由中国人民银行没收非法所得，并处非法所得1倍以上5倍以下的罚款；没有非法所得的，处10万元以上50万元以下的罚款。"上述规定由于未能明确界定在何种情况下设立非法金融机构构成犯罪，在何种情况下不构成犯罪，因而，在实践中很难对非法从事金融活动的行为进行有效的打击。有组织的非法金融活动之所以屡打不禁，延续至今，关键在于组织者无须为其违法行为付出太大的成本。而这种行为一旦蔓延开来，对社会经济秩序的危害是显而易见的，因此，只要有人非法组织、设立民间金融机构，就应认定其为犯罪行为，对其进行严厉的刑事制裁。

（2）由地方人民政府组织专门的机构，依照一定的程序统一负责清理债权债务。我国现行的法规在处理民间金融机构的债权债务问题上，规定"由从事非法金融业务活动的机构负责清理清退。非法金融机构一经中国人民银行宣布取缔，有批准部门、主管单位或者组建单位的，由批准部门、主管单位或者组建单位负责组织清理清退债权债务；没有批准部门、主管单位或者组建单位的，由所在地的地方人民政府负责组织清理清退债权债务。"上述规定将处理由非法民间借贷形成的债权债务的权力首先赋予了从事非法金融业务活动的机构。这种处理方式极易导致债权人的债权不能平等地受偿，甚或会造成非法吸纳的资金被隐匿或转移，使债权人的债权完全落空，引发更大的社会冲突。为避免这种情况的发生，我们应对非法的民间金融组织采取迅速的处置措施，即一经发现，则立即对组织者进行拘押，并对其资产、钱款进行扣押和冻结，以防止其转移资金或私分钱款。与此同时，地方政府应迅速着手成立专门的机构，直接负责对有关的债权债务进行清理，以减少社会的震荡。

（3）对于从事非法金融活动的一般参与者给以一定的经济处罚。按照我们现行的规定，参与者的债权应由相关机构负责清退，如果由于资金不能追回而未能满足债权人的债权，则这些因参与非法金融业务活动而受到的损失，由参与者自行承担。上述规定意味着非法民间借贷的债权人的债权是受到法律保护的，只是对于未能追回的部分损失由自己承担，这实际上与一般债权在法律的保护上没有什么区别。也就是说，对于从事非法金融借贷活动的普通参与者，法律并没有给他们以相应的处罚，现实的效果是认可或纵容了他们的违法行为，只要有机会，他们还会为了高额的利润去参与这种非法借贷活动。所以，我们除了通过宣传教育让人们知道参与这种有组织的民间借贷活动是违法的之外，还要在具体的处置中对这些非法参与者进行一定的处罚，让他们对自己的非法行为付出一定的成本或代价，这样才能对他们起到警示作用，使有组织的违法民间借贷活动得到遏制。

另外，在民间借贷的利率上，最高人民法院民间借贷司法解释第 26 条作了 24% 的有效线和 36% 的无效线的规定。其依据的年利率应该是中国人民银行的基准利率。但这个规定与央行利率市场化改革是相逆的。为了把人民币推向国际市场，使人民币国际化，央行已取消了商业银行贷款利率的上限，只有下限规定。商业化借贷都不再限定利率高限，民间借贷又何必机械地作此一刀切的限制性规定呢？君不见，许多上市公司年报披露的业绩盈利经常会高出往年上百倍、几百倍，企业都不在乎这点利息，立法者何须操此心？只要双方当事人意思表示一致即可。至于一方事后反悔，也得提出合同法上的依据和理由，而不是依据该司法解释的人为限定尺度一否了之。此规定很容易让急需用钱的当事人钻法律的空子。

从根本上讲，要解决非法民间借贷问题，一是要从法律上明确界定合法与非法的边界，使法律具有明确的可操作性；二是要加大对非法民间借贷的打击力度，对非法参与民间借贷的行为不予法律上的保护；三是进一步有序地对民间资本开放金融借贷市场，通过有效的市场疏导，调整民间资本的合理流向；四是强化配套的金融监管手段，杜绝可能发生的各种隐患。

内幕交易行为的界定及监管建议

刘　影　李俊慧*

一、内幕交易行为的界定

随着股票市场的发展，证券市场中的违法行为的表现形式也多元化，内幕交易是其中一个常见却又一直未能有效解决的问题。

对于内幕交易行为究竟如何认定，学者们从不同的角度分析会形成了不同的结论。强调牟利的主观目的的学者将内幕交易定义为：公司董事、监事、经理、职员或主要股东以及证券市场内部人员，利用职务之便，在获取尚未公开且能影响证券价格的内幕信息的情况下，进行有价证券的交易，或者泄露该重要信息，以获取利益或减少经济损失的行为。强调内幕操作行为危害结果的学者将内幕交易定义为：内幕人员或非内幕人员，利用内幕信息，买卖或建议他人买卖证券，损害其他投资者利益和证券交易公正性的行为。

我们认为，对内幕交易行为的认定要从内幕交易主体、内幕信息的确定、内幕交易行为的方式三个方面来分析。

（一）内幕交易主体的界定

内幕交易的主体即为内幕交易的知情人员。在内幕主体的认定上，各国基本上都将直接内幕人和推定内幕人纳入了法律制约的范畴：①直接内幕人，也叫传统内幕人，是指一些公司内部人员，包括公司董事、监察人和经理以及公司内具有控制权的股东；②推定内幕人，非公司的内部人员，而是与公司有一定业务往来的外部人员，例如提供服务的律师、会计师等。这两类内

---

* 刘影，北京工商大学法学院副教授；李俊慧，北京工商大学法学院硕士研究生。

幕人都负有信托保密义务和信用义务，未经许可均不得披露重大未公开信息给第三人。

上述概括性的规定在实践中缺乏可操作性和准确性，我国目前主要以列举的方式来认定内幕交易的主体，虽能更加精准地认定交易主体，但是条文中囊括的主体范围依旧狭窄，当出现新兴交易人群时，其身份地位则模糊难认定。但是在市场经济高速发展的今天，列举式的规定显然是不够的，如果增加一条兜底性条款将所有知悉秘密信息且进行交易或泄密的人全部囊括，则内幕交易的制裁将显示出更好的效果。

对比其他国家关于内幕人员的认定，能看出其优越性。美国作为判例法国家，其第二巡回上诉法院和 SEC 在 Cady 一案中提出："知晓重大的非公开信息的内幕人员，必须在交易前公开此信息，否则在此信息公开前戒绝交易"。此案适用了"公开否则戒绝交易"规则，不仅内幕人员从传统的公司内部人员扩大到任何占有重大的内幕信息的人员，而且只要他们知悉其掌握的秘密信息是公众投资者所不知情的，则无论其取得的方法是直接的还是间接的，其交易和泄密行为都将受内幕交易规则的制裁。在欧盟和日本，认定间接内幕人员的重要条件之一就是知道或应当知道获取的秘密信息是内幕信息。

（二）内幕交易信息的界定

国外判断信息是否是内幕交易信息时，很大程度上取决于执行此笔交易所依据的信息是否是 MNPI（Material Non‑Public Information）。Material，意指重大的。所谓消息重大，从消息内容来看，涵盖企业管理层发生变动、业内所发生的重大变化，并且这些变化能够增加或者减少股息，或者明显异于正常的信息或收益波动，或者公布这些信息将会失去重要客户，例如关乎经济走向的政府报告、重大的收购项目信息等等；从消息的真实性来看，越是可靠确定的信息，越被认定为重大，反之则不能被认定为是重大的，譬如在公司听到决策层在办公室的谈话内容是近期一定会大幅度降息，据此决定抛售该公司股票，这就是利用重大非公开信息进行了内幕交易；而如果这个消息是你一个朋友提供的，其可靠性就逊于前者，就可能不被认定为"重大"信息。而 Non‑Public，通常认为只要是未经正式发布的都属于公众所不知情的，均有可能构成内幕信息。

我国关于内幕信息的认定问题规定在《证券法》第89条中"证券交易活动中，涉及公司的经营、财务或者对该发行人证券的市场价格有重大影响的尚未公开的信息为，内幕信息"。在 2015 的修订草案中规定，禁止获取未公开信息的人员，买卖或者建议他人买卖与该信息相关的证券，此处的"未公开信息"在原有的"投资者尚未知晓的可能发生影响股票交易价格的重大事件"的基础上增加了"投资者尚未知悉的可能对发行人的偿债能力产生较大影响的重大事件"。笔者认为，这样的增加规定，能更大范围的保护中小投资者的利益，对于投资者而言，根据全方位多角度的信息进行综合衡量才能做出更加稳健的投资举措，如果仅仅规定应该披露的只是影响证券价格的直接信息，那么当潜在的信息在转化过程中就很有可能已经造成了不可控的巨大折损，无法做到真正意义上的规避风险。

（三）内幕交易行为方式的界定

掌握内幕信息或是内幕人并不一定构成内幕交易，还需要对内幕交易行为进行界定。各国规定的内幕交易的行为类型主要可以分为以下三种：

交易型。占有内幕信息的人自己买卖证券是最常见的内幕交易形式，指在相关内幕信息披露之前或被大多数公众知悉之前，买入或抛售有关的股票，再在信息公布之后抛售或买入，从而获得差价，牟取利润或规避损失。这种行为模式不限于内幕人员本人直接交易，也包括内幕人员与其他非内幕人员合作交易。在英国的法律中，对交易市场进行了区分，如果是内幕信息掌握者在受管理的市场内进行证券交易，无论是否通过专业中介，都属于内幕交易行为；但是如果是在不受管理的市场中，除了自己本身是专业的中介或者通过专业中介进行交易外，则都不属于内幕交易的法定行为模式。

泄露型。指内幕信息的知情人向他人泄露内幕信息，他人据此从事交易的行为模式。在英国法律中规定，只要知悉内幕信息的人明知他人在听从建议后会从事证券买卖或与证券相关的交易活动，而仍向其提供内幕信息，并建议其进行证券买卖的，此行为就构成内幕交易。

建议型。指内幕信息知情人建议他人买卖证券的行为模式。建议型与泄露型最本质的区别在于，前者是指在具体实践中，不会透露具体的内幕信息内容，而只是根据内幕信息对他人提出买卖建议，而后者指在交易活动中，拥有内幕信息的人会向他人透露所掌握的具体信息内容，增加可信度，这样也就会造成内幕信息的二次传播和泄露问题。

笔者认为，无论从以上哪个角度定义内幕交易行为都是不全面的，内幕交易行为在实践中都是一系列活动，从前期获取信息，再到利用该信息进行交易活动，甚至是不实际参与交易仅仅是通过倒卖信息来获取高额利润，整个活动过程都无法进行拆分处理，需要将内幕交易中的主体及其他利益相关者、他们的行为以及之间的法律和经济关系做一个概括性的梳理。

二、内幕交易的监管的必要性

对于是否应该禁止内幕交易，学术界存在两种分歧：一种观点认为，能够掌握重要信息的内部人进行交易对证券价格更具有导向性，内幕交易可以达到优化资源分配的状态；而主流的观点则认为，禁止内幕交易势在必行，只有禁止才能实现福利资源的均衡分配，营造公平竞争市场环境，从而不断增强经济发展动力和活力。

根据金融学的理论和实践，我们可以得出"信息是驱动资产价格发展变化的最重要因素之一"的结论，其背后的市场机制在于，投资者在将获取的信息转化为自己的预期后，再据此做出自身收益最大化的交易行为，最终形成的价格变化则会形成众多交易行为的市均衡，反映了市场投资者对资产价值达成的统一价格意见。笔者认为，在现实中，信息从产生到公开之间存在着一定的时间间隔，在此期间会出现一部分人先于其他投资者获得未公开的内幕信息，一旦他们的交易行为无法使资产价格达到其应有的价值水平，当信息向社会公开之后，价格的进一步变化将使他们从中获得无风险的超额收益。市场经济运行的基础是市场竞争，在自由市场的大框架下，内幕人和外部人形成了博弈模式，如果允许内幕交易，将造成严重的信息不对称，不知情的外部投资者的利益将受到严重损害，难免打击投资者信心，导致整个市场的资金流动缓慢，交易量下降，破坏证券市场的资源配置效率，同时也引发逆向选择和其他低效率的公司行为，甚至还可能进一步恶化公司的经营管理水平，引发"柠檬市场（Lemon Market）"问题。[1]降低整个市场的经济活力。内幕交易不仅违反了金融市场的公平原则，还扰乱了正常的市场秩序。尤其在我国，目前处于经济转型时期，证券市场的各项规章制度都在建立和完备过程中，实践证明，内幕交易在我国的证券市场的交易活动中普遍存在，

---

〔1〕 因为公司无法确定哪些管理人员将进行内幕交易，面对由于内幕交易导致的管理者报酬过高的问题，公司将减少他们的固定薪酬，从而使得并未进行内幕交易的诚实的管理人被迫离开。这种由于内幕交易行为造成的不诚实的管理人驱逐诚实的管理人的现象称为"柠檬市场"。

因此建立健全内幕交易监管制度刻不容缓。

三、结合国际经验，完善我国的内幕监管制度

世界上绝大多数国家都制定了禁止内幕交易的法律制度，但因各个国家对内幕交易的监管程度不一，所产生的效果也有明显差异，据此可以看出不同程度上的内幕监管措施所产生的不同效果，我国可以在结合本土的实际情况的基础上，有选择的借鉴国外证券市场监管方面的经验教训，进一步完善我国内幕交易监管制度。

（一）构建全面多层次的监管体系

世界各国目前对于金融监管模式大致可分为：机构监管、功能监管和双峰监管三种模式。机构监管是金融监管体系的原始模式，许多国家通过立法的形式将监管内幕交易的权力赋予了专门的职能部门，从而集中规制和打击内幕交易行为。在美国，证券交易委员会（Securities and Exchange Commission，简称为 SEC）是直属美国联邦的独立准司法机构，是美国证券行业最高的监管机构，拥有较为广泛的权力和权威的地位。在英国，则是自律机构承担着具体证券业务的监管职能，全方位对公司上市、交易、收购、兼并等任何容易发生内幕交易的过程中采取有效的监督和制裁。

根据各国经验，对于如何完善我国的监管模式，笔者有如下建议：

第一，完善政府监管制度。我国的证券监管是以政府监管为主导，司法监管和自律组织监管予以补充和强化监管力度和范围。这种监管模式以国家强制力作为后盾，通过全国各个级别的证监会规制内幕交易。但是，中国证监会却免不了行政干预过大的诟病，不仅无法有效地杜绝内幕交易，反而为内幕交易提供了滋生的土壤。因此，笔者认为应当转变监管部门的职能，放开监管权力，加强监督领导层对证监会的干预，可通过实行领导"打招呼"备案等制度，防止行政腐败，从而提高监管部门的独立性。

第二，健全自律监管制度。内幕行为的监管往往具有人力投入大、时间耗费大等特点，而我国目前的监管力度和范围还远远不够，政府监管承载量早已超过负荷。各国在对内幕交易的监管问题上普遍采用与自律监管相结合的模式，充分发挥自律组织对政府监管在范围上和力度上的补充作用，综合上述经验，我国在实施政府监督为主导的同时，也要加强自律组织的建设和发展，同时出台相应的法律法规制度予以提供法律依据。根据我国目前的

《证券法》规定，证券业的自律型组织是证券业协会。要想发挥自律性组织监管灵活、低成本的优势，首先要建立一个健康的市场，券商应当具有职业道德观念，并遵守行业规范，自发形成公平交易的信念。在各方的压力之下，证券业协会才能激发出自律动力，规范业内行规，还原出自律组织的自我管理作用。

第三，健全社会监督和奖励机制。社会监督是我国现有监督体制外最容易被忽视的运行模式，然而其监督作用却是不容小觑的。当一个行为危及到大部分公众的切身利益时，广大群众会很快通过各种各样的平台聚集在一起，动员各方力量，促进全社会的共同参与，不仅能通过各种途径获取最具时效性的信息，并在最短的时间将信息迅速扩散，具有强大的舆论导向性，对违法行为的打击力度也更大、范围更广。监管机构通过互联网或者建立专门的征信体系和举报渠道，鼓励广大群众参与到社会监督的活动中，完善群众举报奖励机制，则可成为预防内幕交易行为上重要的监督方式。

在美国任何内幕知情人均可以向美国证交会举报，查实后可以获得10%至30%罚金作为奖金。而我国尚无类似的奖励机制，笔者认为可以考虑和借鉴美国经验。在《证券法（修订草案）》中首次借鉴和提出了举报人奖励和保护机制[1]，这在我国证券交易市场的监管上具有重要的实践意义。

（二）健全内幕监管的处罚机制

在许多国家，内幕交易行为将受到严重的处罚，美国的《内幕交易处罚法》中规定，通过内幕交易的"违法所得"或"避免损失"，将处以3倍的罚款；《内幕交易及证券欺诈制裁法》规定，只要进行了内幕交易，无论是否获利，均可处以最高达250万美元的罚款。而在法国，对于证券违法行为采取双重处罚机制：不仅处以刑事处罚，还要面临行政处罚或纪律性处罚。而我国目前对此的规定处于缺失状态，对于如何健全我国的内幕监管处罚机制，笔者有以下建议：

第一，增大内幕交易人员的违法成本。在我国，对于内幕交易行为只要情节严重的才予以刑事处罚，除此之外主要的惩罚措施是罚款，且罚款力度

---

〔1〕 2015年4月《证券法（修订草案）》第263条：对涉嫌重大违法、违规行为的实名举报线索经查证属实的，国务院证券监督管理机构可以给予举报人奖励。国务院证券监督管理机构和证券交易所应当对报告人和举包人的身份信息保密。

也比较低。实践中，内幕交易者一旦被查处，处罚的力度远远低于其在违法交易中所获得的收益和利润，根本无法保障市场安全和其他交易人的损失，以至于前不久名声大噪的"泽熙神话"总经理徐翔，因涉嫌内幕交易被带走时依旧气定神闲。

笔者认为，不论是刑事处罚，还是民事处罚都应当进一步地加大力度。在新修订的草案中可以看到，对于内幕行为的处罚范围从发行人、保荐人扩大到了证券经营机构，处罚力度上不仅提高了罚金的下限，同时也提高了处罚的上限。这样的变化是值得肯定的，不仅符合证券监管的主流模式，而且高额的打击力度对于违法操作行为人也更具有震慑力。

第二，建立内幕交易民事制度。我国对于证券监管的立法中尤其缺失的是关于内幕交易的民事责任的归责和赔偿问题，往往在案发时交易者已携款潜逃或者转移、隐匿资产，所谓的罚款处罚成了一纸空文，以致无法追回投资者实际损失，造成不可挽回的后果。民事责任的缺失使得内幕交易者的违法程度大大降低，很难有效的遏制其违法行为。

此外，笔者注意到，我国目前的内幕交易赔偿案件采用证券民事诉讼行政处理前置程序，即需要以行政监管主体的行政处罚或刑事司法判决作为证券内幕交易的民事赔偿案件受理的前提条件，虽然可以在一定程度上发挥证监会的专业性，但是从受损主体角度来看，这样的前置程序显然有些鸡肋和多余。对于广大公众来说了解行政前置程序者甚少，倘若因为行政机关不作为而导致民事赔偿无法受理，则必定影响民事诉讼原告的诉权。因此，建立起一套完善的民事诉讼制度，才能保证利益受损的一方能够通过诉讼手段寻求到法律救济。

第三，适用举证责任倒置模式。根据我国法律的一般规定，一般适用"谁主张，谁举证"的举证责任分配原则，然而在内幕交易的案件中，由于金融交易的特殊性，内幕交易受害对象具有不确定性和公共性等特征，使得原告对于损失和交易之间的因果关系举证困难。此外，证券行业中的内幕交易还具有专业性强、隐蔽性高、行为模式复杂等特点，从发现内幕交易到调查取证都十分艰难。如果继续适用这一举证模式，则内幕交易案件多会因证据不足为由不予立案或判决无罪。笔者认为，举证责任倒置则正好能解决这一难题，这样在立法和司法途径中的变通，致使没有足够证据支撑其无罪的申辩的内幕交易嫌疑人，将不得不承担相应的法律后果，从而从根本上加强了对公众投资者的权益的保护。

　　无论制度如何完善地设计，都离不开人的遵守，所以提高监管水平和监管人员的素质也是重中之重。我国的证券市场监管仍处于初级阶段，而证券市场在不断发展的过程中，会产生许多的新问题，这不仅是对法律法规的冲击，也是对监管人员的重大考验。监管人员在应对新的挑战时，须提高自身学习能力和素质水平，在短期内提高业务水平，树立监管部门权威；建立健全相关的应急预案和解决措施，能在发现问题后及时有效地控制住市场交易秩序，防止损失进一步扩大。

动产融资租赁登记制度研究

侯雪梅[*]

一、从占有到登记：动产融资租赁制度的必然选择

物权的变动必须以公示的方式表现在外，以保护交易的安全。我国《物权法》确定了交付、登记为物权的公示方法。其中，动产物权权属变动的公示方法为交付，即移转占有，因此，动产的占有人将被推定为该动产的所有权人，除非有相反的证据证明。融资租赁交易的本质在于通过"租赁"来实现"融资"的利润，出租人取得租赁物的所有权并非其参与交易的目的，而是实现融资的手段。融资租赁的上述特点决定了出租人的所有权与动产租赁物的占有长期处于分离状态，承租人在占有租赁物期间的状态在外观上与所有权人几无差异。在"动产占有即为所有"的原则之下，第三人往往会把承租人误认为是动产租赁物的所有权人，第三人基于此信赖与承租人进行交易，依善意取得规则即取得动产租赁物的所有权或抵押权等物权，而出租人则无法基于原所有权获得优先于其他债权人的保护。动产融资租赁物公示方法的不足所带来的制度风险，不仅严重影响到出租人参与交易的积极性，也因此增加了融资租赁交易的成本，进而影响到融资租赁业的健康发展。

既然占有已无法公示动产租赁物的权属状况，登记则成为唯一的选择。融资租赁是我国《合同法》确立的一项独立的合同交易关系。在该交易关系中，合同法采取了"出租人所有权 + 承租人租赁权（占有权）"的法律结构，

---

[*] 侯雪梅，北京工商大学法学院副教授。

承租人的租赁权在性质上是一项债权而非物权。因此，承租人取得租赁物的占有权是融资租赁合同履行的必然结果，并未导致出租人物权的变动。另一方面，一旦租赁物的占有与所有权分离，在融资租赁关系存续期间，出租人除了提供融资以取得租赁物并保证承租人在租赁期间占有、使用租赁物之外，无需负担其他义务和责任，一般租赁交易中物的瑕疵担保责任、维修保养义务、对第三人的损害赔偿责任、租赁物毁损灭失的风险负担等均由承租人承担。正如融资租赁的名称所彰显的，融资租赁的出租人真正关注的是租金债权的实现，是融资的利润，租赁物所有权则退化为一种消极状态，仅在承租人违约或破产的情况下，出租人基于其所有权行使租赁物取回权或在租赁期届满后，基于合同的约定行使所有权返还请求权。从动产融资租赁物所有权的功能角度观察，出租人的所有权与担保权人的担保权在经济上的目的是相同的，均起着担保主债务清偿的作用。因此，从法理上来讲，对于这种具有担保功能但无所有权移转的交易，令其受担保物权公示原则的约束是有理论基础的。

二、动产融资租赁登记的效力选择：登记对抗

登记作为物权变动的公示方法是将物权变动的事项登载在国家主管机关的登记簿上，登记簿载明的权利人即推定为该登记财产的所有权人。登记的效力主要有两种，登记生效与登记对抗。登记生效是指物权的设定以登记为发生效力的要件，未经登记，物权不仅不能对抗第三人，而且在当事人之间也不发生效力。登记对抗则是指物权变动依当事人间的合意即产生法律效力，但未经登记，不得对抗第三人。不动产具有价值大、稀缺性高的特点，不动产登记多采登记生效；动产则因种类繁多、交易频繁、流通快捷而多采登记对抗。登记对抗主义蕴含了私法自治的理念，既照顾到了人们对于动产交易便捷的需求，又为权利人提供了如登记则可对抗第三人的保护手段，兼顾了第三人对交付公示或登记公示的合理信赖利益。

我国《物权法》对动产抵押统一采取登记对抗主义，从逻辑上，动产融资租赁登记自然也应当采取登记对抗主义。从比较法的角度观察，无论是《美国统一商法典》、《魁北克民法典》还是《国际融资租赁公约》、《开普敦公约》，均对融资租赁登记采取登记对抗主义。我国融资租赁登记的效力亦应作相同规定。

登记的公信力远远大于占有的公信力。因此，如果动产融资租赁物进行

了登记，登记簿上载明的权利人即可推定为动产租赁物的真正所有权人，第三人与承租人从事与租赁物有关的交易时，即可通过查阅相关登记簿来规避交易风险。出租人也可因此彰显自己的所有权，并以此对抗第三人。不过，物权的公示方法须经法律明确规定。根据我国《物权法》的规定，目前仅船舶、航空器、机动车及其他法律所规定的动产可以通过登记对抗第三人，其余动产的登记，我国现有法律未有涉及。而这恰恰是动产融资租赁登记所亟需解决的问题。当前我国正在大力推动"一带一路"、京津冀协同发展、长江经济带等重大战略的实施，为动产融资租赁业的发展提供了广阔的市场机遇。然而，要把机遇真正转化现实，就必须尽快解决长久以来制约融资租赁健康发展的登记制度的缺失问题。

三、动产融资租赁登记公示的效力来源

融资租赁业界一直呼吁要建立融资租赁登记制度。中国人民银行征信中心响应这一要求，于2009年建立了全国集中统一互联网电子化的融资租赁登记公示系统，该"登记系统是一个基于现代动产担保登记理念建设的权利公示平台，以便捷、高效的方式披露交易主体的权利状况，维护交易安全。"[1]之后天津市在滨海新区进行金融创新试点的综合配套改革试验，相继发布了《关于促进租赁业发展的意见》（津政发〔2010〕39号）、《关于做好融资租赁登记和查询工作的通知》（津金融办〔2011〕87号）及《关于审理融资租赁物权属争议案件的指导意见（试行）》（2011年11月11日）等文件。天津的地方试点政策推动了融资租赁登记在天津的实践，并在全国起到了一定的示范效应。2014年商务部建立了全国融资租赁企业管理信息系统并将之作为租赁物登记公示和查询平台。上述实践均在一定程度上推动了动产融资租赁登记制度的发展，但是都未能从根本上弥补登记制度的缺失所带来的问题。导致这一境况的根本原因在于目前的登记实践不具备法律效力。

物权公示的效力及于世人。一旦确定了出租人所有权登记公示制度，就意味着课以交易第三人检索查询融资租赁登记公示系统的法律义务，这无疑增加了第三人的交易负担，也极大地增加了整个社会的交易成本。这种法律

---

〔1〕 中国人民银行征信中心："融资租赁登记"，载中国人民银行征信中心网 http://www.pbccrc. org.cn/chanpinfuwu_306.html，2012年7月8日访问。

义务的课加，非经法律或行政法规的明确规定不足以产生效力。原因在于，登记公示这一物权制度属于"基本民事制度"，按照我国《立法法》的规定，基本民事制度属于全国人民代表大会及其常务委员会的立法权限。当然，国务院可以根据全国人民代表大会及其常务委员会的授权决定先制定行政法规，经过实践检验，制定法律的条件成熟时，再及时提请全国人民代表大会及其常务委员会制定法律。因此，对我国《物权法》第 23 条但书中提及的"法律"[1]在解释论上须限定为定全国人民代表大会及其常务委员会颁布的法律。因此，对融资租赁出租人所有权就占有之外的动产公示方法只能由法律作出规定。无论是人民银行还是商务部，都不具有制定法律法规的立法权限，其出台的融资租赁登记制度自然不具有法律效力，即使在上述系统平台上进行了登记，也不具有对抗第三人的效力。因此各融资租赁公司登记的积极性不是很高。在融资租赁法短期内出台无望的情况下，最高人民法院试图淡化"法律义务"的色彩，将第三人未查询登记记录作为出租人在诉讼中可举证证明第三人不具备主观善意的条件，由各级法院通过司法裁判在实践中达到将现有融资租赁登记与物权善意取得制度的顺利对接，有效弥补融资租赁交易中租赁物登记立法空白的目的。[2]这种善良的愿望能否实现值得怀疑。表面上看，司法解释避开了直接规定第三人有查询义务的违法之嫌，将皮球踢给了"法律、行政法规、行业或地区主管部门"，只要法律、行政法规、行业或地区主管部门明确要求当事人在进行相关交易时应当到相应的登记系统查询而其又未做查询，则属于其未尽到已有的、必要的注意义务，不构成善意，不能适用物权法有关善意取得的规定，不能对抗出租人的所有权。[3]然而这个规

---

〔1〕 《物权法》第 23 条规定："动产物权的设立和转让，自交付时发生效力，但法律另有规定的除外。"

〔2〕 雷继平、原爽、李志刚："交易实践与司法回应：融资租赁合同若干法律问题——《最高人民法院关于审理融资租赁合同纠纷案件适用法律问题的解释》解读"，载《法律适用》2014 年第 4 期。

〔3〕 《最高人民法院关于审理融资租赁合同纠纷案件适用法律问题的解释》第 9 条规定：承租人或者租赁物的实际使用人，未经出租人同意转让租赁物或者在租赁物上设立其他物权，第三人依据物权法第 106 条的规定取得租赁物的所有权或者其他物权，出租人主张第三人物权权利不成立的，人民法院不予支持，但有下列情形之一的除外：（一）出租人已在租赁物的显著位置作出标识，第三人在与承租人交易时知道或者应当知道该物为租赁物的；（二）出租人授权承租人将租赁物抵押给出租人并在登记机关依法办理抵押权登记的；（三）第三人与承租人交易时，未按照法律、行政法规、行业或者地区主管部门的规定在相应机构进行融资租赁交易查询的；（四）出租人有证据证明第三人知道或者应当知道交易标的物为租赁物的其他情形。

则不仅未真正解决问题，反而使问题又回到了原点：行业或地区主管部门有什么权利要求当事人必须尽到查询的义务呢？各级法院在面对第三人的这种质疑时会作出整齐划一的裁判吗？在缺乏判例法传统的中国法治环境下，即使有部分法院按照司法解释的规定做出了裁判，又能否形成示范效应呢？因此，最高人民法院司法解释或许会对动产融资租赁实践产生一定的影响，但是依然不可能解决根本问题。

本文认为，协调各方利益，充分利用发达的互联网技术出台融资租赁法固然理想，但这只能是长远规划，短期内实现不了。在融资租赁法不能短期内出台的背景下，若能充分利用《立法法》的规定，由国务院出台有关融资租赁登记的行政法规在全国范围内运行，待实践经验成熟后再由全国人大或人大常委会出台融资租赁法，或许是一个更具可行性的选择。

四、动产融资租赁登记制度的构建原则

（一）动产融资租赁登记制度统一化原则

动产融资租赁登记制度的统一，首先表现为登记平台与主管机关的统一。目前，我国的动产登记制度是根据动产的性质采取的分别登记制，具体登记机关包括了各运输工具登记部门（如民用航空主管部门主管民用航空器权利登记工作，港务监督机构是船舶登记主管机关，渔政渔港监督管理局是渔业船舶登记的主管机关，公安机关交通管理部门负责机动车登记等）、工商行政管理部门及抵押人所在地的公证部门……我国设置众多登记机关的优点是各登记机关熟悉各自所登记标的物的性质，便于行政管理，但分别登记制导致登记规则不统一、当事人查询困难、登记系统运作成本高等缺点，大大降低了登记公示的效果。当前互联网技术的飞速进步已经为建立高效、便捷和低成本的统一登记平台提供了技术保障，只要立法者能够摒弃部门利益，合理整合现有资源，我们完全有条件建立一个规则明晰的全国性统一动产融资租赁登记平台，明确登记的法律效力，保障融资租赁物权，为我国融资租赁业的健康发展奠定基础。

其次，动产融资租赁登记的统一表现为境内、跨境融资租赁规则的统一。融资租赁不仅包括境内的融资租赁，还包括跨境的融资租赁。随着我国自贸区试点的不断扩大，跨境融资租赁的数量会越来越多。动产融资租赁登记制度应当同时满足境内与跨境融资租赁的需求。融资租赁交易的法律结构本就错综复杂，跨境融资租赁事涉不同国籍的多数当事人，由此导致的权利保护和救济措施上的不确定性，使得许多出租人对为此类资产提供融资抱着极为谨慎的态度。在此背景下，国际统一私法协会一直致力于动产交易法制的统一化，意图架构一整套高价值动产融资的实体法规则和一个国际化的权利登记系统。2001 年至 2012 年间，统一私法协会先后和其他相关国际组织一起通过了《开普敦公约》及相关议定书。《开普敦公约》及相关议定书是国际私法史上最重要的商事公约之一，也是目前调整融资租赁交易的最新国际规范。《开普敦公约》及相关议定书创设了明晰的优先顺位规则及快速的权利实现规则，且优先顺位规则与权利实现规则不受破产程序的影响，反映了当代担保融资和租赁交易的基本价值追求。作为《开普敦公约》和《航空器议定书》的缔约国（2009 年 6 月 1 日起该公约及航空器议定书对我国生效），我国有履行国际公约的义务。由于国际登记系统的国内接入口的相关登记规则适用国内法，而我国目前有关融资交易的立法与实践与公约相差很远，因此，我国在国内法的程序建构与实体规则设置上应与其相协调。

（二）登记公示程序与内容的最简化原则

动产融资租赁登记的目的在于记载出租人对租赁物的所有权并予以公示，任何在登记之后欲就融资租赁物与承租人进行交易的第三人，未进行登记查询而仅凭占有外观就信赖承租人为权利人的，不能获得善意取得制度的保护。换言之，动产登记的目的在于通过登记公示制度彰显登记动产上可能存在的权利及权利人，并且确立在同一财产上竞存权利之间的优先顺位。动产登记的目的决定了登记程序的启动与登记内容只要能达到足以权利公示的目的即可。

1. 登记程序的启动。融资租赁登记的目的是保护出租人的所有权不因第三人仅凭占有的外观就可以基于善意取得制度而丧失。所以，有登记动力并愿意启动登记程序的是出租人。在声明登记制度下，动产租赁登记不会给承租人带来实质性损害，因此，对于动产融资租赁登记程序，采取出租人单方申请主义即可。

2. 登记的内容。只要登记内容足以明确登记之时动产上所负载的权利及权利人即可，更多的内容披露不仅无助于权利公示，反而会增加登记的成本，泄露当事人过多的信息甚至商业秘密。在比较法上，动产登记的内容有两种立法例，即文件登记与声明登记。所谓的文件登记，就是动产登记机关登记的是当事人创设某种财产权的合同。声明登记则是仅登记当事人创设财产权之后的一个仅载明基本信息的声明，不登记创设财产权的合同，甚至该合同也无须向登记机关提交。与文件登记相比，声明登记仅要求登记极少的登记事项，这一特点为各方当事人带来了便易：登记机关的管理与存档成本因此降低；检索者获取登记信息的时间成本大大降低；交易当事人登记时间成本降低，登记信息失误的概率降低，更重要的是登记事项的减少降低了当事人商业秘密被泄露的风险。美国《统一商法典》、《开普敦公约》及中国人民银行征信中心制定的《融资租赁登记规则》在动产登记内容问题上均采取了声明登记制而非文件登记制。本文赞同这种做法，并认为声明登记制的采纳可以有效地消除融资租赁公司对"暴露经济状况"的担心。[1]具体到动产融资租赁登记而言，登记的内容应仅限于融资租赁关系的当事人（出租人和承租人）以及租赁物等信息。当事人的姓名或名称必须记载准确，当事人为自然人的，还须同时记载其身份证号，对于企业，应记载其注册号或登记证号。对于租赁物，应作出对租赁物的一般性描述以便检索者可以将该租赁物与当事人建立起联系。至于租赁物的价值及租金的多少，对于检索者并没有什么意义，不在披露范围之内。

（三）登记审查的形式化原则

对登记申请审查，向来有两种主张，实质审查与形式审查。所谓实质审查是指登记机关对登记的物权的存在状况进行实质的审查，登记机关如因审查疏忽致使登记的物权与该权利的现实状态不符，须对因此而受到损害的人承担赔偿责任。登记的形式审查则是指登记机关仅就当事人提供的有关书面材料以及当事人的陈述进行表面上的审查，若物权的真实状况与登记状况不相符而登记机关对此并无过错的，登记机关无须承担责任。本文认为融资租赁是当事人之间的一种合同关系，在登记内容采声明登记的前提下，登记机关没有对当事人之间的合同效力以及融资租赁物的权属和价值进行判断和实质审查的权利，当事人可以自行在登记系统提供的互联网平台进行登记。如因出租人登记失误给承租人造成损害的，承租人可基于双方之间的合同关系直接向出租人求偿。

---

〔1〕 目前我国各界对建立统一动产登记制度尚未达成共识，导致这一状况的主要原因之一即在于人们对暴露当事人经济状况的担心。

五、动产融资租赁登记与善意取得制度的对接

善意取得亦称即时取得，是指无权处分人转让标的物给善意第三人时，善意第三人一般可取的标的物的所有权，所有权人不得请求善意第三人返还原物。善意取得不限于所有权，其他物权也可以善意取得。适用善意取得制度的必要条件之一，是必须证明第三人是善意的。善意是行为人的主观状态，"行为人之主观状态除其本人外，事实上难以切实掌握。因为，方法上只有借助外界存在之事实或证据推敲之。如此主观认定之本意难免遭到扭曲"。[1]然而，即使将行为人的外在行为及其他因素综合分析来还原其主观心态，这种认定方法在法律上的可操作性依然较差。善意的外在表现为不知情，属于消极事实。消极事实本无引起一定法律后果的效果，证明消极事实的难度很大，相反，证明积极事实之存在较之证明消极事实相对容易得多。因此，对于消极事实的否定，通常需要由主张积极事实一方进行否定。这种举证责任的分配规则在法律上称为事实推定。周枏先生在其取得时效制度时指出："善意与合法原因在举证责任上是不同的，原因是否合法，应由占有人举证，善意、恶意则应由对方证明，因法律推定一切占有人都是善意的"。[2]因此，法律上不仅不要求第三人有出让人有权处分的确信，而且是推定任何参加交易的第三人都具有这种善意。[3]各国对于善意和恶意的界定时，基本也都是从恶意角度进行规定，所以法官在司法实践中在具体判断当事人是否为善意时，其所要解决的真正问题实为对行为人恶意的认定问题。善意与恶意的区别，主要在于在交易过程中是否尽到适当注意义务，判断的核心内容在于注意义务的具体内容和要求之上，故而交易中所存在的特殊要素对于当事人的适当注意义务的内容认定具有决定性意义。

就动产融资租赁而言，登记的作用在于公示租赁物之上的物权权属和变动状况。登记制度建立之后，承租人对租赁物的占有不能成为租赁物上物权变动的公示方法。对于拟就租赁物从事交易（包括买卖、设定抵押或质押）的相对人，仅依租赁物占有的权利外观，与承租人进行交易，其信赖利益不

〔1〕 魏振瀛：《民法》，北京大学出版社、高等教育出版社2012年版，第263页。
〔2〕 周枏：《罗马法原论》（上册），商务印书馆1994年版，第326页。
〔3〕 （台）曾世雄：《损害赔偿法原理》，中国政法大学出版社2001年版，第73页。

能依善意取得制度得到保护，亦即交易相对人此时无法取得租赁物之上的物权。只有在查询了相关登记簿且无相应权利记载之后，第三人才尽到了适当注意义务，其基于交易所取得的权利才受到法律的保护。这意味着，是否查询了融资租赁登记系统就成了第三人主观上是否构成善意的判断因素。

需要注意的是，按照我国《物权法》上规定的登记对抗规则，未登记的动产租赁物仍可对抗恶意的第三人。也就是说，如果设立在先的权利未登记，设立在后的恶意权利人即使已经办理了登记，未登记的在先权利仍可对抗在后的恶意已登记权利。而在《开普敦公约》及相关议定书的框架下，竞存权利之间依登记的先后顺序定其顺位，登记是权利人取得对抗效力的唯一前提条件，与第三人的主观状态无关。根据《开普敦公约》第29条第4款第（a）项的规定，承租人与担保权人之间的优先顺位完全取决于出租人权利和担保权两者之间的登记顺序，如果担保权在出租人权利之前登记，则担保权优先于承租人的利益；反之，如果出租人权利先于担保权登记，则担保权劣后于承租人的利益。如何处理我国登记对抗效力与公约对抗效力之间的这种差异，仍需进一步讨论。

股权信托制度设计的思考与完善建议

董　彪　罗　琛*

股权信托是以公司股权作为信托财产设立信托的行为。它具有委托管理股权、投资、融资等多重功能，在实现财富增长与传承、合理避税、完善公司治理结构等方面具有独特优势。作为我国信托业的新兴业态，其一经出现便受到追捧，业务量激增。股权信托业务的发展对我国信托立法实践和理论探讨提出了挑战。我国《信托法》对信托财产归属规定不明确，股权信托登记规则的缺失，股权信托重复征税等问题的存在，使得目前的股权信托呈现出功能趋于单一化的状态，部分股权信托变异甚至沦为圈钱工具，隐伏着巨大的金融风险。有必要借鉴国外或地区先进立法例，考察我国股权信托业生存和发展的制度环境，回归股权信托本位，合理设计或完善股权信托相关法律规范，有效防控金融风险和法律风险。

一、股权信托的类型化思考及启示

我国股权信托尚处于形成和发展初期。对股权信托的概念界定、性质、股权信托的主体及指向对象等并未形成普遍共识。这在一定程度上导致了股权信托概念的滥用和混淆，使得诸多争论演化成无争议的争论或者并非实质指向同一对象的争论。有必要对目前我国股权信托模式进行分析，通过类型化思考方式，明确股权信托的现状以及未来发展趋势，合理定位股权信托的功能。

（一）以股权信托目的为视角的类型化思考

1. 以公司员工或管理层持股为目的的股权信托。以公司员工或管理层持

---

* 董彪，北京工商大学法学院副教授；罗琛，北京工商大学法学院硕士研究生。

股为目的的股权信托，是指公司员工或管理层将自己持有或出资委托信托公司认购的股权委托给信托公司，由信托公司根据公司员工或管理层意愿以自己的名义对股权进行管理或处分的行为。以公司员工或管理层持股为目的的股权信托关系成立后，公司员工或管理层基于信托合同对信托公司享有权利，实质上享有持有公司股权的利益。信托公司作为名义上的股东参与公司治理、收益分配等活动。

以公司员工或管理层持股为目的的股权信托业务的兴起与我国《公司法》的规定以及公司治理的需要有着密切的关系。一方面，我国《公司法》对有限责任公司股东人数上限有严格要求。对于公司员工或管理层人数众多，尤其是国有企业改制成立的公司，公司员工直接持股与《公司法》的强制性规定相抵触。另一方面，公司员工人数众多且往往缺乏管理公司的动力、能力、精力和经验，由其直接持股不利于形成良好的公司治理结构。换言之，以公司员工或管理层持股为目的的股权信托将分散股权进行专业化集中管理与处分，有利于公司员工或管理层利益的实现以及公司治理结构完善。

2. 以股权收购为目的的股权信托。以股权收购为目的的股权信托，是指目标公司管理层或一般投资主体出资或通过融资方式由信托公司购买目标公司的股权，管理层或一般投资主体在未来一定时间收回股份，达到改变目标公司所有者结构、控制权结构或资产结构，进而重组公司的目的。以股权收购为目的的股权信托的方式使得真实收购人与实际收购人之间产生差异，具有隐藏真实收购主体，降低收购成本，减少收购风险的功能。此外，以股权收购为目的的股权信托还可以借助信托公司融资优势，增强股权收购能力，实现杠杆收购。

3. 以行使表决权为目的的股权信托。以行使表决权为目的的股权信托通常又称表决权信托，是指股东在一定期限内以不可撤回的方式将其持有的股权委托给受托人，由受托人持有并行使表决权，股东则取得载有信托期间条款的信托证书，以证明股东对该股份享有收益权、股息红利请求权以及股票返还请求权。[1]以行使表决权为目的的股权信托往往能够起到集中表决权，从而控制公司经营管理行为的目的。表决权信托与表决权征集不同，表决权信托中表决权一经授予，在一定期限内不能撤回，表决权的行使仅受信托目

---

〔1〕 周小明：《信托制度比较法研究》，法律出版社 1996 年版，第 57 页。

的限制，不受委托人和受益人的干预。

4. 以行使股权收益权为目的的股权信托。以行使股权收益权为目的的股权信托又称股权收益权信托，与表决权信托情形类似，是股权权能分离的结果。它是指股东将其持有的股权或出资委托受托人购买的股权中的收益权委托给受托人，由受托人根据信托协议为特定目的进行管理和处分的行为。

5. 以投资、融资为目的的股权信托。以投资、融资为目的的股权信托，是指委托人将其持有的非流通股股权委托给信托公司，由信托公司将委托人享有的股权信托受益权通过信托公司设立的资金信托计划转让给投资者进行融资的行为。以投资、融资为目的的股权信托中，投资者基于资金信托计划实现投资目的，而委托人实现了利用非流通股股权融资的目的。

（二）基于股权信托类型化的思考及启示

1. 股权信托重投资与融资功能轻财富传承与管理功能。股权信托能够实现专业化股权管理，传承财富以及投资、融资等多重功能。但是，目前我国股权信托主要表现为融资型股权信托。大量股权信托以实现资金融通为目标，其中投资理财型信托备受信托公司青睐，即信托公司设立资金信托计划将股权收益权转移给投资者，同时为股权信托委托人融通资金。[1]投资理财型股权信托中投资者与受托方并不参与具体的公司经营管理活动，不关注股权的管理，是纯粹资金融通与增值业务。以股权管理为核心的股权信托业务主要表现为以公司员工或管理层持股为目的的股权信托以及表决权信托。委托人为了实现特定股权管理目的通过股权信托方式进行股权安排，让受托人或其代理人参与公司治理，从而弥补自身或其继承人在公司管理上的缺陷与不足，保障企业持续健康发展。管理型股权信托在国有企业、集体企业公司制改制以及员工激励方面起到了重要作用。但是，相对于投资理财型信托而言，日趋式微。而以财富传承为目的的股权信托，如家族企业股权信托，则仍处于尝试和探索阶段。总体而言，我国目前股权信托呈现出功能相对单一化的状态，信托公司偏重利用股权信托提供投资、融资服务，而缺乏管理股权以及为帮他人传承财富的动力。

2. 股权信托的范围存在争议。我国《信托法》对信托的概念、类型、登记、各方主体的权利、义务及责任等进行了原则性规定，为股权信托设计确

---

[1] 柏高原："股权信托是信托业转行发展新模式"，载《清华金融评论》2015年第4期。

立了基本的框架和方向。但是，由于信托法有关规定，如信托成立的要件、股权信托登记的机构、效力及程序、股权信托登记与股权转让变更登记之间的关系等不明确或缺失，导致理论和实务中对股权信托的理解存在差异，就某一信托行为或委托行为是否构成股权信托存在争议。

首先，委托人出资委托受托人购买股权的情形，股权信托是否以股权登记在受托人名下为要件，存在不同看法。股权信托中的信托股权既可以是委托人自身持有的股权，也可以是其出资委托受托人购买的股权，对此并无异议。引发争议的是，委托人是否必须将自己持有的股权转移给受托人或者将出资购买的股权置于受托人名下才能满足设立股权信托的条件。其次，股权中部分权能分离能否独立作为信托财产设定信托？表决权信托、股权收益权信托是否需要以移转股权作为信托设立的条件？表决权信托、股权收益权信托是否属于股权信托的范畴？

3. 部分股权信托名实不符、操作不规范。股权信托具有较高的专业性特征，其流程及内容往往不为仅关注投资回报和融资目的的主体所熟知。部分投资理财产品设计存在利用股权信托之名吸引他人进行投资或融资行为的噱头之嫌。名为信托实为借贷或权利质押，混淆股权信托法律关系与借款合同关系或股权质押关系的情形在现实社会生活中并不鲜见。

例如，在通过合同架构实现融资性股权信托设计的过程中，委托人与受托人之间往往会签订《借款合同》、《股权回购合同》，在合同条款中会出现溢价回购、借款等字眼。委托人与受托人之间、委托人与第三人之间、受托人与第三人之间的法律关系以及股权名义上与实质上的归属等不明确或不符合信托法律关系的架构，容易对金融消费者产生误导，滋生矛盾冲突。此外，在股权信托操作过程中，部分信托公司并未严格遵循信托财产独立的原则，出现信托资金或股权与委托人或受托人其他财产相混同的现象。

4. 部分股权信托游走于合法的边缘。信托制度自产生之日起便被打上了规避法律的烙印。"英国信托法学家 George T. Bogert 用'并不太光彩'来形容信托制度的产生，因为有学者指出'信托起源于欺诈和恐惧'"。[1]时至今日，规避法律不再是设立信托的核心目的。在法律体系的框架下，信托借助

---

〔1〕 周勤：《信托的发端与展开——信托品格和委托人地位的法律规制》，知识产权出版社 2013年版，第1页。

其独有的结构设计在财富管理与传承、金融创新和慈善事业推进等方面发挥着重要作用。即便如此，信托自由不羁的品性仍然存在，信托产品的设计往往游走于合法的边缘。

股权信托是否会成为当事人规避税法，逃避税收的工具？股权信托是否违反《公司法》、《物权法》的规定或精神，形成对股权不合理性的限制？股权信托是否违反《证券法》、《上市公司收购管理办法》、《上市公司股东持股变动信息披露管理办法》等规定，弱化了股权收购中关于信息披露的要求。虽然实践中已经出现了诸多定型化的股权信托，但是这并不意味着这些股权信托不存在法律风险。以股权收购为目的的股权信托、房地产公司股权信托融资等存在法律风险需要完善相关法律法规以及监管制度。

二、股权信托性质与功能部分回归

（一）民事信托与营业信托的区分标准

根据我国《信托法》第 3 条的规定，信托可以划分为民事信托、营业信托与公益信托三种类型。关于民事信托与营业信托或商事信托之间的区分标准，法律并无明文规定，学者认识不一。[1]①将受益人与委托人关系作为判断标准。该说认为，民事信托与商事信托的主要区别在于受益人与委托人是否重合。受益人与委托人重合，信托主体只有委托人和受托人两方，即为商事信托；受益人与委托人不重合，信托主体有委托人、受托人、受益人三方，则为民事信托。如江平教授认为："区分民事商事信托的一个重要的标准就是：信托是否有三方关系形成。民事信托很大的特征是三方的关系，商事信托基本上都是两方的关系，也就是受益人就是委托人。"[2]②将营业性作为判断标准。该说认为具有营业性的信托为营业信托或商事信托，相反，不具有营业性的信托为民事信托。如有学者认为："营业信托的特点在于其营业性，属于商事信托。"[3]③将受托人身份作为判断标准。该说认为，应当以受托人的身份作为区分民事信托与商事信托的标准。"民事信托是指具有私益

---

[1] 本文探讨的营业信托是与民事信托相对应的概念，等同于商事信托。不能仅仅从字面对营业信托进行解释，将营业信托简单等同于营业信托公司或机构从事的信托。

[2] 江平："信托立法中的三个问题"，载中国金融服务法治网 http://www.financialservicelaw.com.cn/article/default.asp？id=4666，2015 年 11 月 20 日访问。

[3] 施天涛：《商法学》，法律出版社 2003 年版，第 428 页。

性质、由除营业受托人以外的主体担任受托人的信托。营业受托人一般由信托公司、信托银行等金融企业充任。"[1]

以信托发展史为视角进行考察，最初的信托业态为民事信托，而营业信托或商事信托是伴随专业化信托机构出现，信托目的的多元化以及信托的投融资功能强化而出现的。营业信托或商事信托是民事信托的变形或升级。两者在一定程度上存在重合、交叉。民事信托与营业信托或商事信托的显著区别在于营业信托或商事信托具有营业性，属于营利性信托行为。其外在的表现形式是：营业信托或商事信托的受托方为具有专业性的信托公司或信托银行；委托人即为受益人；信托期限相对较短。上述学者确定的区分标准均有一定的合理性，是对现实生活中不同类型信托进行描述和抽象的结果。应当以信托行为是否具有营利性作为判断民事信托与营业信托或商事信托的抽象标准，辅之以受托人身份以及委托人与受益人关系等直观、具体的标准。不能将具体标准推向极端化。例如，现代社会家族信托通常是以专业信托机构或公司作为受托人的，但是，信托机构或公司从事家族信托业务活动往往并不具有营业性特征，信托行为主要目的在于家族财富传承和财产保值增值，仍属于民事信托的范畴。此外，自益信托、短期信托与商事信托之间、他益信托、长期信托与民事信托之间不存在绝对的一一对应关系。实践中，营业信托或商事信托中委托人多数是为自己利益设定较短期限的信托，而民事信托中委托人多数是为他人利益设定较长期限的信托。但这只是对社会现象进行不完全归纳的结果，不能将其推向极致。

(二) 股权信托部分向民事信托回归

我国《信托法》第24条规定：受托人应当是具有完全民事行为能力的自然人、法人。根据该规定，自然人和法人都可以作为股权信托的受托人。但是，我国实践中，以自然人或信托公司以外的法人作为股权信托受托人的情况极为少见。股权信托受托人主要是从事营业经营的信托公司或其他信托机构，主要目的在于满足社会主体投融资及理财等需求。民事信托属性的股权信托缺乏相应的理论和实践。

民事股权信托在家族财富传承与股权管理等方面的功能是股权信托最初

[1] 吴弘、贾希凌、程胜：《信托法论——中国信托市场发育发展的法律调整》，立信会计出版社2003年版，第361页。

兴起的主要原因，目前在国外仍然盛行。如洛克菲勒家族通过家族股权信托方式传承财富并保持股权相对集中行使。而以自然人为受托人进行股权管理信托的方式也普遍存在。股权信托不仅解决了社会主体投资、融资等需求，而且在财富传承和股权管理方面发挥了重要作用。而我国因缺乏民事信托属性的股权信托在社会生活中产生了一系列的弊端。

首先，限制了创业型股东对未来股权如何安排的选择。改革开放以来我国经济迅猛发展，一大批杰出的创业型人才涌现。创业型股东拥有丰富的股权管理经验，同时对企业有着深厚感情。但是，随着年龄增长，选择适当的方式对股权未来的行使和处分进行安排的需要逐渐增长。尤其是在其继承人明显缺乏管理企业的能力或动力的情形，如何在其身故后传承财产，使其财富保值增值，保障继承人获得相应的生活保障是诸多创业型股东无法回避的问题。根据我国《合同法》、《物权法》、《继承法》等相关规定，通过遗嘱、继承、合同等方式对股权未来行使与处分进行安排，都无法充分保障创业型股权人的意愿在其死亡后得以体现。其次，信托公司主导下的营业股权信托模式无法满足社会生活中多样化的主体需要。营业股权信托模式下，股权信托设计针对的客户群、预期目的相对单一，通常重资金融通而忽视股权管理，无法满足社会主体的多样化需求。如目前我国小微企业股权人无法达到家族信托的门槛，且家族信托的信托财产限于资金形式，难以满足现实生活的需要。

以资金融通为主要目的营业股权信托在社会生活中起到了不可忽视的作用。但是，这并不否认发展以股权管理和财富传承为目的的民事股权信托的重要性。从扩大受托人范围、拓宽信托公司或机构信托业务，增强信托的财富传承功能等方面着手，让股权信托部分回归至民事信托的性质和功能。股权信托向民事信托的回归需要相应的制度保障和支持。这就需要明确不同类型的主体在股权信托中的法律地位，明晰委托人、受托人、受益人在股权信托中的权利、义务和责任，并根据需要建立相应的监督管理机制或监管规则。通过法律保障消除当事人之间的不信任，避免诱发道德风险和金融风险，保障权利人的合法权益。

三、股权信托中信托股权的权属争议及辨析

股权登记在受托人名下是否应当作为股权信托法律关系成立的要件？理论和实务中普遍认为，无论信托股权来源于委托人的资金还是其持有的股权，

都必须移转至受托人名下，股权信托法律关系才能成立。通过委托合同未移转股权交由他人进行管理和处分股权的行为，构成委托和代理，受托人不能以自己的名义对外管理和处分股权，不构成股权信托。少数学者认为股权信托法律关系成立不以委托人移转股权为必要要件。

（一）《信托法》第 2 条中"委托给"与所有权转移的关系

我国《信托法》第 2 条规定信托成立的要件是"委托人将财产委托给受托人"。立法上使用了"委托给"这一模糊的概念，导致学理和实务上就"委托给"与"转移给"是否等同发生争议。

多数学者认为，"委托给"是"委托"＋"给"，"委托"是合同行为，"给"是物权移转或变动行为。信托财产移转所有权是设立信托的必要要件，否则只构成财产托管。基于此，有学者将股权移转与否作为股权信托与股权托管的区别。"严格意义上的股权信托必须具备信托股权所有权的分离、信托之股权转移于受托人并由其占有人、受托人对受益人负有信义义务、受益人享有追及权等基本要素"〔1〕委托他人对股权进行管理或处分，但股东名册、工商登记并不进行变更的，属于委托代理关系而非信托关系。

少数学者提出反对意见，认为"委托给"不同于"财产权移转给"，"给"是对标的物控制事实状态变化的描述，并非必然指向所有权。如有学者认为："我国《信托法》虽然明确了信托财产的独立性，但未直接明确规定设立信托需要转移所有权。"〔2〕"委托人将财产'委托'给受托人，意味着财产可能转移、也可能并未转移给受托人，并不意味着信托财产的所有权一定归委托人所有。"〔3〕

楼建波教授认为："立法上的含糊其辞反而为信托制度在复杂交易形态中的应用提供了灵活空间，让当事人能够根据交易目的决定是否转移信托财产的权属。这一看似'歪打正着'的结果也促使我们反思'信托就意味着所有权转移'命题的正当性。"〔4〕

---

〔1〕 丛彦国："股权信托的登记问题研究"，载《海南金融》2015 年第 9 期。

〔2〕 刘杰山："股权收益权信托制度研究"，载《晋中学院学报》2015 年第 2 期。

〔3〕 何宝玉：《信托法原理研究》，中国政法大学出版社 2005 年版，第 11～12 页。

〔4〕 楼建波："信托财产的独立性与信托财产归属的关系——兼论中国《信托法》第 2 条的解释与应用"，载《广东社会科学》2012 年第 2 期。

（二）不同法律传统和框架下对信托财产归属的解读

信托制度设计与法律传统密切相关。在以"双重所有权"为基础的英美法系信托法传统与以"一物一权"为基础的大陆法系信托法传统设定的框架中对信托财产归属进行解读，其结论存在差异。具体而言，在"双重所有权"结构体系下，委托人和受托人可以同时对信托财产享有所有权，即委托人是实质意义上的所有权人，而受托人是形式意义上的所有权人。设定信托时信托财产的权属形式上发生移转。"双重所有权"结构体系下信托财产归属明晰，形成了有效行使和监督权利的机制，委托人与受托人之间以及受托人与第三人之间关系明确。

将"双重所有权"结构体系下的安排僵化移植到奉行"一物一权"的大陆法系国家，就会产生变异和不适应。由于没有形式上的所有权或名义上的所有权与实质上的所有权之分，在大陆法系国家，委托人将所有权移转给受托人意味着受托人成为完全的所有权人，而委托人与信托财产之间不再存在物权上的联系，只能通过合同对受托人进行约束。我国《物权法》秉承大陆法系国家一物一权原则，应作类似解释。"双重所有权"结构体系下明晰的财产结构以及由此形成的权利行使和监督机制在大陆法系框架中出现功能紊乱。换言之，以英美法传统中抽象出的法律命题在奉行"一物一权"的国家或地区具有不可复制性，僵化的类似制度设计难以达到同等效果。无论将我国《信托法》第2条中规定的"委托给"解释为所有权归属于委托人，[1]还是将其解释为所有权归属于受托人，都难以真正解决信托制度设计面临的困境。

（三）从权属到独立性的法律命题的转变

"双重所有权"框架体系下，财产权属法律命题主要解决委托人与受托人之间、受托人与第三人、委托人或受益人与第三人之间的关系问题。信托财产名义上所有权归属受托人，受托人有权对外进行财产管理与处分；信托财产实质上归属于委托人，受托人管理与处分财产行为受到信托目的的限制，并非为自己的利益而为；信托财产名义上所有权与实质上所有权分离形成为特殊目的而存在的财产，与委托人和信托人其他一般财产相隔离。

上述问题在奉行"一物一权"的国家或地区无法在财产权归属的命题中寻求答案。考察大陆法系国家立法例，不难发现，立法对信托财产所有权归

---

〔1〕 张淳：《中国信托法特色论》，法律出版社2013年版，第59页。

属存在不同模式。"第一，规定信托财产的所有权归受益人，受托人只行使管理权。例如南非的继承信托中，遗产的所有权属于继承人，遗产的管理权则属于遗嘱执行人。第二，德国和列示敦士登把所有权赋予受托人，但规定了受托人对受益人的义务。我国台湾地区、日本、韩国也采取了这种模式。第三，规定信托是一个能享有权利及负有债务的法人，而信托财产的所有权归信托本身。例如加拿大魁北克省民法典（1260~1261）就作了这样的规定。"[1]问题的关键，不在于财产所有权的归属，而在于独立的信托财产的特殊性。

"所谓信托财产的独立性，是指信托一旦有效设立，则信托财产就从委托人、受托人和受益人的固有财产中分离出来，成为一种独立的财产整体，委托人、受托人和受益人各方的债权人行使债权均不得及于信托财产。"[2]信托财产的独立性被奉为现代信托制度的核心与灵魂。《海牙信托公约》第2条规定：信托财产组成信托之基金，且此基金并非受托人固有财产的一部分。以信托财产独立性为中心进行制度设计，而不是将目光仅仅局限于权利归属方面，才能不违反现行法律规范及精神的同时保持信托制度的不羁的品性。

信托财产的独立性制度设计可以赋予不同主体差异性财产权利，改变从单一所有权观念出发考察信托财产权利归属的思维模式。针对独立的信托财产，委托人或受益人享有区别于一般合同权利，而类似物权的财产权，受托人享有类似于所有权但又存在一定区别的财产权。换言之，应当从信托财产的视角，而非"合同+物权"的视角考虑财产归属，进而进行制度设计。信托财产的独立性既可以通过确定财产归属的方式实现，也可以通过完善不同主体的权利义务和责任的配置以及增强信托财产的可辨识性等方式实现。"通过信托登记对这些财产的独立性进行表彰，是对通过权属转移表彰信托财产独立性的一个替代。从这个意义上说，只有那些能够登记的财产设立信托时，当事人才能做不转移权属的安排。"[3]"股权是物权在投资领域的延伸"[4]股权信托中股权归属应作类似解读，即可以通过信托登记方式表彰信托股权

---

[1] 楼建波："信托财产的独立性与信托财产归属的关系——兼论中国《信托法》第2条的解释与应用"，载《广东社会科学》2012年第2期。

[2] 徐孟洲：《信托法》，法律出版社2006年版，第139页。

[3] 楼建波："信托财产的独立性与信托财产归属的关系——兼论中国《信托法》第2条的解释与应用"，载《广东社会科学》2012年第2期。

[4] 刘俊海："股权是物权在投资领域的延伸"，载《人民法院报》2008年1月31日，第5版。

的独立性，不必以移转股权为设立股权信托的要件。

四、股权信托登记制度评析与完善建议

股权信托登记需要明确的法律依据和程序设计。需要参照《公司登记管理办法》、《信托登记管理办法（征求意见稿）》以及上海自贸区《信托登记试行办法》等规定，制定股权信托登记管理办法，对股权信托登记的概念、适用范围、登记申请人、登记机关、登记事项、登记方法、需要提交的材料、办理流程、登记信息的查询等进行规定。

但是，目前股权信托仅有《信托法》第10条的规定作为法律依据。我国《信托法》第10条规定：设立信托，对于信托财产，有关法律、行政法规规定应当办理登记手续的，应当依法办理信托登记。未依照前款规定办理信托登记的应当补办登记手续；不补办的，该信托不产生效力。该规定对信托登记的效力进行了明确规定。但是，由于缺乏具体的、可操作性的股权信托登记法律文件，实务中存在以股权转让变更登记替代股权信托登记等现象。股权转让变更登记与股权信托登记关系如何？以股权转让变更登记替代股权信托登记是否具有合理性？如何完善股权信托登记制度？

（一）股权转让变更登记替代股权信托登记并非理性选择

一方面，虽然我国《信托法》第10条对信托登记进行了规定。但是，此后并未出台全国统一的关于信托登记的具体规则。2008年银监会颁布《信托登记管理办法（征求意见稿）》，2014年上海自贸区颁布《信托登记试行办法》等等在理论和实践上推动了信托登记制度的发展与完善。作为全国统一的信托登记机构与管理办法仍付诸阙如。另一方面，基于股权未进行信托登记会导致股权信托无效的判断，信托当事人具有进行股权信托登记的需求。股权信托登记制度缺失与股权信托登记制度需求之间形成矛盾。

作为权宜之计，部分地区工商行政管理部门以股权转让变更登记替代股权信托登记，满足股权信托主体的需要。[1]由此可见，以股权转让变更登记替代股权信托登记并非理性选择的结果，而是为弥补制度缺陷的无奈选择。

---

〔1〕 实践中因股权信托登记制度缺失，当事人通常会做出以下三种选择：第一，信托文件中规定信托登记事宜，不进行实质登记；第二，信托文件中规定信托登记事宜，又签订信托股权转让合同，以股权移转登记代替股权信托登记；第三，以股权质押登记辅以公证代替股权信托登记。

股权转让变更登记替代股权信托登记会产生意思表示不真实和加重税负负担等问题。

首先，委托人与受托人的真实意思表示是为了受益人的利益或特定目的而设立股权信托，并非纯粹是改变股权的权属。从委托人的角度而言，委托人并不愿意转移股权归属，彻底放弃股权，而是希望借助受托人优化股权管理和处分。从受托人的角度而言，受托人并不认为自己是完全的股权人，虽然其有权以自己的名义对外管理和处分股权，但是该管理与处分并非是为了自身的利益。委托人与受托人在设立股权信托时的预期与通常股权转移存在实质性区别。

其次，以股权转让变更登记替代股权信托登记会导致信托主体在股权信托关系设立、解除或终止时产生额外的税负。一方面，股权信托并非股权交易，故不应承担交易税。另一方面，股权信托往往会出现两次股权变动登记，即股权信托设立时股权由委托人转移至受托人的登记和股权信托终结时股权由受托人回归至委托人或继承人的登记。不区分具体情形，无疑会不合理地增加信托当事人的税负。

（二）有条件的生效要件主义转变为对抗主义

根据我国《信托法》第10条的规定，我国信托登记采纳了有条件的生效要件主义。一方面，设立信托以办理信托登记为生效要件，未办理信托登记的无效。另一方面，生效要件主义适用范围是有限的，仅适用于法律、行政法规规定应当办理登记手续的信托财产，且既未在当时办理信托登记又未事后补办。股权属于法律、行政法规规定应当办理登记手续的信托财产，应当以信托登记作为股权信托的生效条件。

与我国采用信托登记生效主义不同。日本、韩国等国家或地区采信托登记对抗主义。日本《信托法》中规定：对应登记或注册的财产权，如不登记或注册，其信托不得对抗第三者。韩国《信托法》也规定：关于需登记或注册的财产权，其信托可因登记或注册而与第三人对抗。对于有价证券，信托可根据内阁令的规定，对证券表明信托财产的实际情况；对于股票证券和公司证券，信托则可在股东名册薄或公司债券薄上，表明信托财产的实际情况，从而与第三人对抗。

考察国外或地区立法例以及我国股权信托的实践，登记生效主义确有过于严苛之嫌，以至于我国信托法本身就对其进行了缓和。股权信托登记的目的主要在于保障交易安全，保护股权信托当事人以外第三人的合法权益。"对设立信托采取不登记不生效主义，似失之过严，也是对委托人设立信托的意图的最大打击。"[1] 具体而言，基于资产隔离的设计，股权信托存续期间，信托股权为特定目的而存在，独立于委托人、受托人和受益人的一般财产，实质上并不属于任何信托当事人。这一独特的财产属性通常不为信托关系以外的第三人所知悉。为保障交易安全，公平保护第三人的合法权益，需要对信托股权进行信托登记，告知第三人该股权的特殊性质和目的，提示其区分该股权与受托人的一般财产。实现股权信托登记目的仅需采登记对抗主义模式即为已足，不必通过生效要件主义的要求限制市场主体行为自由的空间。

---

[1] 何宝玉：《信托法原理研究》，中国政法大学出版社 2005 年版，第 107 页。

域外商法

中韩公司法制度比较研究
——以中国经理和韩国执行官的引进和发展为中心

丁鈗澈*

一、引言

为了适应竞争激烈的海外市场，制定符合国际标准的公司法，2011 年 4 月 14 日颁布了韩国修订商法。这意味着支持自由和创意的企业经营，提高企业经营的透明性并建立公正的企业文化。

每次商法的修订，都存在实务界的批评，2011 年的修订也是如此，其中修订目的之一是通过透明的企业经营来建立公正的企业文化。具体为扩大董事的自我交易的规制范围；禁止挪用董事的公司机会；执行官制度（Executive Officer System）及合规官制度（Compliance Officer System）等等。扩大董事的自我交易的规制范围和禁止挪用董事的公司机会涉及到董事的忠实义务，董事和公司之间严格限制利益相冲突的交易，执行官制度（Executive Officer System）及合规官制度（Compliance Officer System）可以认为是强化守法性原则的一个制度，针对的是一般的企业。这些制度被认为立法目的不明确，但是对于企业而言，这些制度都是新规制，而且考虑到发生新的费用，所以企

---

* 丁鈗澈，韩国东国大学法学院博士，北京大学法学院 2013 级博士研究生。

业的抗议是理所当然的。

从立法过程中企业实务的反馈来看，引进执行官制度的抗议是前所未有的。执行官制度是一个分离业务执行和监督的手段，其最终目的是通过业务执行的高效率，提高经营成果。董事会具有监督权，执行官具有业务执行权，在这样的制度下，经营者成为执行官，最原始的经营者也就是董事成为监督者。董事会选任执行官，且以独立董事为中心构成董事会的话，公司所有者即大股东的影响力会越来越小，则大股东选任经营者的权利会受到限制。因此，企业实务界认为执行官制度的引进是企业所有者丧失经营权理念的表现，特别是以财阀企业（中国的家族企业）为中心的抗议是超出想象的。

本文，首先介绍引进韩国的执行官制度的意义及其背景，然后通过与中国经理制度的比较，查看韩国执行官制度的问题及完善。

二、在韩国执行官制度的界定

1. 执行官的概念。根据韩国《商法》第 408 条第 1 款的规定"公司可以设置执行官"，对执行官的概念没有具体规定。引进执行官制度之前，韩国法学者解释过实务中使用的（事实上）执行官的概念，即（事实上）执行官是"在代表董事的指挥或监督下，担当业务的高级使用人"或者"接受登记董事[1]的委任，执行公司业务的非登记董事"。

在韩国《商法》中，引进执行官制度之前，实务中公司章程等内部规章中规定了执行官的概念。韩国上市公司协议会的《上市公司标准章程》中规定"执行官是非登记董事，但是执行与董事相同公司业务的人"。而且，全国经纪人联合会的"股份公司职员职名经济系劝告案"中，规定了"执行官指的是总裁（chairman）、副总裁（vice chairman）、董事长（president）、副董事长（senior executive vice president）、执行副总裁（executive vice president）、高级副总裁（senior vice president）"。

因此，对执行官的概念，学者们的各抒己见及各个公司的内部规章的迥然不同是由于包括执行官制度在内的商法修订案通过韩国国会的批准时间很长。所以，商法修订案颁布之前，实务界和学术界使用了"非登记人员"就

---

[1] 韩国把董事分为登记董事与非登记董事，登记董事对全体股东负责并参与公司的经营，而非登记董事指一般的员工。

是执行官。从目前的争论来看，执行官的广义的含义是"登记人员（登记董事）和事实上执行公司业务的人（事实上执行官）"，狭义的含义是"设置执行官的公司中被董事会选任、解聘的业务执行机关（韩国商法中执行官）"。

2. 商法修订之前的"事实上执行官"。目前韩国《商法》第542条8第1款（独立董事的选任）规定了"上市公司考虑到资产规模，除总统令规定的情形以外，应当将董事总数的四分之一以上设为独立董事。但考虑到资产规模，总统令规定的上市公司中，应当有三名以上的独立董事，且需占董事总数的一半以上。"然而，韩国商法中制定有关独立董事的选任规定的时候，除董事会以外，没有其他执行业务机关的相关立法，也就是说没有执行官的相关立法，而且董事会同时担当对执行业务机关的监督作用（韩国《商法》第393条 第2款）[1]和执行业务作用（意思决定作用）（韩国《商法》第393条第1款），[2]发现了很多问题，这些独立董事制度导致对执行业务的监督效率低下的结果。所以，大规模上市公司（资产总额2兆韩币以上的上市公司）聘任独立董事无法执行公司的业务（独立董事的人员不足），因此现在的董事（登记董事）代替执行官，依据公司章程或内部规章，事实上执行官执行公司业务。[3]

然而，这些事实上的执行官虽然受到与登记董事相同的报酬和执行相同的业务，但是2011年修订之前韩国《商法》上不存在相应的法律依据，所以，事实上执行官面临权限，义务和责任等法律关系（委任关系或者雇佣关系）比较尴尬的问题。如因事实上执行官的业绩不佳，公司解雇事实上执行官的时候，执行官主张自己是根据雇佣合同的劳动者，认为这是劳动法中的不合理解雇，类似的情形不在少数。对这些诉讼，韩国大法院一直宣判为"这些事实上执行官没有被股东大会选聘，而且没有登记。所以事实上执行官的法律地位不是委托合同上的任员（高管），而是雇佣合同上的劳动者"。[4]因

---

〔1〕 韩国《商法》第393条第2款：董事会监督懂事的业务执行。

〔2〕 韩国《商法》第393条第1款：处分及转让重要资产，大规模资产的买入，控制人的选任或解聘，设立或转移，废止分公司等公司业务以董事会决议的方式而为之。

〔3〕 [韩]郑灿亨："股份公司的治理管理结构"，载《商事法研究》（第28卷第3号），韩国商事法学会2009年，第32页。

〔4〕 大法院判决2003.9.26，2005.5.27，2005.5.24等。

此，这些判决对公司不公平，公司的抗议也就变得多了。[1]

3. 引进执行官制度的意义。2011 年商法修订后引进的执行官制度具有四个意义：第一，对公司治理结构的选择上，充分尊重公司的自律性。第二，引进执行官制度的真正的意义不是规制公司高管，而是提高业务执行的效率。第三，为了此制度的成功，一定程度上肯定了大股东的影响力，努力打消实务界的疑虑。第四，对公司治理结构的全球化进一步发展。具体而言：

第一，容许对公司治理结构的选择。对于引进执行官制度的问题上，为强化董事会的业务监督作用以及提高执行业务的效率性，多数学者建议，大规模的上市公司强制引进执行官制度。[2]其理由，首先，这样的公司里已经存在跟执行官制度相关的独立董事制度与监事委员会制度；其次，引进执行官制度的主要原因是为了监督公司的业务执行情况以及更透彻的了解公司的财务情况，所以需要平衡监事委员会和执行官制度。[3]这样的观点貌似很有道理，值得考虑。但是，千篇一律的强制性规定上述公司治理结构，也难免出现一系列的问题。对公司而言，很难说什么样的公司治理结构是最佳的，无论什么公司，都不存在一定适用于某种公司治理结构。

现在韩国经济最热点的话题乃放宽限制，但是对"依据市场原理的公司规制"来看，公司具有治理结构的选择权是显而易见的。换句说话说，政府强迫公司引进执行官制度是无理取闹的。所以，2011 年修订的《商法》中给予公司来决定引进执行官制度的选择权是很明智的。

第二，重视业务执行的效率性。引进执行官制度的必要性之一是在规制的死角中使高管受到规制。[4]引进执行官的目的是使高级管理人员陷入规制的死角，那么不能强制性的引进此制度，立法目的上也会有局限性。

引进执行官制度不是规制死角中高管的问题，而是需要提高业务执行的效率性方面的考虑。这意味着公司需要决定执行官制度的引进与否。引进执行官制度不是强行性规定，而是任意性规定，主要作用就是提高业务执行的

---

〔1〕 韩国法务部：《商法（公司法）修订听证会资料》，2006 年版，第 4 页。

〔2〕 [韩] 郑灿亨："股份公司法修订的提议"，载《先进商事法务研究》（第 49 号），法务部 2010 年，第 17 页。

〔3〕 [韩] 全遇贤："完善股份公司监事委员会制度的考察"，载《商事法研究》（第 23 卷第 3 号），韩国商事法学会 2004 年版，第 284 页。

〔4〕 韩国法务部：《商法（公司篇）修订案解释资料》，2008 年版，第 180 页。

效率。

虽然执行官制度的引进问题上，若存在陷入法律死角中的高级管理员，则在选任阶段当中，该彻底查证这样的高管。为了设置这样的程序，韩国《商法》第 393 条第 1 款中应该规定"商业使用人的选任与任免"，而且，"商业使用人"的解释上，"不是董事或支配人，[1]但是具有很多业务执行的权限的高管"的话，存在规制的死角中的高管至少要通过董事会彻底查证的程序，所以选任阶段当中应慎之又慎。

第三，认定大股东的影响力。作为大规模公司经营者的董事，由股东大会选任，也就是股东大会决定公司的经营者。相反，执行官设置公司的经营者是执行官，执行官由董事会选任，所以董事会决定经营者的结构。当然，执行官设置公司的董事由股东大会选任，被选任的董事再选聘执行官，总而言之由股东大会选聘执行官。

但是，从控股股东的角色来看迥然不同。公司的大股东在股东大会中选任经营者，但在执行官设置公司中董事选任经营者，大型企业中的董事会成员中有很多独立董事与控股股东毫无关系。就是说，这样的董事会选任经营者的话，控制股东对公司的影响力比一般公司会受限制。

引进执行官制度的时候，韩国财系（财阀企业）反对理由之一是引进执行官制度会限制企业所有者的经营权。为了在企业实务中执行官制度的稳定实行，最重要的是解决这些忧虑。[2]这次修订法中不限制执行官兼任董事是考虑韩国财系（财阀企业）的忧虑。

第四，公司治理结构的全球化。执行官制度和独立董事制度是英美法中典型的"一元化的治管结构"制度。为了克服一元化体系的局限性或低效率性，由此诞生了执行官制度，其最终目标是分离执行业务和监督业务。

执行业务和监督业务的分离原则以德国为典型代表的"二元化的治理结构"为特点。德国的二元化体系是董事会具有执行业务权，监事会具有董事的选任权与任免权，所以对董事的业务执行，监事会要有对业务监督的可能性与适当性。在执行官制度下，董事会相当于德国的监事会，而执行官相当

---

〔1〕 支配人为商业使用人的一种。

〔2〕 〔韩〕洪复基："关于引进股份公司的执行官制度和其课题"，载《商事判例研究》（第19卷第4号），韩国商事判例学会 2006 年，第 93 页。

于德国的董事。[1]可知执行官制度是一个一元化的典型制度，但是考虑其作用更倾向于二元化的结构。此制度可看作是公司治理结构中的收敛现象的典型代表。目前公司治理结构方面出现共同的现象即各个国家都有各自的公司治理结构，但是基本上会以执行业务和监督业务分离原则为基础，即执行业务者只负责执行业务方面的管理，监督或监视执行业务人的人不执行业务，这样的体系占大多数（各个国家都差不多）。从这些的角度来看，2011 年韩国《商法》修订时，执行官制度的引进是韩国公司治理结构全球化的表现。

三、引进执行官制度的背景

1. 在韩国引进执行官制度的经过。以前主导韩国经济与产业的快速成长的原因之一是所有者经营体制（Owner Management）。即在所有者经营体制下，董事会具有决定业务、执行和监督的权力，而且公司存在监事，这更倾向于一元化董事结构 。但是在结构方面上，由于监督作用的弱化（自我监督），经营者的荒唐的公司经营丧失了公司经营的透明性。1997 年的金融危机，由于受到国际货币基金组织、世界银行等国际机构的外部压力，韩国证券交易法、商法等法律中，为强化经营者的监督和责任，韩国引进了美国模式——独立董事制度与监视委员会制度。除了强化董事会的监督业务作用的规定以外，其他的执行业务机关的立法还不存在，所以董事会不应担当监督者的角色，而且执行业务作用的效率性也不如从前。

为了降低对独立董事的消耗，减少登记董事的数量，把占少数的独立董事作为非登记董事。即在章程或内部规章中，非登记董事负责董事的业务。这些非登记董事不被股东大会选任，而且也不登记，并且在法律上没有规定相应的权限和责任，所以需要用规范的制度来把这些内容确定下来。

因此，执行官制度的必要性在瞬息万变的海外市场中与日俱增。为了在海外市场中具有竞争力，加强公司的透明性和效率性，完善符合全球标准的公司法制，2005 年韩国法务部开始了商法修订工程。6 年多的时间里，经过激烈的讨论和层层会议，2011 年修订了商法典。过程如下：

韩国法务部内设置"商法（公司法部门）修订特别委员会"。2006 年 6

---

[1] [韩]金建植："从法律的角色看监事委员会"，载《BFL》（第 13 号），首尔大学校法学院 2005 年，第 61 页。

月和 7 月，通过公开听证会，收集了各方意见，在这些意见的基础上，2006 年 10 月 4 日，立法公告后，于 2007 年 9 月，起草完成商法修订案。经过许多论争后，于 2011 年 3 月 11 日韩国国会上通过。

2011 年 3 月 11 日的商法修订与之前的商法修订有所区别。2011 年修订的最大的意义之处是主动积极的修正（由于国际货币基金组织、世界银行等国际机关的要求，1998 年、1999 年和 2001 年的修订可看作是被动的修正）。2005 年开始修订工程以来，经过各界的讨论后，变更了 250 多条，被认为是韩国建国以来最大规模的修订。引进执行官制度的内容的商法修正案于 2011 年 4 月 14 日通过，4 月 15 日开始施行。

韩国商法（公司篇）修订的主要过程如下：

2005 年 7 月 28 日，法务部成员构成公司法修订特别委员会；法学者 8 人、法学实务者 3 人、经济实务者 3 人、经济学者 2 人、政府官员 2 人、政府单位研究所研究院 1 人、委员长是郑东润教授。

2006 年 6 月，到 15 日开小委员会会议 16 次和全体会议总 9 次。

2007 年 1 月，成立了商法公司篇焦点调整委员会，共开 3 次公开会议。

对 3 大焦点（执行官制度、禁止公司挪用公司机会和双重代表诉讼），经济团体和一般民众代表也参与了此次讨论。

2007 年 9 月，向第 17 代国会提交了商法公司篇修订案。

2008 年 10 月，向第 18 代国会提交了商法公司篇修订案。

2009 年 1 月，"关于资本市场和金融投资业的法律"施行，同时，通过了上市公司特例规定。

2009 年 4 月，通过了关于创业程序简单化及企业经营的 IT 化援助的规定。

2009 年 11 月，举行国会听证会。

2009 年 12 月，审查国会小审查室。

2010 年 11 月，审议国会法制司法委员会第 1 小委员会。

2011 年 3 月，通过了国会法制司法委员会第 1 小委员会、全体会议和国会会议。

2. 引进当时的论争。对执行官制度的引进与否，众说纷纭，赞成此制度的理由如下。1997 年韩国金融危机以后，为了加强对经营者的监督和责任，创新公司治理结构，被动地引进了美国模式的独立董事制度。公司章程或公司内部规章中设置了非登记董事（事实上负责与登记董事相同的业务，但不是由股东大会选举产生）。但是，不存在关于非登记董事的法律规定，导致他们的法律地位很尴尬（依据韩国大法院的判决，非登记董事被认为是雇佣合同中的劳动者）。对与之交易的相对人来说，非登记董事具有权限，但不具有责任，无法达到保护交易相对人的目的。[1]另外，依据法律规定，为了加强董事会的监督作用，一定规模以上的上市公司义务性的设置独立董事及监事委员会，由此看来，除了董事会以外，还需要设置以独立董事为中心的执行业务机关。但是不存在相应的立法。换句话说，虽然存在以独立董事中心的董事会，但根据目前商法规定，董事会依然负责执行业务。可以看出还未完全分离业务执行与监督，董事会形同虚设。

因此，董事会把业务执行权委托给其他机关，而董事会只负责对执行业务的监督，可实行有实效性的监督作用。为了恢复独立董事原始的作用，制定相应的法律是有必要的。主张引进执行官制度的观点认为通过分离公司的执行业务作用和监督作用，提高执行业务者意思决定的透明性，也是全球化的趋势。

相反，反对引进执行官制度的意见如下。强制性的引进执行官制度，会分离执行作用和监督作用，导致公司内部结构冲突的可能性大，也会弱化对风险投资和经营的果断性判断，进一步导致经营效率低下，使公司很被动的选择公司治理结构。[2]另外也有主张认为此制度会完善公司治理管理结构，执行官制度的引进虽对于执行官有了问责的法律依据，但对公司来讲，几乎没什么利益可言，且对修订商法上执行官制度的需求不是很高，也是现实中面临的问题

对于引进执行官制度的赞成与反对意见不是绝对的，而是尊重公司的自律性，也就是公司自由地选择适合自己的治理结构。因此这次修订法案里"公司可以设置执行官。"的规定充分尊重了公司的自律性。[3]在这些针锋相对的意见中，2011年的修订商法里引进了执行官制度。

---

〔1〕［韩］郑灿亨："关于韩国股份公司执行官的研究"，载《高丽法学》（第43号），高丽大学法学研究院2004年，第43页。

〔2〕［韩］金正皓："董事会构成和独立董事制度"，载《商事法研究》（第29卷第2号），韩国商事法学会2010年，第230页。

〔3〕金正皓：《公司法》，博英社2010年版，第335页。

四、在中国经理制度的引进和发展

（一）近代的公司经理制度

公司制度传入中国始于清末，当时欧洲列强的殖民制度将其公司理念带入了中国。从清末开始，中国开始公司的实践和立法摸索，公司经理制度也逐渐确立。

1. 清末的《公司律》中的经理制度。1904年1月21日，清政府颁布了《大清钦定商律》，包括《商人通例》（第9条）和《公司律》（第131条），"公司"二字"始为法定之名词"。在《公司律》的治理框架中，由众股东公举董事数员，组成董事局（第62条），董事局选聘公司经理（总办或总司理人），即"总办或总司理人、司事人等，均由董事局选派，有不胜任及舞弊者，亦由董事局开除"（第77条）。公司经理对董事会负责，"然无论大小应办应商各事宜，总办或总司理人悉宜察承于董事局"（第67条），"总办或总司理人可将应办各事项向董事局请示，如有紧要事件，可请董事局随时至公司酌夺"（第95条）等。基本沿袭了西方国家的公司立法制度。

《公司律》后的实践操作中，"突破了诸如官督商办企业中督办、会办、帮办之类的高层管理人员由大宪札委或由实力人物推荐、受推荐的人员大多以与官员的人际关系为转移而与股东大会或董事会几乎没有必然联系的框架，而是依据出资额的多寡来决定公司经理人员的人选。"[1]《公司律》使得公司经理制度走上了现代公司的轨道。

2. 民国时期的公司经理制度。北洋政府期间，对于经理制度规定最为详尽的是《商人通例》（第7章第73条）。[2]在《商人通例》中，经理作为商业使用人的一种，[3]系由"商业主人选任，使于营业所专理其商业"；第33条："凡商业主人所加于经理人代理权之限制，不得对抗不知情之第三者"；第36条："凡经理人，不得私自使用他人代自己执行"；第37条："经理人之选任及其代理权之消灭，均由商业主人于十五日内向该营业所该管官厅呈报

---

〔1〕 杨勇："近代中国公司治理思想研究"，复旦大学2005年博士论文。
〔2〕《高人通例》于1914年3月2日颁布，将分为商人、商人能力、商业注册、商号、商业账簿、商业使用人及商业学徒、代理商等。
〔3〕 商业使用人分为三种，即经理人、伙友和劳务者。伙友指受商业主人或经理人选用进行商业上某种事项的人；劳务者指与商业主人、经理人订立雇佣契约的人。

注"。可见，《商人通例》已经将经理权制度进行了系统的规定，与德、日等国的规定基本一致。《公司条例》中关于公司经理的规定基本上适用《商人通例》的规定，故从法规上看，北洋政府期间的公司经理制度已经非常健全。

1928 年，国民政府定都南京后，关于民商合一和民商分立的讨论，也因当时国民政府立法院院长胡汉民和副院长林森的力挺而最终采取了民商合一的立法模式。[1]公司经理制度也因此进入了《民法》和单行《公司法》中。1929 年，国民政府"民法债编"颁布，经理人制度就规定在该编中。《民法》第 553 条规定："称经理人者，谓有为商号管理事务，及为其签名之权利人。前项经理权之授予得以明示或默示为之。经理权得限于管理商号事务之一部或商号之一分号或数分号。"经理人"就所任之事务视为有代表商号为原告或被告或其他一切诉讼上行为之权"。民法典中的经理人制度与台湾现行经理人制度类似，有关经理权的制度也比较健全。

1929 年 12 月 30 日，国民政府几经修改的《公司法》正式颁布，这是一部"比较完整的现代中国公司立法"。[2]1929 年《公司法》充分吸取了当时发达国家（尤其是德、日两国）公司法的精髓，在经理制度上，除了在"民法债编"中有所规定外，在《公司法》中也进行了相应的规定。在《公司法》规定的治理框架中，经理则受聘于董事会，在董事会授权范围内行使经营权，董事会与经理人之间形成委托代理关系，经理对董事会负责，其经营业绩受到董事会的监督和评判。监事会接受股东大会的委托，对董事会和经理进行监督，以维护公司的权益。经理人作为公司的代理人地位已经比较明确，其权利和义务等与德、日等国的规定几乎一致。

综上，中国近代的公司经理制度，虽然在实践中有时不甚理想，如清末官督商办期间的官僚习气、民国政府对公司的控制及抗战后期（1946 年对《公司法》进行过修订）公司内部官僚化等[3]现象。但是，在立法的制度供应上，从一开始就是延承了西方立法的精髓，对公司经理的地位、经理权以及义务和责任等有了较为系统而清晰的规定。

（二）公司法制定之前的公司经理制度

1993 年之前，新中国（包括民主革命时期）没有公司立法，企业基本上

---

[1]　季立刚："民国商事立法研究（1912～1937）"，华东政法大学 2005 年博士论文。
[2]　江平：《新编公司法教程》，法律出版社 1994 年版，第 15 页。
[3]　杨勇："近代中国公司治理思想研究"，复旦大学 2005 年博士论文。

都是以国有（国营）厂矿的形式存在，这些国营企业的内部治理与党和政府的政策紧密联系。国营企业的领导体制（治理体制）及经理制度大概经历了以下几个阶段：第一阶段：民主革命时期的"三人团"及"工厂管理委员会"领导体制等。[1]1949 年 8 月华北人民政府颁布的《关于在国营、公营工厂企业中建立工厂治理委员会与工厂职工代表会议的实施条例（草案）》对工厂管理委员会[2]进行了系统的规定。

第二阶段：1949~1953 年的多样化企业领导体制。该阶段因为各地的情况不一致，党内厂长人才的缺乏以及对于场内党群工作的考虑等多方面原因，致使各地因地制宜，分头摸索。

第三阶段：1953~1956 年全面推行厂长负责制。1953 年，中国转入大规模经济建设，并开始执行第一个五年计划。在企业治理方面，也更加强调责任制和规范化。

第四阶段：1956~1966 年"文革"前的党委领导下的厂长负责制。基于党内对于个人主义的批判以及苏联"一长制"所暴露的问题，1956 年党的八大提出实行党委领导下的厂长负责制，"在企业中，应当建立以党为核心的集体领导和个人负责相结合的领导制度。

第五阶段："文革"中、后期，企业实行了革委会和党委一元化领导制，一切事情都要书记说了算，实际上形成了"书记一长制"。

第六阶段："文革"后恢复实行党委领导下的厂长负责制。要点是：党委集体领导，职工民主管理，厂长行政指挥。[3]

第七阶段：厂长（经理）负责制。[4]1986 年 9 月 16 日，国务院颁布《全民所有制工业企业厂长工作条例》第 2 条规定："企业的法定代表人为厂长，负责代表法人行使职权。厂长依据本条例规定，对本企业的生产指挥和

---

〔1〕 "三人团"由厂长、党支部书记和工会委员长组成，厂长召集。凡企业生产经营中的重大问题，都由"三人团"讨论决定。工厂管理委员会除厂长、党支部书记和工会主任参加外，还包括工程师、主要工段长以及职工大会选出的代表组成，厂长担任主席。

〔2〕 在抗日战争时期的晋察冀、晋冀鲁豫解放区工厂中，实行了工厂管理委员会领导制。到解放战争时期，这种领净制度推广到各个解放区。

〔3〕 1983 年 4 月 1 日，国务院颁布的《国营工业企业暂行条例》（已失效）第 4 条规定："企业实行党委领导下的厂长（经理）负责制。企业实行党委领导下的职工代表大会制。企业在生产经营活动中实行党委集体领导、职工民主管理、厂长行政指挥的根本原则。"

〔4〕 该种企业领导体制于 1980 年开始在少数企业试验，1984 年开始在全国的国有企业中推广。

经营管理工作统一领导，全面负责。"〔1〕

综上，从新中国1993年前的国营企业治理体制（领导体制）的变迁可以看出，国营企业的治理结构始终在厂长（经理）负责制与党的集体领导体制之间摇摆。一方面是因为建国初期的政治气候和政治理念的影响，另一方面，厂长（经理）负责制这种企业内部高度集权的一长制体制对于厂长的要求较高。1980年8月18日，邓小平在《党和国家领导制度的改革》讲话中谈到，"实行这些改革，是为了使党委摆脱日常事务，集中力量做好思想政治工作和监督工作。1992年7月国务院发布施行《全民所有制工业企业转换经营机制条例》，党组织在企业中的定位从80年代末的"保证监督作用"修改为"政治核心作用"。〔2〕党组织逐渐退出企业经营工作，经理全面负责企业的工作，经理不但是企业管理层级的顶端、也是决策层的（个人）顶端、还是具有行政级别的单位首长。

（三）1993年《公司法》中，公司经理制度

1992年5月国家体改委发布了《股份有限公司规范意见》、《有限责任公司规范意见》，国有企业开始公司化改革。1993年12月29日，《中华人民共和国公司法》正式出台。"人们注意到，1994年之后，在党和国家的重要文献中不再重提厂长负责制。相应地，一些新的科学概念正在形成，国有企业领导体制正在经历着一场新的变革。"〔3〕新中国的《公司法》对于公司制度、以及公司经理制度的发展具有里程碑意义。

关于1993年《公司法》的公司经理制度，大致包括以下几方面的内容：第一，采用分权制衡的治理结构。对《企业法》赋予厂长（经理）的职权进行了大刀阔斧的肢解，股东大会行使权力机关的职权，董事会行使执行机关的职权，监事会行使监督职权，公司经理主持公司的日常生产经营管理工作。另外，在制约机制方面，董事会对股东大会负责，经理对董事会负责，董事和经理均须接受监事会的监督。经理是公司的必设机构。第二，经理的任职。

〔1〕 1988年4月13日，《中华人民共和国全民所有制工业企业法》第7条规定："企业实行厂长（经理）负责制。厂长依法行使职权，受法律保护。"以法律的形式规定了厂长负责制。1993年《中共中央关于建立社会主义市场经济体制若干问题的决定》指出："改革和完善企业领导体制和组织管理制度，坚持和完善厂长（经理）负责制。"比较坚定地走上了厂长（经理）负责制的道路。

〔2〕 虞锡君："对厂长负责制的反思"，载《管理世界》1999年第5期。

〔3〕 虞锡君："对厂长负责制的反思"，载《管理世界》1999年第5期。

规定"公司经理由董事会聘任或者解聘"（第46、112条），并且列举了经理的任职资格限制（第57条）。第三，经理的职权。采用"职权法定"的模式，以法律明确列举的方式规定了经理广泛的职权，主要包括"组织经营权、公司内部规章制订权、人事任免权和其他权利"[1]（第50、119条）等。第四，经理的义务和责任。明确用"1个应当、8个不得"列举了公司经理的忠实义务，（第58~62条），并且规定了经理对公司的民事责任（第63条）。

1993年《公司法》比较全面的规定了现代公司体制下的经理制度，但是从旧有体制中发展而来的经理制度，不可避免地存在一些问题。其中，受批评和议论最多的就是"经理职权法定化"。学者从西方现代公司经理制度的规范出发，认为法定列举经理职权的规定是对传统企业领导体制的继受，是"集中型的传统企业领导体制的某些东西经过改革在股份有限公司中的保留，并与民主型股份有限公司组织机构实现了结合"。[2]另外，具有代表性的几种外国公司法无一列举公司经理的职权，这不仅是因为这种列举面临难以克服的立法技术上的困难，而且因为这种列举缺乏必要性。经理的职权范围因公司的规模、经理是否兼任董事、经营机构的设置、股东控制公司的能力而有所不同，而且应由董事会根据具体情况而随时变更。通过立法来规定统一模式反而不便。[3]

（四）2005年《公司法》中的公司经理制度

关于公司经理制度方面，在学界对1993年《公司法》深入探讨的基础上，2005年《公司法》做了一定的修改，主要表现为以下几个方面：

第一，在经理设置方面。有限公司的经理变成"可设"机构，股份公司的经理还是"必设"。放开了有限公司经理设置的强制性规定，"主要考虑了以下两个方面：一是有限责任公司具有很强的人合性和一定的封闭性特点，公司法可以赋予其很强的自治性空间，没有必要规定一律都需设立经理。二是有的有限责任公司较小，股东往往亲自参与公司的经营管理，股东完全可以根据公司的业务经营需要对公司管理职位作出恰当的选择与安排，公司法同样无须越俎代庖，而应将是否设立经理、如何设置的选择权交由公司董事

---

〔1〕 范健、蒋大兴："公司经理权法律问题比较研究——兼及中国公司立法之检讨"，载《南京大学学报》1998年第3期。

〔2〕 王保树："股份公司组织机构立法的实态考察与立法课题"，载《法学研究》1998年第2期。

〔3〕 江平：《新编公司法教程》，法律出版社1994年版，第214页。

会作出决定。"[1]相应的，立法者认为股份公司的规模相对较大，股东和董事全面执行业务不大现实，还应由经理来执行公司具体事务[2]。

第二，在经理职权方面。实质性地改变了1993年《公司法》的"法定职权"制度。2005年《公司法》第50条规定有限公司中，"公司章程对经理职权另有规定的，从其规定。"另第114条规定"本法第五十条关于有限责任公司经理职权的规定，适用于股份有限公司经理。"即，在中国的公司中，章程可以对第50条中列举的8项经理职权进行改动，而且经理的最终职权是以章程的规定为主。公司经理的职权由原来的"法定模式"实质上变成了"章定模式"。《公司法》虽然对公司经理职权进行了非常详尽而又基本没有变化的列举，但实际上，只要公司股东在章程中进行规定，"就可以扩大经理的法定（列举的）职权范围，也可以缩小其职权，甚至可以剥夺其职权。"[3]2005年《公司法》中所有的8项职权列举实际上已经变成了"任意性"规范，只起到一种引导的作用，这应该是公司经理制度的一个突破性修改。

第三，在经理义务方面。首先，明确指出经理对公司负有"忠实和勤勉义务"，[4]将以往学理上概括的"忠实义务"和"勤勉义务"[5]术语写在法条当中，并且第一次在《公司法》中明确规定了"勤勉义务"，弥补了法律的空白。虽然只是比较原则的规定，但是可以像英美法一样涵盖了一系列具体的义务，可谓意义重大；另外，在忠实义务具体规定方面，增加了禁止经理"篡夺公司机会"的规定，还规定了一个弹性条款"违反对公司忠实义务的其他行为"，更加周全，立法技术上更加科学。

---

[1]　赵旭东：《新旧公司法比较分析》，人民法院出版社2005年版，第230页。

[2]　笔者认为，中国《公司法》规定股份公司必设经理的规定还是有待商榷的。是否设经理的关键不在于公司的规模和股东的人数，也不在于公司业务的复杂程度，而应在于公司根据实际情况的个案必要性。因为有限公司的规模可以发展的很大，相对应的股份公司的规模可以较小，股份公司的股东人数甚至可以比有限公司还少。如果在实践操作中，一个规模相对较小（如500万）、股东人数相对较少（如2人）的股份公司要必设经理，而一个规模很大（如10亿）、股东人数相对较多（如49人）的有限公司则可以不必设经理，这确实是一个滑稽的现象。故而，笔者主张今后的《公司法》修法中，应该把股份公司的经理也改成可设模式，交由公司根据自身的情况来决定。

[3]　赵旭东：《新旧公司法比较分析》，人民法院出版社2005年版，第230页。

[4]　2005年《公司法》第148条规定："董事、监事、高级管理人员应当遵守法律、行政法规和公司章程，对公司负有忠实和勤勉义务。"

[5]　中国《公司法》上所指的"勤勉义务"一般认为相当于英美法中的注意义务（duty of care）。

第四，在经理民事责任方面。增加了股东派生诉讼制度（第2条），明确了追究经理民事责任的程序。当经理违反忠实义务侵犯公司利益时，适格股东可以书面请求监事或监事会请求提起诉讼，监事或监事会收到书面请求后拒绝提起诉讼，或者自收到请求之日起30日内未提起诉讼，或者情况紧急、不立即提起诉讼将会使公司利益受到难以弥补的损害的，股东有权为了公司的利益以自己的名义直接向人民法院提起诉讼。

（五）小结

从上述中国经理制度的历史整理中可以看出，中国的经理制度自古存在，而且历史悠久，但自近代以来，伴随公司实践的"公司经理"制度的发展却屡遭波折。相较于西方国家公司经理制度的历史发展，仅略作以下总结：

第一，从发展轨迹来看，西方国家的公司经理制度呈现出一种直线式发展的轨迹，而中国的公司经理发展则呈现出明显的波段式发展轨迹。西方国家从罗马社会的奴隶经理、到商人公会的执行官们、到近代公司一元制的由董事会选举产生的总督、再到现代股份公司总裁（CEO），每个环节的发展都是前后相连、递进发展的。而中国的经理制度在古代的自发式演进中业已比较成熟，但清末、民国主张效仿西方公司经理，晋商票号的那套经理负责制也因票号的没落衰败而被丢进历史的垃圾堆，公司经理制度刚刚引进不久，未曾有效付诸实践时，新中国又从头再来，从国营企业的一长制慢慢向公司经理制度发展。中国的公司经理制度进程艰辛而又坎坷。

第二，从发展模式来看，西方国家的公司经理制度是一种"内生式"模式，而中国的公司经理制度则表现为"外推式"模式。西方国家公司经理制度是西方的商人们在商业实践中逐渐摸索总结出来的，商人们基于实践中的需要，或为方便（如商人公会设执行官处理纷争事务）、或为利益纷争（如东印度将总督改由董事会选举）、或为公司运行效率（如现代公司大权在握的CEO），每一步都是商人们智慧和抗衡的结晶，最终表现为一种法律制度，是一种自下而上的生成模式。而中国的公司经理制度发展，则是政府在强力地推动，或为了富国强兵（如清末）、或为了立法周延（如民国的很多法律源于国外）、或为了强化组织领导（如建国初期的党组织在公司中的地位演变）、或为了借鉴（如国企公司化改制），始终有一种政府的力量和因素在推动和主宰着公司经理制度的立法和演进，是一种自上而下的生成模式。也许在西方公司（经理制度）是商人们的工具，而在中国的演变过程中，公司（经理制度）难免夹杂着一些制度以外的思想和制度表现。

第三，从制度供给与实务操作的融合来看，学习西方的法律制度"易"，操作西方的治理模式"难"。在公司经理制度的法律发展来看，中国从清末开始就直接引进了西方最新的立法成果，可谓后发优势明显。如清末的《公司律》确立的公司治理结构已经比较正确，而且经理的法律地位非常明确，民国的《商人通例》公司经理法律制度研究更是把经理权制度规定得非常具体，到后来的《公司法》以及"民法债编"则是已经非常成熟的制度体系。可以说，中国近代的公司立法以及公司经理法律制度已经非常先进。但是，真正的实务操作却使得公司治理制度、公司经理制度等离法律层面的要求存在差距。

五、结论

2011 年韩国商法修订规定了执行官制度，对于执行官制度的立法目的有不同的意见。但是对引进执行官制度，要尊重公司的自律性，执行官制度的作用就是提高执行业务的效率性，这一方面是值得去高度评价的。

但是修订法的具体内容来看，也有立法目的不确切的方面。主要如下。第一，允许执行官兼任董事及兼任后可执行业务的范围，需要法律规定；第二，任免执行官时如果没有妥当的任免机制，还需损害赔偿制度以及股东的任免请求权的规定；第三，执行官的任期与董事相同，不能超过 3 年，需要设定任期的上限，笔者认为这样比较合理。

目前韩国公司治理结构改革的主要以监事制度为中心，且对于执行官制度和董事会制度的改善方面也是一直成为焦点。为了确保执行官制度的实效性，规定公司强迫地选择千篇一律的公司治理结构，这显然是不合理的。所以不论企业的规模，公司应该自主的选择适合自身发展的治理模式。但是对于执行官设置公司来说，笔者认为应支持以独立董事为中心构成董事会并负责监督的体系。

欧盟婴幼儿食品法规标准的比较研究与借鉴

刘筠筠　周铄典*

一、关于婴幼儿食品的概念

"婴幼儿食品"是指用于满足健康并且正在断奶的婴儿的特殊需求的食品，和作为一种辅助手段协助健康幼儿调整饮食、适应普通食品。从食品主要成分来说，婴幼儿食品主要包括：经过处理的谷类食物和乳类饮料及其针对幼儿的同类产品。其中"婴儿"是指12个月以下的孩子，"幼儿"是指年龄在一至三年之间的儿童。从食品形式上来说，婴幼儿食品主要包括配方食品、辅助食品和辅食营养补充品三大类。其中配方食品是婴儿期的主要食品，辅助食品（简称辅食）和辅食营养补充品可适当添加。欧盟对其中污染物、微生物、农药兽药残留等都制定了严格的限量标准。

二、欧盟关于婴幼儿食品安全法规标准的概况

2013年6月29日，欧洲议会和欧盟理事会发布关于婴幼儿食品的法规（EU）No. 609/2013，并于2016年7月20日生效。该法规对于婴儿配方食品及较大婴儿配方食品、加工谷物基食品及婴幼儿食品建立了通用规定，并就可添加至这些食品类别中的物质建立了一份联合目录及其更新规则。该法规还规定婴幼儿食品所适用的所有欧盟法律适用于本法规所覆盖食品类别，当有抵触时，本法规所述规定优先适用。欧盟委员会还表示于2015年7月20之前就以上食品类别的组成、婴幼儿配方食品的促销及商业活动，以及婴幼儿

---

* 刘筠筠，北京工商大学教授；周铄典，北京工商大学法学院学生。

及儿童喂养介绍，面向年龄较小儿童的乳基饮料及类似产品陆续发布具体法案。该法规是在欧盟原有婴幼儿食品安全标准法规体系的基础上制定的而实施，并将取代了欧盟原有的一系列有关食品使用与质量标准的法规与指令：如欧盟理事会在 1992 年 7 月 1 日发布的关于出口到第三国家的婴儿配方奶粉和较大婴儿配方奶粉的指令 92/52/EEC；欧盟委员会在 2006 年 12 月 6 日发布的关于加工谷类食品和婴幼儿食品的指令 2006/125/EC、在 2006 年 12 月 30 日发布的关于婴儿配方和较大婴儿配方食品的指令 2006/141/EC。因此，该法律规范将有关于婴幼儿食品的多个指令统一并集中起来，使得欧盟的婴幼儿食品法律规范体系更加准确、简洁。

（一）欧盟婴幼儿食品基本营养成分标准

婴幼儿食品基本营养成分的完整和充足是至关重要的。下文将按照婴幼儿配方食品如婴儿配方奶粉，加工谷物食品和其他辅助食品的分类进行说明。主要涉及到欧盟委员会在 2006 年 12 月 6 日发布的关于加工谷类食品和婴幼儿食品的指令 2006/125/EC 和在 2006 年 12 月 30 日发布的关于婴儿配方和较大婴儿配方食品的指令 2006/141/EC ［10］。

1. 婴幼儿配方食品基本营养成分。婴幼儿配方食品是指以乳类及乳蛋白制品和/或大豆及大豆蛋白制品为主要原料，加入适量维生素、矿物质和/或其他辅料，仅用物理方法生产加工制成的液态或粉状产品，适用于不同阶段婴幼儿食用，其营养成分能满足婴幼儿的正常或部分营养需要。其中婴儿配方食品在婴儿的饮食中的起到重要作用，因其主要用于婴儿断奶过程中，满足他们健康生长发育所需要的营养需求。同时，当婴儿缺乏母乳时，在使用辅食之前最初的几个月内，婴儿配方奶粉是用于满足婴儿的营养需求的唯一食品〔1〕。因此婴幼儿配方食品基本营养相关标准享有重要地位。

依照 2006/141/EC 规定，只有下列物质可以使用于婴幼儿配方奶粉和后续配方中：①天然矿物质；②维生素；③氨基酸和其他含氮化合物，也就是通常意义上的蛋白质、脂肪和碳水化合物；④具有特殊营养用途的其它物质如核苷 。同时还规定了婴儿配方及较大婴儿配方食品中必需组分（如能量（energy）、蛋白质（protein）、牛磺酸（taurine）、胆碱（choline）、脂类（lip-

---

〔1〕 张丽、张文秋："我国与欧盟婴幼儿配方食品标准存在的差异分析"，载《标准科学》2013年第 8 期。

ids)、磷脂（phospholipids）、肌醇（inositol）、碳水化合物（carbohydrates）、果糖低聚糖（fructose oligosaccharides）、半乳糖低聚糖（semi lactose oligosaccharides）、矿物质（minerals）、维生素（vitamins）、核苷酸（nucleotides）等）的最低和最高含量值。

值得注意的是，在设置婴幼儿配方食品相关标准时，科学团体，如科学食品委员会、英国医学委员会，对于婴儿与他们的特殊营养需求进行了研究，如经婴幼儿食品领域公认的专家指导，从婴儿出生开始，就建立系统的科学数据网进行研究。同时，欧洲儿科胃肠病学协会等婴幼儿组织协会也参与了研究。最终设计和实施了相关标准。欧盟对于纯度标准的设置十分严格，并要求成员国应维护比国际标准更严格的纯度标准。这体现了欧盟婴幼儿食品相关标准乃至整个食品安全标准的科学性、严谨性。

2. 婴幼儿辅助食品基本营养成分。婴幼儿辅助食品主要是由欧盟委员会在 2006 年 12 月 6 日发布的关于加工谷物类食品和其他辅助食品的指令 2006/125/EC 来规范的。该指令涵盖了主要的辅助食品类型，特别对其中的基本营养成分做出规定。婴幼儿辅助食品主要适用于断奶过程中的婴儿，需要保证他们的饮食营养和健康并协助他们逐步适应普通食品。婴幼儿辅助食品以加工谷物类食物为主，其分为下面四类：①与牛奶或其他适当营养液进行混合的简单的谷物；②与添加的高蛋白质的食物用水或其它无蛋白质的液体混合的谷物；③在沸水或其他适当的液体中烹调的面食；④可直接食用，或粉碎后加入水，牛奶或其他合适的液体食用的面包干和饼干。同时它作为婴幼儿多元化饮食的一部分，并不是婴幼儿的营养健康生长发育所需营养的唯一来源。但种类繁多的婴幼儿辅助产品，十分有于婴幼儿适应断奶的过程和之后的健康发育。

2006/125/EC 明确规定了加工谷物类食品必须添加的基本营养成分（谷物含量（CEREAL CONTENT）、蛋白质（PROTEIN）、碳水化合物（CARBOHYDRATES）、脂类（LIPIDS）、矿物质（MINERALS）、维生素（VITAMINS））和其他辅助食品基本营养成分（蛋白质（PROTEIN）、碳水化合物（CARBOHYDRATES）、脂肪（FAT）、钠（SODIUM）、维生素（VITAMINS））不仅如此，法规还细致地规定了以上标准的最大和最小含量水平，并指出而这些物质的纯度标准会在稍后的阶段被规定。

更加严谨的是，2006/125/EC 还规定婴幼儿辅助食品基本营养成分标准应根据具体食品进行具体规定。

同样值得注意的是，在设置婴幼儿辅助食品相关标准时，欧盟委员会听取了欧盟食物链及动物健康常务委员会（Standing Committee on the Food Chain and Animal Health）的意见。将标准尽可能的专业化、科学化。

（二）欧盟婴幼儿食品其他标准

1. 欧盟婴幼儿食品污染物标准。婴幼儿食品污染物主要分为重金属污染物如铅（lead）、镉（cadmium）、无机砷（inorganic arsenic）、铬（chromium）、汞（mercury）等，和有机污染物如苯并［a］芘（Benzo［a］pyrene）、多环芳烃 PAHs（polycyclic aromatic hydrocarbons PAHs）、二噁英（dioxins）、多氯联苯（PCBs）和丙烯酰胺（acrylamide）等。目前，欧盟的婴幼儿食品污染物标准主要出现于（EC）No 1881/2006、（EU）No 488/2014、（EC）No 835/2011 及相关补充条例。

（EC）No. 1881/2006 旨在按照优良的农业，渔业和制造业的惯例，考虑到相关食品的消费风险，将污染物最大含量定在一个严格的水平。特别指出的是，如果是被认为是遗传毒性致癌物的污染物、人们可轻易接触的污染物、接近或超过弱势群体承受能力的污染物，其限量值至少应低于合理水平（ALARA）。该法的意义在于确保食品生产者、经营者采取措施，防止和减少污染，从而保障公众的健康。该法还适用于保障婴幼儿等弱势群体的健康，强调婴幼儿食品的生产原料必须通过设立严格的最低限量值进行筛选。此筛选方法还可用于其他食品，如生产直接食用的糠等特定食品。该法实施时间距今已将近十年，其中有些规定已经落后，不再适应现在社会的高标准严要求。但欧盟也在不断提高食品安全标准，完善食品安全标准体系与食品安全监管体系。首先，欧盟委员会于 2011 年 8 月 19 号对（EC）No 1881/2006 中的附件关于多环芳烃最大水平作了修正，发布了条例（EU）No 835/2011，条例对于多环芳烃限量值做出了更进一步的限制，并说明了已经含有多环芳烃的产品具体的销售规则。已于同年 9 月生效。近期，欧盟于 2014 年 5 月 13 日在其官方公报上发布了有关修订食品中镉含量的委员会条例（EU）No 488/2014。用于修订 2006 年颁布的条例（EC）No 1881/2006 中某些食品的镉限量。除此之外，还新增了三类婴幼儿食品中的镉限量要求：一是由牛奶蛋白质或蛋白质水解产物生产的粉末状配方，镉限量为 0.010 毫克/千克，以上原料生产的液体配方，镉限量为 0.005 毫克/千克。二是由大豆蛋白分离生产的粉末状配方，单独食用或与牛奶蛋白质混合食用，镉限量为0.020毫克/千克，以上原料生产的液体配方，镉限量为0.010毫克/千克。三是谷类加工食品及婴幼儿食品，镉限量为0.040毫克/千克。上述规定均将于2015年1月1日起实施。

至此，欧盟在婴幼儿食品污染物标准方面设立了严格的标准，形成了相对完善的体系。还将婴幼儿食品中的特殊污染物标准通过类型加以规定，如谷类加工食品、牛奶蛋白质食品等镉限量标准不同。分类与规定的细致、精准，值得我国的借鉴和学习。这体现了欧盟立法考虑到婴幼儿等特殊群体的需求，并将其作为特殊情况重点要求。同时欧盟发布的网上电子公告对于各项标准列有十分明确的表格，更便于婴幼儿食品生产者和销售者的查询使用、消费者的监督，十分人性化。

2. 欧盟婴幼儿食品微生物标准。欧盟主要是按食品中微生物通用法规（EC）No 2073/2005、（EC）No 1441/2007和市售乳及乳制品卫生标准92/46/EEC来限制婴幼儿食品微生物含量。

作为专门用于规制婴幼儿食品微生物标准的法规，（EC）No 2073/2005指出婴幼儿食品中最常见的微生物为阪崎肠菌群（Sakazakii intestinal flora）、沙门氏菌（Salmonella）、单核细胞增生李斯特氏菌（Listeria monocytogenes bacterium）、阪崎肠杆菌（Enterobacter sakazakii）、金黄色葡萄球菌（，Staphylococcus aureus）、肠毒素（enterotoxin）等。欧洲食品安全局（EFSA）内研究生物性危害的科研小组（BIOHAZ Panel）于2004年9月9日会议对婴幼儿配方食品中的微生物标准发表了意见，沙门氏菌和大肠杆菌是最值得人关注的微生物。他们的存在给婴幼儿食品安全构成了相当大的风险，如果重建许可证相乘后的条件。相较之下更频繁出现的肠杆菌，可以用来作为婴幼儿配方食品是否安全的指标。该法规特别提到，在进出口贸易中，鉴于许多婴幼儿食品国际微生物标准尚未确立，欧盟委员会一直遵循食品法典指南"食品中微生物标准的建立和应用原则CAC/GL21-1997"，此外，并接受SCVPH和SCF的意见。同时，采用欧盟统一的食品微生物标准替换国家标准，将更有利于贸易。

3. 欧盟婴幼儿食品真菌毒素指标。欧盟对婴幼儿食品中毒素的限量是在欧盟委员会在2006年12月19日发布的食品污染物最大限量的通用标准指令（EC）No1881/2006中进行规定的，安全指标主要是黄曲霉毒素M1和黄曲霉

毒素 B1。并在（EU）No 165/2010 中进行的一定程度的修改，主要是降低了
婴幼儿食品（加工的谷类食品、其他辅助食品和婴幼儿配方奶粉）中黄曲霉
毒素最大限量值（毫克/公斤）。此外，欧盟对婴幼儿食品的脱氧雪腐镰刀菌
烯醇、玉米赤霉烯酮和伏马菌素都有限定。

三、欧盟婴幼儿食品法规标准对我国的意义分析

（一）对我国出口的影响

自世界上第一批婴儿配方食品诞生以来，婴幼儿食品行业一直致力于为
全球婴幼儿提供最具营养性与安全性的产品。全球婴幼儿食品行业处于成长
期，全球每年有 1.3 亿新生儿出生，婴幼儿食品市场拥有巨大的利润与市场
空间。

由上文可知欧盟的婴幼儿食品安全标准正在逐步提高，这一举措对于世
界其他国家的进出口贸易都会带来不同程度的影响。显而易见的是，严格的
高标准已成为制约我国对欧盟婴幼儿食品出口贸易的一大因素。据统计，欧
盟食品饲料快速预警系统（RASFF）几乎每年都会通报中国出口食品上百次，
其中乳制品、谷物、蔬菜水果、肉制品扣留和通报较多。通报的主要原因是
药物残留超标、微生物超标、添加剂滥用、重金属超标、转基因食品及抗生
素滥用等。[1]这些原因几乎全部覆盖欧盟婴幼儿食品安全标准。鉴于我国本
身婴幼儿食品安全标准相较欧盟就较为宽松，欧盟逐渐提高的标准越来越影
响我国的出口贸易。婴幼儿食品安全标准的提高将导致我国婴幼儿食品产业
生产和出口成本增加，对我国主要食品部门出口及产出造成负面影响。对乳
制品、谷物制品出口贸易的冲击比较明显。可以预见的是，欧盟提高婴幼儿
食品安全标准将会导致贸易转移，欧盟将增加食品安全标准较高地区的进口
量，而较低地区如我国进口量将减少。因我国是出口导向国，这将对我国出
口贸易带来重大冲击。对此，我国政府与相关部门应对此现象积极做出回应，
应重视欧盟甚至各国提高的婴幼儿食品安全标准，密切关注国外婴幼儿食品
安全法规动态，加强婴幼儿食品标准体系的引进和研究。并切实采取有效措
施，如可采取修改和设立相关法律法规来提高和完善我国婴幼儿食品安全标

---

〔1〕 赵雅玲、王殿华："欧盟食品安全标准对我国食品出口的影响"，载《国际经贸探索》2010
年第 8 期。

准体系。以此逐渐缩小我国与欧盟婴幼儿食品安全标准之间的差距。[1]

（二）对我国具体法规的借鉴意义

1. 婴幼儿食品基本营养成分标准的借鉴意义。欧盟婴幼儿食品基本营养成分标准范围广泛却细致入微，特别是在不同机体所必需的营养素要求上，都作了具体要求和规定。欧盟对于特殊指标，如婴儿（0~6个月）配方食品的要求，对其上下限都作了具体规定。充分体现其严谨性。另一方面，欧盟相关标准的制定，一定会有相关权威科学团体的参与，这也是其科学性、先进性高的原因之一。因此，今后我们应加大开展婴幼儿食品国际先进标准跟踪研究力度，引进国外先进经验，不断完善我国婴幼儿食品安全标准体系。[2]随着婴幼儿配方食品企业，特别是婴幼儿配方奶粉，之间的兼并整合，原材料和配方食品生产企业的全球化，对中国与欧盟的相关安全标准对比分析和宣贯，有利于我国婴幼儿食品行业发展和不断完善我国婴幼儿食品安全标准体系。

2. 婴幼儿食品其他标准的借鉴意义。欧盟婴幼儿食品安全标准在污染物、微生物和真菌毒素方面是十分精准的。我国与其相较进步空间很大。首先欧盟对于特定标准较我国来说要求限量值较高。如重金属方面，欧盟配方食品铅限量 0.02 mg/kg，而我国铅限量 0.15 mg/kg。再者，欧盟对于普遍标准较我国来说要求范围较广。欧盟的食品安全标准乃至国际标准，均是按照产品来定，即一件产品和一个标准对应，而我国却是按照产品类别来定，即一类产品和一个标准对应。如，欧盟镉限量从液体配方奶的 0.005 mg/kg、配方奶粉的 0.01 mg/kg 至谷基辅食的 0.04 mg/kg 进行细分规定，而我国甚至还未规定婴幼儿食品中镉限量。正因如此，我国在出门贸易食品过程中也是屡屡受挫。其次，欧盟在不断地修订婴幼儿食品相关标准，并一步步强化要求，如（EU）No 488/2014。而我国相对来说比较滞后，婴幼儿食品相关标准的修订更改都很不及时，并且修正幅度不大。随着婴幼儿食品行业的发展、企业的兴起并逐渐走向全球化，我们对于欧盟相关标准的分析和研究、一步步靠近，有利于不断地完善提高我国婴幼儿食品安全标准体系。

---

[1] 苗天顺、周庆、周清杰："中国出口欧盟食品安全形势研究：基于食品和饲料快速预警体系的实证分析"，载《食品科学》2014年第4期。

[2] 刘鲁林、张香馥、付敏等："中国与欧盟婴幼儿食品标准安全指标的差异分析"，载《标准科学》2014年第10期。

四、我国婴幼儿食品安全标准法规的完善建议

随着社会发展，我国法律体系地不断完善与健全，我国社会与政府管理部门对食品安全问题尤其是婴幼儿食品的使用问题的关注度不断提升，并且出台了一系列相关法律法规如《食品安全法》、《食品添加剂新品种管理办法》、《添加剂使用标准》（国家标准 GB2760－2011）以及《食品添加剂生产监督管理规定》等。近期修订通过的新《食品安全法》中对于婴幼儿食品的重视于加管理，更是其一大亮点。虽然我国婴幼儿食品安全领域的标准设置水平不断提升。不可避免的，我国目前的婴幼儿食品标准设置中仍存在着一些问题，如最大限量值较发达国家较高、婴幼儿食品标准设置范围较窄、个别领域规定模糊等。同时，我国关于婴幼儿食品的规定仍较为零碎而不够集中，没有一部完整而统一的婴幼儿食品法规从整体上对我国婴幼儿食品的范围、类型、通用原则与特殊规则等内容进行规定，难免在婴幼儿食品的管理过程中出现问题。而欧盟制定的婴儿配方食品及较大婴儿配方食品、加工谷物基食品及婴幼儿食品的通用规定、婴幼儿食品污染物标准、婴幼儿食品微生物标准、婴幼儿食品真菌毒素标准等法规和指令可以提供一定的借鉴价值。因为我国婴幼儿食品的相关法律规范及标准对于提高我国婴幼儿食品管理制度有着一定的积极意义，所以密切关注国外婴幼儿食品安全法规动态，以此逐渐缩小我国与欧盟婴幼儿食品安全标准之间的差距十分重要。和欧盟相比之下，我国目前的婴幼儿食品标准法规体系还需要完善以下几点：①扩大婴幼儿食品法规的覆盖面，如以热量为单位规定营养素限量不仅适用于固态产品，也可用来规定液态产品。[1] ②建议对婴幼儿食品中的具体营养模式也在法规中明确规定，以确保产品质量安全。③对于特殊婴幼儿食品的营养成分限量值，可以学习欧盟对其规定上下限，有利于规范化、系统化各项标准。④因将婴幼儿食品法规和标准进行统一规制，这样更有可操作性，避免具体适用中对该法规和标准不同之处产生误解，引发冲突。事实上，随着国际间逐渐加强的贸易合作，近几年来我国在标准制修订过程中的也是更多地采用国际标准，这不但提高了我国婴幼儿食品的品质，同时也规范了市场，促进了我国的出口贸易。我

---

〔1〕 陆平、何维达、邓佩："欧盟食品安全标准对我国食品产业的影响分析——基于动态 GTAP 模型"，载《东疆学刊》2015 年第 4 期。

们可以预见的是，随着我国统一规制繁杂而分裂的法律法规，制定婴幼儿食品的通用规则、特殊制度、使用原则等相对完善的法律规范，提高婴幼儿食品安全标准的水平与要求，我国婴幼儿食品安全保障体系将会更加完善。

五、结语

欧盟婴幼儿食品具体统一的通用规则和辅助的细化标准，并规定得十分详细，具有很高的实践价值与借鉴意义。总体来看欧盟婴幼儿食品安全保障体系比较完善，能够比较有效的发现、分析与处理婴幼儿食品添加剂领域发生的新问题，其法规标准一直处于动态更新之中。保障了婴幼儿食品的安全供应，保证了婴幼儿的健康成长。其中统一规范的婴幼儿食品营养成分标准清单，详细的污染物等标准清单，先进的风险评估、发现与监督机制，为我国婴幼儿食品安全保障体系的完善提供举足轻重的参考和借鉴。日后我们还应加大开展婴幼儿食品欧盟甚至国际先进标准跟踪研究力度，引进国外先进的立法和管理经验，不断完善我国婴幼儿食品安全标准体系。

电子商务立法研究

电子商务立法定位的思考

史紫伟*

一、电子商务立法的历史梳理

（一）国际电子商务立法概述

自 1985 年至今，在联合国国际贸易法委员会主持下，国际社会制定了一系列调整国际电子商务活动的法律文件，从而反推了国际电子商务法律实践的发展，同时也促进了国际电子商务立法理论的提升。1996 年，联合国国际贸易法委员会颁布了《电子商务示范法》，《电子签名示范法》也于 2001 年出台。2005 年，联合国大会通过《国际合同使用电子通信公约》，迄今为止，仅有包含中国在内的 19 个国家签署。另外还有一些特定行业的国际组织针对本行业电子商务相关规定。[1]

1997 年欧盟制定了《欧洲电子商务行动动议》，同年还颁布了《远程销售指令》。1999 年颁布了《欧盟电子签名法律框架指南》。2000 年 5 月通过

---

* 史紫伟，北京工商大学法学院硕士研究生。

〔1〕 例如 1990 年，国际海事委员会颁布了《国际海事委员会电子提单规则》。1999 年，国际民航组织的《统一国际航空运输某些规则的公约》即《蒙特利尔公约》（2005 年 7 月 31 日正式对我国生效），对电子客票做了规定。

《电子商务指令》，试图对电子商务做出综合性的规范。[1]

美国的犹他州于 1995 年颁布的《数字签名法》是美国乃至全世界范围的第一部全国确立电子商务运行规范的法律文件。俄罗斯联邦是欧洲最早制定电子商务法的国家之一。其于 1995 年颁布《俄罗斯联邦信息法》，调整所有电子信息的生成、存储、处理与访问活动。德国于 1997 年制定了《信息与通信服务法》。意大利于 1997 年制定了《意大利数字签名法》。为了实施该法，又于 1998 年和 1999 年分别颁布了总统令，并制定了"数字签名技术规则"。[2]

马来西亚在 20 世纪 90 年代中期提出建设"信息走廊"计划，并于 1997 年制定了《数字签名法》。可以说这是亚洲最早的电子商务立法。同年，韩国也制定了内容较全面的《电子商务基本法》。新加坡于 1998 年正式制定并颁布了《新加坡电子交易法》，又于 1999 年制定了"新加坡电子交易"（认证机构）规则"和"新加坡认证机构安全方针"。印度于 1998 年颁布了《电子商务支持法》。菲律宾也在 2000 年制定了《电子商务法》。我国香港特别行政区于 2000 年 1 月制定了《电子交易条例》。[3]

（二）我国电子商务立法发展及现实需要

我国 1999 年颁布《合同法》时，承认"数据电文"或者其他电子通信手段作为合同形式的效力，并在第 16 条中规定了采用数据电文形式订立合同的到达时间问题。2000 年颁布的《专利法实施条例》规定可用电子通讯方式提出专利申请。2004 年颁布《电子签名法》。2006 年加入联合国大会通过的《国际合同使用电子通信公约》。

近十年来，我国电子商务发展迅猛，自 2006 年以来，我国网络零售交易额 7 年增长近 72 倍，占社会消费品零售总额的比重提升 27 倍。2013 年，中国网络零售市场交易规模达 18,851 亿元，超过美国成为世界上最大的网络零售市场。[4]原有的《电子签名法》等相关立法已经无法满足现今电子商务市场的立法规范需要。因此 2013 年，电子商务立法被十二届全国人大常委会列

---

〔1〕 孙占利："国际电子商务立法：现状、体系及评价"，载《学术界》2008 年第 4 期。
〔2〕 张楚："关于电子商务立法的环顾与设想"，载《法律科学》2001 年第 1 期。
〔3〕 张楚："关于电子商务立法的环顾与设想"，载《法律科学》2001 年第 1 期。
〔4〕 王融："关于《电子商务法》立法定位的思考与建议"，载《商法研究（2014 年卷）》，法律出版社 2015 年版，第 44 页。

入立法规划，随后全国人大财经委牵头启动了电子商务立法工作。

2014 年 12 月 15 日，国家标准委就加快建设电子商务标准体系，全面推进电子商务标准化工作，向全国电子业务标准化技术委员会、全国信用标准化技术工作组下达了《电子发票信息规范》等 20 项国家标准制定计划。除此之外，还有许多与电子商务相关的法律规范，在此就不一一列举。

商务部于 2015 年 4 月 3 日印发的《2015 年电子商务工作要点》的通知中指出，2015 年电子商务工作的总体要求之一是主动适应经济发展新常态，落实"互联网＋"行动计划，构建统一开放竞争有序的电子商务市场体系，为加快商务领域创新发展做出新贡献。同时，要继续参与并推进《电子商务法》立法和电子商务相关法律的修订完善，健全电子商务标准体系。贯彻执行《网络零售第三方平台交易规则制定程序规定》，保证交易相关方充分参与交易规则制定和修订，防止平台企业滥用市场支配地位，保障行业健康发展。加强《电子商务信用评价指标标准》等各项标准规范的推广、贯彻及应用，加强电子商务统计和信用体系建设，积极参与国际规则制定，推动出台《网上商业数据保护办法》、《跨境电子商务服务规范》、《移动电子商务服务规范》、《基于网络零售开放平台的第三方服务标准》、《电子商务信用信息共享规范》。

我国电子商务立法基本保持着与国际社会同等的水平。在电子商务立法方面，我国大量借鉴移植了国际立法经验，并在国内司法实践中发挥了其应有的作用。但随着我国电子商务的不断发展，尤其是电子商务广泛应用于消费者，以京东、淘宝为代表的 B2C、C2C 电子交易模式的发展壮大，现有立法无法满足切实解决我国电子商务经济发展中法律问题的需求。在此情形，以《消费者权益保护法》修改为典型代表的一系列规范各行业电子商务行为的法律规范或部门规章纷纷出台或即将施行。届时，电子商务立法究竟如何处理这些现行或即将出台的法律规范之间的关系，也成为了电子商务立法定位需要考虑的难题之一。

二、电子商务概念界定及当今电商主要模式分析

（一）电子商务概念界定

电子商务一般定义为，将电子通讯手段应用于商务行为之中，以使其跨越时间、地域的局限，拓宽交易范围、提高交易效率，促进资本的快速运转。

在联合国贸易法委员会立法之初，并没有给电子商务一个明确的定义，就电子的定义而言，也没有使用电子通信手段的概念，而是运用构词法，创造了"数据电文"这样一个词汇。因此，数据电文被赋予广泛的含义，它是指由电子手段、光学手段或类似手段生成、储存或传递的信息，这些手段包括但不限于电子商务交换、电子邮件、电报、电传或传真。[1]

在2005年，《电子商务示范法》被改造为国际公约时，联合国贸易法委员会将电子定义为"电子通信"，并将电子通信定义为"当事人以数据电文方式发出的任何通信"，从而将数据电文与电子通信这两个术语连接起来。

除此之外，国际社会对于商务的理解争议不大，即商务是商主体为追求盈利而从事的经营性活动，对于经营性活动，可以从行为是否有偿、是否存在大量性或经常性、行为结果的活动利润是否按机制向投资人或其成员分配以及行为是否具有现实性等来进行判断。[2]

（二）电子商务主要模式分析

目前主要依据电子商务交易的主体，即企业（business）、消费者（customer）和政府（government），来划分电子商务模式类型。

电子商务可以分为B2B即企业间电子商务，例如阿里巴巴；B2C即企业与消费者间电子商务，也可以称之为电子零售业，例如亚马逊、当当网、京东、苏宁等；C2C即消费者间电子商务，例如淘宝；B2G即企业与政府间电子商务例如电子报税和政府网上采购等；C2G即个人与政府之间的电子商务，这也是电子政务的一种类别，包括政府网上采购和个人网上报关、报税等。其中，B2B是全球电子商务发展的主流，B2C将成为未来的商务的主要趋势。[3]

从电子商务主要模式的兴起与发展来看，现代通讯技术，尤其是计算机通讯首先渗透到企业间的商务行为之中，这也是推动90年代国际电子商务立法的主要现实原因。伴随着现代通讯技术的不断发展，计算机互联网络技术逐渐渗透到消费者的日常生活之中，在丰富、便利人们生活的同时，也为企

---

〔1〕 高富平："从电子商务法到网络商务法——关于我国电子商务立法定位的思考"，载《法学》2014年第10期。

〔2〕 吕来明："论我国商事主体范围的界定"，载《北方法学》2008年第4期。

〔3〕 谭晓林、谢伟、李培馨："电子商务模式的分类、应用及其创新"，载《技术经济》2010年第10期。

业拓展消费者市场提供了新的机遇。B2C、C2C 模式应运而生，政府为了便利群众、提高办事效率，也开始采用电子商务的形式，B2G、C2G 也被人们广为接受。

现代通讯技术，尤其是计算机互联网络对整个人类社会行为的强有力的影响与渗透，这是科学技术不可驳逆的伟大魅力，也确实推动着人类社会的进步与发展。但是，具有现代通讯技术外观的电商模式下的所有商务行为是否必然意味着都需要新的电子商务立法的规范调整，仍是当今电子商务立法不得不做出回答的严峻问题。早在 2000 年前后，我国通过对 90 年代国际电子商务立法的移植与经验借鉴，已经初步建立起通过《合同法》与《电子签名法》规范 B2B 电商模式下企业间电子商务行为引发的各种法律问题的司法体系。

从规避法律冲突与降低立法难度、节约立法成本的角度考虑，我们基本可以排除当今电子商务立法对于传统 B2B 模式下企业间电子商务法律行为的规范。进而，我们可以发现当今电子商务立法需要规范和调整的对象不能单纯根据电子商务的定义确定，因为这无疑是不现实的，毕竟现代通讯技术已经渗透到商务行为的所有领域，使得所有商务行为都能带有电子商务的色彩。一旦当今电子商务立法的调整对象以电子商务的覆盖面为范围，电子商务立法将会陷于各行业规范难以统一的、提炼的漩涡之中，也难以起到促进我国电子商务相关领域发展的现实作用。

三、第三方平台服务商及传统行为的电商模式定性分析

（一）第三方平台服务商性质定性

2008 年商务部出台的《网络购物服务规范》将网络购物服务主体分为网络购物平台提供商、网络支付平台提供商、网络购物辅助服务提供商三类。但学界的分类却不止于此，一般来讲，电子商务中的网络平台服务商除了上述三类之外，还有网络认证平台服务商等。但第三方平台服务商，特别是 C2C 电子商务中网络交易平台服务商（又称网络交易平台服务商）的法律地位问题，在学界存在不小的争议。

《网络购物服务规范》将网络购物平台提供商定义为"为网络购物交易方提供网络购物平台系统，并进行运营和服务的法人。"中国行业规范制定的《网络交易平台服务规范》第 2 条："网络交易平台提供商——指从事网络交

易平台运营和为网络交易主体提供交易服务的法人。"据此，有学者认为网络交易平台服务商也属于经营者；也有学者认为，网络交易平台服务商应当属于场地出租人，其将网络交易平台分成若干部分，分别出租给每个经营者，并向其收取租金；还有学者认为网络交易平台服务商应当属于居间人的范畴，其主要功能是为经营者和消费者提供订约机会，撮合双方达成交易。[1]学者将网络交易平台服务商认定为网络交易的居间人、网络空间的出租人、商品信息发布平台和超市网络市场的开办者等。[2]

笔者认为，第三方平台服务商虽与场地出租人、居间人等主体定位存在某些层面上的重合，但其本质上是在现代通讯技术，尤其是计算机互联网技术的催生下出现的新型商主体类型。因此，合理的做法应当是赋予第三方平台服务提供商独特的新兴的商事主体地位，从而在法律上确定其独特的主体资格与享有的商事权利，相应的对其法律义务进行规范，例如强化其对电子商务经营者的网络监管义务等，从而增强对消费者权益的保护。

(二) 网上跳蚤市场等借助电子商务模式的传统交易行为的法律定性

网上跳蚤市场，又称网上二手市场，以赶集网"跳蚤市场"和58同城"二手市场"为典型代表。其显著特点是由网络平台服务商提供信息发布平台，自然人在该平台上发布信息，将自己不用的生活用品等出售而形成的二手市场。虽然上述网上跳蚤市场借用了网络平台服务商提供平台进行信息的发布等工作，但从实质上看，网上跳蚤市场只是一个信息发布平台，并不提供电子商务所需要的支付平台、认证平台等必要工具，在其上发布信息的个人也不是以营利为目的的经营者，交易双方一般通过平台上发布的信息取得联系，而且交易往往也是通过面对面的方式完成。[3]

现实生活中原有的传统商业形式利用了网络工具，拓展交易面以提升成交率的现象日益增加，但某些情况下其交易双方并不是严格意义上的经营者和消费者，这种情形是不适宜由当今电子商务立法加以调整的。同时，若传统交易行为仅仅借助现代电子通讯方式，但与传统交易并无本质区别，运用现有的《电子签名法》结合《合同法》数据电文相关条款足以解决相关法律

---

〔1〕 魏武林："电子商务消费者权益法律保护研究"，河南师范大学2014级硕士毕业论文。

〔2〕 张亚莉："论网络交易平台服务商的法律地位——以"商标侵权"为视角"，载《安阳师范学院学报》2015年第4期。

〔3〕 魏武林："电子商务消费者权益法律保护研究"，河南师范大学2014级硕士毕业论文。

问题的领域，也不适宜在当今电子商务立法中再加以调整，否则势必会造成立法资源的浪费与法律法规之间的冲突。

四、我国电子商务立法定位的思考

电子商务是伴随计算机等电子通讯技术的发展渗透到商务行为中产生并不断壮大的，其最初只应用于企业与企业之间，从而使商务行为超越地域的限制，节省时间、提高效率。20世纪90年代中期由联合国大会及联合国国际贸易法委员会掀起的电子商务立法热潮实质旨在解决企业间电子商务行为的规范问题。而我国在此影响下应运而生的《电子签名法》及之前《合同法》中关于使用数据电文等电子通信的合同形式效力问题的确认，实质上基本解决了我国电子通信手段应用于商务领域所引发的法律不确定性问题，[1]可以基本解决电子商务领域中 B2B 模式下的法律问题。

随着计算机等电子通讯技术不断渗透到人们的日常生活，电子商务随之与每个人的生活息息相关。电子商务模式逐渐不满足于 B2B 的基本模式，而向 B2C、C2C 发展。自2006年以来，我国网络零售交易额7年增长近72倍，占社会消费品零售总额的比重提升27倍。2013年，中国网络零售市场交易规模达18,851亿元，超过美国成为世界上最大的网络零售市场。[2]而在此特定背景下，才提出对我国电子商务立法突破原有《电子签名法》等电子商务立法的更高的要求，其实质目的是寻求解决现阶段 B2C，C2C 模式下电子商务的系列法律问题。并且，网络在改造和提升传统生产和贸易活动方式的同时也创造着新产业，比如文化和信息消费成为伴随互联网应用而产生的新商业形态。可以说无论是传统的货物贸易还是服务贸易，抑或数字时代出现的特殊的信息内容和文化产品均可以通过网络实现交易，网络商务已经覆盖了社会的整个商业领域，不再是商务活动中的个别现象而是所有企业或从事经营活动者的普遍现象。[3]

---

〔1〕 高富平："从电子商务法到网络商务法——关于我国电子商务立法定位的思考"，载《法学》2014年第10期。

〔2〕 高富平："从电子商务法到网络商务法——关于我国电子商务立法定位的思考"，载《法学》2014年第10期。

〔3〕 高富平："从电子商务法到网络商务法——关于我国电子商务立法定位的思考"，载《法学》2014年第10期。

考虑现今电子商务立法问题不应将电子商务限定为广义的概念，应该清醒的认识到原有的国际电子商务立法针对现阶段我国规范电子商务立法问题也不具有可借鉴性。我们应该站在特定的立法背景和立法目的下对电子商务的定位进行科学准确的界定。

综上，当今电子商务立法应重点关注以互联网网络技术为基础，以现代物流为支撑的商务模式，即 B2B、B2C 模式，并在此基础上，确定第三方平台服务商的独立商主体地位，明确其应享有的权利和应承担的义务，从而更好地规范电子商务领域的健康发展。

电子商务中经营主体的商事登记制度探究

崔佳慧*

随着信息技术的迅猛发展，互联网技术逐步渗透到人们生产生活的方方面面，深切改变着人们的生产生活方式，电子商务便是其中最为鲜明的代表，人们足不出户就可以将世界范围内的商品与服务收入囊中。据中国电子商务研究中心监测数据显示，截止到 2015 年 11 月，我国电子商务市场整体交易规模为 16.2 万亿元，其中企业网购市场交易规模有望达到 12.9 万亿元，占电商整体交易规模的近八成，同比增长 27.2%，电商经营主体在其中发挥着举足轻重的作用。但是人们在切身享受电子商务为我们带来极大便利的同时，由于电子商务与生俱来的虚拟性与远程性等特点，交易欺诈、网络侵权等问题也时有发生，对在线交易安全、交易秩序方面带来了前所未有的挑战，对电子商务的体系化监督规范势在必行。正所谓，欲清其流，必澄其源，规范电子商务市场，需要从源头抓起，从规范电商经营主体开始。[1]

一、电子商务经营主体概述

对于电子商务的概念，目前为止仍然没有一个统一而全面的、被各界广泛接受的定义，若简单从字面理解，电子商务即以信息技术手段进行的商务活动。这种电子化的商务活动分为广义和狭义两种概念，根据《联合国国际

---

* 崔佳慧：北京工商大学法学院硕士研究生。

〔1〕 "【电商数据】2015 年电子商务市场交易额 16.2 万亿"，载中国电子商务研究中心 http://www.100ec.cn/detail——6294878.html, 2015 年 12 月 1 日访问。

贸易委员会电子商务示范法》，广义的电子商务是指"一切以电子技术手段所进行的与商业有关的活动"；狭义的电子商务也可被称作在线交易（On－line Transaction），是指"基于互联网这个平台实现商业交易电子化的行为"，[1]本文主要在狭义电子商务范围内进行探讨。

电子商务经营主体是指借助互联网、计算机以及信息技术，实施以营利为目的的商事行为并因此而享有权利和承担义务的自然人、法人和其他组织。[2]广义的电商经营主体包括网络服务提供者、网上虚拟企业（提供在线交易或服务平台的企业、单纯进行在线交易或服务的企业）、从事网上经营或服务的企业和自然人等；狭义的网络经营主体仅包括以网络在线经营为经营模式的企业、组织和个人，[3]本文主要研究的是狭义的经营主体。

在狭义电子商务的范畴下，根据交易对象的不同，电子商务可以分为企业间交易（Business to Business，即 B2B），如阿里巴巴、生意宝；企业和消费者之间交易（Business to Consumer，即 B2C），如京东、当当；个人间交易（Consumer to Consumer，即 C2C），主要代表为淘宝网、易趣网；以及企业和政府间交易（Business to Government，即 B2G）。由此可知，电子商务经营者主要包括 B 与 C，即从事网络经营活动的企业与自然人。

在我国，企业经营主体主要包括两类，一类为在现实交易中已经取得营业执照，突破传统经营模式的限制，将现实中的经营活动延伸至网络领域，谋求线上线下双管齐下共同发展；另一类为利用互联网设立专门网站或主页进行经营活动，如凡客等。对于第一类经营主体，其已进行过工商登记，行政管理部门对其的监管已经比较规范与严密，当其参与到电子商务中时，仅需要对其作出补充性完善即可，可参考上海市的规定"要求在上海登记注册，利用互联网从事经营活动的经营者到工商行政部门领取营业执照副本（网络版）在网上公示，以确认其经营主体的资格；对于第二类经营者，国家对于开办经营性网站要求必须进行 ICP（网络内容服务商）许可，一定程度上确保其不游离于规范监督的体系之外。

对于电子商务中的自然人经营者来说，由于我国当前缺乏对此类经营活

---

〔1〕 张楚：《电子商务法论》，中国政法大学出版社 2004 年版，第 13 页。

〔2〕 杨路明、罗裕梅等主编：《电子商务法》，机械工业出版社 2007 年版，第 15 页。

〔3〕 程志欣："网络经营主体商事登记制度研究"，暨南大学 2015 级硕士毕业论文。

动的规制,绝大多数 C2C 电子商务平台对所有人开放,年满 18 周岁的自然人通过填写基本信息基本上都可以免费注册成为网站的用户,从事商品交易。在此种模式下,难以实现对网络经营主体的监督与规范,因而也是问题频发之处,因此,本文的讨论重点即电子商务中自然人经营者从事经营活动是否以商事登记为必要条件。

二、电子商务中经营主体商事登记的必要性

(一)保护消费者权益的需要

在传统的经营活动中,顾客就是上帝,消费者的权益日益受到重视,电子商务一方面全天候全方位地为消费者带来了更加丰富的商品与服务,另一方面,由于当前法律规范的不健全,电商侵害消费者权益的情况也频频发生。在当前的 C2C 模式下,网店不需要进行工商登记,自然人仅需按照网络交易平台的要求提供身份信息,经过审查后即可在网络交易平台上开设店铺,很多网店都是匿名的,经营者仅仅使用昵称或者别名等方式来开展经营活动,消费者对于经营者的经营信息毫不知情,其应享有的知情权与公平交易权受到侵害,一旦发生纠纷,消费者在寻求救济时由于不了解网店的真实信息,无法确定投诉对象,由于电子商务的跨区域经营,即使消费者诉诸法律,也存在难以确定诉讼管辖与执法机关调查取证难等问题。如果明确了自然人经营者商事登记的规定,要求店铺将其登记后的信息必须加载于网页醒目位置,让消费者充分行使知情权、公平交易权等,可有效避免钓鱼网站的欺诈,也保障了消费者权益遭受侵害后依法救济并获得赔偿的权利。

(二)保障网店自身权益的需要

在实践中,由于电子商务经营的虚拟性,极易造成网店与自然人经营者权益的混同,因而削弱了网店权益,甚至不认可网店固有的自身权利,如著名的"淘宝店主状告天涯论坛名誉侵权"一案中,法院认为网店并非法律规定的民事主体,依法不享有名誉权。法院认为涉案当事人是基于销售商品目的、经相关网络服务提供者审查认可、在虚拟的网络环境下设立的店铺。目前对于该类网店,我国法律尚未赋予其民事主体地位。涉案当事人的网店也未经工商部门核准登记,依法不属于个体工商户范畴,涉案当事人无权以店

主身份提起诉讼。因此，涉案当事人的起诉不符合法律规定的条件。[1]通过对自然人经营者进行登记，明确网店的商事主体地位，从而将个人网店同自然人经营者相区别，明确网店应当享有的商事权利，从而推动实践中对其自身权益的保护。

（三）基于对自然人经营主体监管的需要

由于目前我国法律没有对于自然人经营者市场准入进行规定，缺乏对其的有力监管，因而将对于自然人经营者的准入与监督归于第三方交易平台承担，然而第三方交易平台作为网络服务提供商，也是电子商务中的经营主体之一，二者从法律上来讲是平等主体，作为商事主体，第三方交易平台也不具有行政监管的权利，尽管第三方交易平台积极履行企业监管职责，面对迅猛增加的自然人经营主体，根本无力招架，对于在第三方交易平台同时需要兼顾对商品质量的监管，更是力不从心。从2015年初淘宝与国家工商总局之争可以看出，目前我国将自然人经营主体的准入、监管责任归于第三方交易平台承担，容易造成双方责任推诿现象，具有明显的不妥之处，"家法"不能替代"国法"，监督规范电商经营主体，需要建立监管平台，需要行政机关的介入。其次，由于当前自然人经营主体无需登记，行政监管部门无法及时准确地掌握经营者信息，一旦发生纠纷，也无法准确定位责任人，且诸多网店进入住宅区经营，一旦发生纠纷，行政监管部门对未经登记的个人网店进行行政监管缺乏法律根据，无权"私闯民宅"，进入民宅巡视和检查，不得行使其行政管理权。另外，经过商事登记也为日后自然人网络店铺纳入征税体制做好充足的准备。因此，对自然人网络经营主体进行商事登记、将其纳入统一的工商登记监管体系具有很强的必要性。

三、当前我国关于电子商务中经营主体商事登记的立法

随着网络消费的快速增长，关于电子商务的管理模式，国家和地方在立法上也不断探索。我国相继颁布了与电子商务相关的法律法规、规定、办法及实施细则，如《电子签名法》、《网络交易管理办法》等，但这些规范散见于各个法律法规，缺乏体系化与规范化，大部分规范效力层级较低；各地适

---

〔1〕 汤峥鸣："淘宝店主状告天涯论坛名誉侵权"，载 http://news.sina.com.cn/c/2011-07-04/125222753117.shtml，2015年11月29日访问。

用情况不同，极易导致法律规范适用的混乱，因而对于电子商务经营主体问题，尚处于模糊地带。

（一）《网络交易管理办法》中关于电商经营主体的规定

2014 年 1 月 26 日，适应电子商务发展的新需要，国家工商总局颁布并实施了《网络交易管理办法》（以下简称《办法》）替代了 2010 年《网络商品交易及有关服务行为管理暂行办法》，用以规范网络交易行为，促进网络经济、电子商务的健康蓬勃发展。

在《网络交易管理办法》中，有关电商经营主体商事登记的规定主要体现在第二章中。比较已经废止的《网络商品交易及有关服务行为管理暂行办法》，现行《办法》在一定程度上明确了对于电商经营主体进行商事登记的态度。第一，《办法》第 7 条第 1 款，明确电商经营主体都应当依法办理工商登记；第二，第 7 条第 2 款规定明确了 C2C 模式下，自然人经营主体的实名制验证及具备登记注册条件的应当依法办理工商登记；第三，第 8 条规定了对于已经登记的经营主体，要如同实体店铺一般，工商登记信息得"上墙"，公示在醒目位置；《办法》第 23 条规定了对于不具备登记条件的自然人经营主体，第三方交易平台应对其真实身份信息进行审查和登记，建立登记档案并定期核实更新，核发证明个人身份信息真实合法的标记，加载在其从事经营活动的主页面醒目位置。

《办法》是我国立法中首次在部门规章层级中对自然人网络经营者商事登记事宜作了规定，其立法意义不容忽视。但是在《办法》中回避了对于自然人经营主体是否强制登记的问题，并未明确自然人经营主体进行商事登记的具体要求与条件，登记标准模糊且对于符合登记条件的自然人经营主体办理工商登记的具体流程缺乏详尽规定，不具有可操作性，从立法技术上来看是不完善的，显得较为空洞，不具备法的指引作用。此外，从政府对商事活动的监督规范角度来看，《办法》要求第三方交易平台对用户进行核实、更新和核发身份标记，已经超出了电子商务中平等经营主体之间提供服务的责任范畴，[1]加大了平台的义务与责任，且不利于政府对于自然人经营主体的监督与规范。

---

〔1〕 程志欣："网络经营主体商事登记制度研究"，暨南大学 2015 级硕士毕业论文。

（二）各地方规定

1. 北京市。2007 年《北京市信息化促进条例》规定，利用互联网从事经营活动的单位和个人应当依法取得营业执照，并在网站主页面上公开经营主体信息、已取得相应许可或者备案的证明、服务规则和服务流程等相应信息。[1]2008 年北京市工商局颁布了《关于贯彻落实〈北京市信息化促进条例〉加强电子商务监督管理的意见》中第 2 条明确规定除了已经依法取得营业执照的个体工商户和电子商务经营者，任何在互联网上从事经营活动的单位和个人，均应依法登记，取得营业执照；第 5 条规定对无证、无照的互联网经营行为将依法查处。[2]

2. 广东省。2012 年 7 月，广东省工商局出台《关于鼓励支持我省网络商品及有关服务健康发展的若干意见》（以下简称《意见》）。《意见》明确自然人在网络交易平台上开办网店，经营项目不涉及前置审批的，不强制要求办理工商登记注册。并且放宽自然人经营的限制，允许"住改商"等，鼓励自然人经营主体的发展。

3. 上海市。2009 年 3 月 1 日上海市颁布并实施的《上海市促进电子商务发展规定》对 C2C 形式的自然人网店，目前采取自愿登记的原则。

从相关地方立法现状分析来看，目前尚没有统一的关于电子商务登记的实体法规定，各地关于自然人经营主体是否登记态度不一，法律适用不明确。

四、本文对我国电子商务中经营主体商事登记的看法

对于电子商务中自然人经营主体是否需要进行统一的工商登记这一问题，一直存在争议。支持者认为这样有利于保障消费者权益，保障网店自身权益，利于对网上交易的监管；反对者则主要认为，电子商务网络交易之所以为自然人经营者青睐主要得益于其操作快捷、流程简便、经营成本低，如果强制登记，则增加经营者负担与成本，有可能阻碍电子商务发展前进的脚步。笔者认为，应当将自然人经营主体纳入统一商事登记的体系内，主要原因详见

---

〔1〕 崔聪聪："自然人网店工商登记问题研究"，载《重庆邮电大学学报：社会科学版》2015 年第 5 期。

〔2〕 杨殊玲："自然人网店工商登记问题思考——以淘宝网为例"，载《中国商贸》2013 年第 10 期。

本文第二部分。但由于自然人经营主体其本身具有的特殊性，我们在通过工商登记对其进行监督规范的同时，也要注意保持其经济活力。

首先，明确自然人经营主体的商主体资格。第一，行为的有偿性。商事主体区别于非商事主体的主要特征在于商主体以营利为目的，追逐利润的最大化。自然人经营主体通过网络经营获取利润；第二，持续性。商主体的营利行为具有持续性、职业性与经常性，据现在的淘宝服务协议，用户如果注册后连续一年未使用淘宝平台，淘宝有权终止提供平台并注销账号，这就说明自然人经营主体需得进行持续的经营；第三，利润收入由投资人分配。网店收入由其自然人经营者获得。综上可知，自然人经营主体具备商主体资格。

其次，明确自然人经营主体进行工商登记的条件与标准。为了保障自然人经营主体的积极性，我们可借鉴韩国在此方面的做法，结合营业时间与营业额来判定，例如持续经营 2 年且年营业额超过 8 万的自然人经营主体需要进行强制登记，对于不满足条件的经营者，基于鼓励交易的原则，对其资格准入应进一步放宽限制，应借鉴大陆法系国家商法中的小商人制度，采取自愿登记和备案制度为宜。需要说明的是，这里的"2 年"、"8 万"仅是虚指与假设，具体内容的确定需要我国有关部门进行大量的数据分析的基础上，结合我国电子商务发展的实情，得出较为适宜的方案。这样的区别登记给予自然人经营主体一定的无需进行商事登记的自由营业时间，可以最大化的维持自然人网店开店简单、快速便捷的优势，避免开店初期受到繁琐的商事登记事项的束缚，保有其经济活力；另外，也保证了自然人经营者具有持续性经营的能力，必要的商事监管不会阻碍其发展，更加有利于保障消费者权益及网店自身权益。

最后，应健全完善电子商务的配套措施。第一，完善信用评价体系。虽然当前如阿里巴巴、淘宝这样的第三方交易平台已经建立了自己的信用评价和监管制度，但由于其商事主体的地位，其信用体系不具有强制力与权威性，仍存在刷信用与数据造假等现象，因此，随着我国市场经济的进一步发展，我国有必要基于工商部门的市场主体信息系统和公安机关的公民身份信息系统，建立起一个更权威的信用评价体系。同时要完善法律体系建设，加强行业自律，从而更好地维护电子商务市场秩序，保障网络交易的持续、健康运行。第二，推行电子政务。对自然人经营主体进行电子登记方式并发放电子营业执照，减轻程序繁琐带来的压力，区别于实体经营主体，凸显其特殊性，利于形成特殊的监管方式，也更利于维护消费者权益，公众可通过其电子营业执照与公示信息及时进行投诉与诉讼。

浅析微商诚信机制的建立

刘慧芹*

一、我国微商概况

当前对于"微商"并没有统一定义。一般而言，微商是指一种社会化移动社交电商模式。它是企业或者个人基于社会化媒体开店的新型电商，主要分为两种：一种是基于微信公众号的微商，称为 B2C 微商。一种是基于朋友圈开店的微商，称为 C2C 微商。微商和淘宝一样，有天猫平台（B2C 微商）也有淘宝集市（C2C 微商）。所不同的是微商基于微信"连接一切"的能力，实现商品的社交分享、熟人推荐与朋友圈展示。总的来讲，微商具有如下几个特征：

（一）依托微信平台进行经营活动

从微商的兴起和运营模式来讲，微商是依托微信平台从事经营活动的企业和个人。微信平台的首要功能是给人们提供一个社交的平台，但随着互联网交易的发展，以及微信平台自身的发展，微信平台现在已经发展为一个兼具社交功能和互联网交易功能的第三方交易平台。国家工商行政管理总局公布的《网络交易管理办法》第22条规定："第三方交易平台经营者应当是经工商行政管理部门登记注册并领取营业执照的企业法人。前款所称第三方交易平台，是指在网络商品交易活动中为交易双方或者多方提供网页空间、虚拟经营场所、交易规则、交易撮合、信息发布等服务，供交易双方或者多方独立开展交易活动的信息网络系统。"因此，根据这一定义，微信平台实质上

---

* 刘慧芹，北京工商大学法学院硕士研究生。

也属于第三方交易平台，其与淘宝、京东等传统电商平台的法律性质是相同的。但是，微信平台与淘宝、京东等传统电商平台相比，其优势在于：可以利用微信好友找寻潜在的客户，并且可以通过加为微信好友的方式巩固已有的客户群。所以，有大量的淘宝店主转战微信平台，通过注册微信公众号等方式从事互联网交易活动。

（二）投入较小、门槛较低

首先，与一般企业相比，微商可以省去一大笔前期投入的费用。一般企业需要依法进行工商注册，以法律要求较为宽松的个人独资企业为例，个人独资企业在注册时需要有相应的资金、场所和人员等的投入，而微商作为一种新型电商模式则完全不需要这些投入，一个人、一部智能手机就可以通过微信平台进行商业活动。例如，目前微商中多级代理的"一件代发"模式，只做产品代理商，根本不需要注册公司，也不需要开店，一键转发即可。

其次，与传统电商相比，省去了第三方平台的入驻费用，且其推广成本更低。例如，在微信朋友圈中，理论上一条微信可能同时被5000人看到[1]，流量成本非常低。而在百度上做关键词竞价，每个点击成本从10元到几十元不等，而这只是点击费用，不一定能形成成交额。

最后，在广告宣传上，由于微信平台是不收费的，微商只需要将商品的照片放到朋友圈，再加上一些文字说明即可，几乎没有成本可言。而一般企业在产品的广告宣传上则需要投入大量的广告费用，这些费用包括广告制作费用（具体包括模特费用和运营费用等）和广告投放费用（如媒体宣传费用等）。此外，传统电商也需要承担在第三方平台上花费的店面模版费、模特费等各项费用。

（三）信息传播范围较广且不受区域限制

据中国IT研究中心发布的《2014年Q1中国移动网购市场调研报告》显示，2014年Q1中国网购总体市场规模达6478.5亿，环比增长11.7%，呈现快速发展势头。网购用户规模方面，CNIT – Research数据显示，截至2014年Q1，中国网购用户数量已经超过3.1亿人。中国移动网购目前正处于快速发展阶段，传统网购的成功发展以及中国拥有的庞大移动用户基础为移动网购的发展提供了良好的环境。截至2014年Q1，中国手机终端用户已达到12.5

---

〔1〕 目前，一个微信账号最多可以加5000位好友。

亿，其中智能手机用户累计达 7.15 亿，手机网民达到 5.25 亿，移动互联网网民的快速增长为移动网购用户增长拓展了更广阔的发展空间。[1]移动互联网的普及扩大了微商的信息传播范围，而快递行业的迅猛发展则使微商可以不受区域限制，二者相互作用，为微商的发展提供了良好的保障。

（四）主要适用于化妆品等快消品领域

与床上用品等耐消品相比，快消品的消费是高频次且可持续的，可以有效避免微商的淡季出现，因此，目前微商主要适用于化妆品等快消品领域，主要包括化妆品、奢侈品箱包代购、服装鞋帽、婴幼儿用品、花草鱼虫以及农产品等领域。并且，根据央视网"第一时间"栏目的大数据显示：31.5%的卖家卖的是面膜，卖服装的占 14.3%，而卖各种品牌包的 23.3%，化妆品占 24.1%，食品保健品以及其他产品的 6.8%。

2015 年被称为微商元年。在经过 2014 年微商野蛮式的疯狂发展之后，这种看似粗糙、简单的营销方式出人意料地创造了创富奇迹。据易观国际统计，2014 年底，微商从业者已达数千万人——而淘宝用了 10 年时间才达到这个数量，微商市场更是达到惊人的 1500 亿元规模。易观智库发布的《2014 年微信购物发展白皮书》显示，2014 年中国移动购物用户规模突破 3 亿人，增长速度超过 35%，高于 PC 购物用户 25% 的增长速度，移动购物的交易规模接近 10 万亿元，增长率达 270%。同时，同时，微信的用户数已超过 6.5 亿，月活跃用户超过 4.7 亿，这些用户是微商成长的基础。[2]

然而，微商在造就了一大批富豪的同时，也带来了很多不诚信问题，严重侵害到了消费者的权益。从法律角度看，目前我国法律对于网购的诚信机制建立尚不完善，对微商领域的监管更是一片空白。当消费者在微商交易中遭遇不诚信行为时，往往找不到维权路径，甚至会直接被微商拉入黑名单，无法联系到交易中的卖方，维权更无从谈起。因此，我国在立法上亟需建立起微商的诚信机制，以解决层出不穷的微商交易纠纷，规制微商中的不诚信行为，增加消费者通过微信平台网购的信心，建立良好的微商市场秩序，促进微商的有序健康发展。

---

〔1〕 CNI 观察："2014 年 Q1 中国移动网购市场调研报告"，载中国 IT 研究中心 http://www.cnit – research.com/content/201405/318.html，2015 年 11 月 11 日访问。

〔2〕 张琳："2015：微商元年"，载《光彩》2015 年第 3 期。

二、微商目前存在的不诚信问题

迅猛发展的微商模式，使得很多人尝到了低成本创业的甜头。但由于微商属于新鲜事物，目前尚无相应的法律法规对其进行有效规制，因此，微商经营活动中存在大量的不诚信行为，其中主要是微商的不诚信行为。这些不诚信行为归纳起来有以下四种类型。

（一）收到货款后拒不发货

目前，微商经营过程中，绝大部分是款到发货。这种经营方式主要是缘于微商的基础是熟人的信赖，一般情况下，消费者都会基于对微商的信赖，把货款先打给卖家。但是，在一些情况下，如通过公共账号进行经营的微商，他们也是沿用这种款到发货的经营模式。而消费者并不熟悉这样的微商卖家，当消费者把款打给这些微商卖家后，往往会发生微商拒不发货的现象，微商收到货款后不再理会消费者，甚至有的直接把消费者拉入黑名单。这样，消费者便无法联系到微商，维权就更无从谈起了。

例如：2014年4月初，宁波一名在校女大学生小应，通过自己的初中同学，认识了代理化妆品的小林、小陈夫妻。他们在微信圈中已经是比较高级的代理商了，可以从厂商那里直接拿货。双方建立了代理关系后，从2014年4月初到同年9月，双方一直合作进行网上交易，由小应订购好货物，对方计算好金额，待小应将货款汇入对方账号后，对方即将货物发给小应。

2014年9月6日，小应通过支付宝转账付款336元，购买一箱芦荟胶，但小陈没有发货。在微信联系的时候，小陈只说等第二批货到了以后一起发。因为已经合作了近半年，小应没感觉有什么问题。但是到了2014年9月10日，因为一批洗发水销售不好，双方之间的矛盾逐渐显现。据小应说，经协商，小陈最终答应了小应的换货要求，于是，小应在小陈丈夫的要求下，将这箱洗发水放在了松阳县城小林亲戚开的一家酒店的前台。因为以前按这种方法交易了10多次，所以，小应也并不以为意。

到了9月13日，因为小应已经回宁波学校了，所以就按正常的交易量，委托其父亲向小陈的卡里打了2800元货款。但是随后的几天，小应却没有收到任何货物。通过微信交涉，小应不但没有得到满意的答复，还被小陈直接拉黑。后来小应经辗转找到了小陈的丈夫小林。不过面对小应的还款要求，小林还是拒绝了。无奈之下，今年4月，小应向松阳法院起诉。最终，法院经审理，采信了微信聊天记录，最终判决被告林某和陈某退回小应货款共计3136元。[1]

（二）虚假宣传、夸大宣传

目前利用微商进行销售的，往往是一些市面上不常见的品牌和商品，却往往拥有非常神奇的功效。例如一些美白产品的宣传图片，效果对比非常明显。但其实都是美图的功劳，而不是产品本身的功效所致。众多消费者在不明所以的情况下，看到这种虚假宣传、夸大宣传的图片，往往会购买这类产品，等拿到产品后才发现上当了，产品的效果并没有微商所吹嘘的那么好。

例如：王女士在朋友圈看到一个卖面膜的广告，自己和对方不是很熟悉，只知道是一个网络红人。因为看到其广告宣传特别好，宣称该面膜有紧致皮肤、提亮肤色、美白保湿等多种功效，卖家本人用过之后非常好，便和卖家联系买了一套打算试试。谁知道收到货用过之后非但没有宣传的那般效果，反而脸上隐隐约约有些小红痘冒出来，她赶紧停止使用，并联系卖家。可卖家以各种借口推脱，之后便不再理会了。王女士发现，邮寄过来的快递单上根本没有任何地址，电话也是假的，无奈只好和当地的12315中心联系。[2]

而另一个案例中，一位名叫周梦晗的90后网络红人，通过炒作的手段将自己塑造成为女神后，在微信朋友圈销售"三无面膜"，导致多人毁容。从2014年11月起，陆续有买家在网络上晒出面部发红、长痘甚至长毛的照片，称使用周梦晗卖的"三无面膜"后皮肤被毁，被医院诊断为过敏性皮炎和激素依赖性皮炎。当时周梦晗辩解这是长痘，如今周梦晗销声匿迹了，而这些受害者为此踏上漫漫的维权之路。[3]

（三）以假充真、以次充好

还有一大部分微商利用网购中消费者信息不对称，企图浑水摸鱼，往往以假充真、以次充好，将假冒伪劣产品以高价卖给消费者，而消费者则有苦

---

〔1〕 松法轩、冯伟祥："大学生'微商'创业遇纠纷——微信聊天记录作证据起诉获赔"，载浙江工人日报网 http://www.zjgrrb.com/zjzgol/system/2015/08/03/019595873.shtml，2015年11月1日访问。

〔2〕 张晓霞："关于'微商'购物维权难引发的思考——以微信平台为例"，载《现代商业》2015年第2期。

〔3〕 朱柳笛、罗婷、郭琳琳："90后'网红'卖'毒面膜'自称年收入七位数"，"周梦晗，从'女神'到'女骗子'"，载新京报电子报 http://epaper.bjnews.com.cn/html/2015-04/20/content_572728.htm? div=-1，2015年11月1日访问。

难言，在当下消费者维权成本过高的情况下，只能认栽。

例如：郑先生在微信朋友圈浏览到一个卖手表的广告，自己跟对方并不熟悉，只知道这是一个网络红人。因为看中了其中一款摩凡陀手表，最终以650元购买了一个。可收到货时，郑先生发现手表跟图片差别很大，质量也不好，就跟几十元的手表一样。因为购买前与卖家沟通过，如果收到货后不喜欢或是存在质量问题，可以退款，于是郑先生立即找卖家退货。谁知对方以各种借口逃避，之后便不再理会。郑先生后来才发现，货物的快递单上并没有填写卖家的任何地址，所留的电话也是空号。[1]

微商经营中以次充好，以假充真的不诚信行为还导致了一系列刑事案件的发生。例如：30 岁的尤某和丈夫开网店卖美容产品和美容药品，一部分是卖给美容院，一部分则通过自己的微信朋友圈、QQ 群等发布广告并销售，短短两个月销售金额为 1.5 万元。后被杭州市食品药品监督管理局查获，经认定，这些注射类药品均系假药。2015 年 6 月 29 日，此案在杭州西湖法院开庭审理并当庭判决。尤某夫妇以销售假药罪分别被判处有期徒刑 10 个月，缓刑1 年，并处罚金 1 万元以及有期徒刑 6 个月，缓刑 1 年，并处罚金 5000 元。

再如：26 岁的杭州辣妈纪某，在微信好友圈卖减肥针剂，进价 600 元一盒的减肥针剂竟以 4000 元的高价卖给小姐妹，并提供注射服务。最后，纪某也跟卖美容药品的尤某一样，以销售假药罪被判有期徒刑 10 个月，缓刑 1 年。[2]

（四）售后服务问题

微商营销模式目前还存在的一个很大不足就是售后服务问题。这也是微商发展的瓶颈之一。一些微商在发货后宣称概不退货，一些则把产品瑕疵的责任推给物流公司，还有一些对消费者的售后要求置之不理。例如，上文中提到的王女士和郑先生等的事例，他们在要求微商提供售后服务的时候往往被对方以各种借口逃避，甚至不再理会。这些行为都严重损害了消费者的正当权益，应当受到法律法规的规制。从法律层面来讲，基于诚实信用原则，售后服务属于后合同义务，是经营者的法定义务，经营者不应找种种借口推诿责任。

---

〔1〕 蔡映朵："'微商'来了，得了利益失了民心？——微信购物维权难购买需谨慎"，载《消费电子》2014 年第 11 期。

〔2〕 袁云才："微商需要一个制衡的平台"，载光明网：http://guancha. gmw. cn/2015 - 07/01/content_ 16148820. htm，2015 年 11 月 1 日访问。

三、微商诚信机制的建立

不诚信经营的行为大大打击了消费者通过微信平台购物的积极性，同时也不利于微商的可持续发展。因此，亟需建立微商诚信机制，规制这些不诚信经营行为，建立良好的微商营销模式下的交易秩序，维护交易的安全与稳定，促进微商营销模式的繁荣与发展。而微商诚信机制的建立，有赖于政府、微信平台和微商的共同努力，具体来讲，应当从以下四个方面入手：

（一）制定和完善相应法律法规

我国关于民事活动中的诚信立法大都体现在《民法通则》、《合同法》等法律中，且只是做了原则性的规定，缺乏具体的、具有可操作性的规定。如《民法通则》第 4 条规定："民事活动应当遵循自愿、公平、等价有偿、诚实信用的原则。"《合同法》第 6 条规定："当事人行使权利、履行义务应当遵循诚实信用原则。"为了解决电子商务中出现的诚信问题，我国制定了一系列关于电子商务方面的法律、法规和规章，例如《电子签名法》，以及国家工商行政管理总局公布的《网络交易管理办法》和其他部门规章。其中，《电子签名法》第 32 条规定："伪造、冒用、盗用他人的电子签名，构成犯罪的，依法追究刑事责任；给他人造成损失的，依法承担民事责任。"《网络交易管理办法》第 4 条规定："从事网络商品交易及有关服务应当遵循自愿、公平、诚实信用的原则，遵守商业道德和公序良俗。"但这些法律法规尚未对微信交易这一新生事物作出相关规定，因此就产生了监管空白区域。

至于微信交易产生的纠纷可否适用《消费者权益保护法》的问题，实践中，当消费者权益受损后，求助于消费者协会时，12315 工作人员给出的答复是："出现消费纠纷时，如果'微商商家'有实体店，消费者可向该店所属地的相关部门投诉，投诉时必须提供相关商家的名称和具体地址。但如果没有实体店，不能提供商家的具体地址，属于个人经营，双方之间的交易是私下交易，《消费者权益保护法》维权主要针对有正规资质的经营主体，这种私下交易很难像正规途径购买商品那样维权。需要他们自行协商，如果协商不成只能建议消费者报案处理，通过法律途径解决"。[1]

---

〔1〕 张晓霞："关于'微商'购物维权难引发的思考——以微信平台为例"，载《现代商业》2015 年第 2 期。

所以，我国亟需完善有关电子商务方面的法律法规，针对微商这一新兴事物作出规定，从而使得微商交易纠纷出现时能够实现有法可依。笔者认为，在网购成为消费者购物的主流方式的当下，网购中不诚信行为导致的纠纷和矛盾越来越多，微商与消费者之间的矛盾日益尖锐。一方面，我国可以借鉴欧美国家的先进做法，尽快制定《电子交易法》，将电子商务中的不诚信行为，提升到法律层面的高度来进行规制，而不是在层级较低的行政法规或部门规章中加以规定。另一方面，就整体而言，我国网络交易的相关法律还不够完善，仍需要继续细化、精确，切实做到有法可依，为监管提供有力法律支撑。健全的法律体制，可以对民事主体的民事行为起到指引作用。而通过立法对不诚信行为加以规制，可以提高人们的违法成本，进而预防和减少不诚信行为的发生。

（二）微信平台应当加强行业自律建设

微商诚信机制的建立和实施，离不开微信平台的支持与配合。笔者认为，积极配合相关法律和政策的实施，促进微商诚信机制的建立，是企业的一项社会责任。作为微信平台开发者的腾讯公司，应当加强对平台的管理，积极履行这一项社会责任，成立行业协会，制定行业规则。具体来说，微信平台应当采取如下措施：

1. 对微信用户实行实名制。目前微信的功能已经实现了用户与手机号码相关联，每个微信号可以与手机号码或者 QQ 号码进行绑定。但这种绑定目前来讲，还是任意的，微信用户可以选择不绑定。笔者认为，正是由于微信用户目前的匿名制，导致在微商活动中，经营者与消费者的不诚信行为层出不穷，且对于这些不诚信行为往往无法追究行为人的责任，因此，微商诚信机制的建立，首先依赖的就是微信用户的实名制。我国对于手机号码已经全面实行实名制，如果把微信用户与手机号码强制绑定，那么当出现不诚信行为需要追责的时候，微信平台就可以根据微信用户的手机号码，找到真正的责任人，使其无法逃避承担相应的法律责任，有效解决微商活动中，不诚信行为无法追责的问题。

对于这一举措，在我国现行法律法规中也能找到相应的法律依据。例如：国家互联网信息办公室 2015 年 2 月 4 日发布的《互联网用户账号名称管理规定》第 5 条规定："互联网信息服务提供者应当按照'后台实名、前台自愿'的原则，要求互联网信息服务使用者通过真实身份信息认证后注册账号。互联网信息服务使用者注册账号时，应当与互联网信息服务提供者签订协议，承诺遵守法律法规、社会主义制度、国家利益、公民合法权益、公共秩序、社会道德风尚和信息真实性等七条底线。"

同时，由于微信已经成为一种广泛使用的社交平台，公众对于微信的依赖性日益增强，所以，即使微信平台采取一定的技术手段，强制用户绑定，也不会导致公众对于微信平台的使用率下降。而且，笔者认为，这样做不仅不会损害微信平台的利益，还会随着微信诚信机制的建立，使更多的个人和企业使用微信平台进行商业活动。

2. 与微商用户签订服务协议，引入微信钱包支付功能。微信平台目前开通了微店功能，并授权一些企业加入进来，即 B2C 微商，例如去年 10 月正式上线的京东和腾讯双背书的拍拍微店。对于这部分微商的不诚信行为，微信平台还是可以采取技术手段进行规制的。但是，对于基于朋友圈开店的 C2C 微商的不诚信行为，由于这些微商散落在微信的用户群中，现行的制度无法对其进行有效规制。

对于签订服务协议的举措，在我国现行法律法规中也能找到相应的法律依据。例如：国家工商行政管理总局于 2014 年 2 月 13 日公布的《网络交易管理办法》第 23 条规定："第三方交易平台经营者应当对申请进入平台销售商品或者提供服务的法人、其他经济组织或者个体工商户的经营主体身份进行审查和登记，建立登记档案并定期核实更新，在其从事经营活动的主页面醒目位置公开营业执照登载的信息或者其营业执照的电子链接标识。第三方交易平台经营者应当对尚不具备工商登记注册条件、申请进入平台销售商品或者提供服务的自然人的真实身份信息进行审查和登记，建立登记档案并定期核实更新，核发证明个人身份信息真实合法的标记，加载在其从事经营活动的主页面醒目位置。第三方交易平台经营者在审查和登记时，应当使对方知悉并同意登记协议，提请对方注意义务和责任条款。"

商务部于 2014 年 12 月 24 日发布的《网络零售第三方平台交易规则制定程序规定（试行）》第 6 条规定："网络零售第三方平台经营者制定、修改、实施的下列交易规则应按照本规定公示并备案：（一）基本规则，指网络零售经营者和消费者在第三方平台注册的规则及关于交易成立、有效性和履行的基础性规则。（二）责任及风险分担规则，指网络零售第三方平台经营者对网络零售经营者和消费者承担民事责任或者免除责任的规则及风险分担的规则……"第 17 条规定："网络零售第三方平台经营者有下列情形之一的，根据举报，所在地省级商务主管部门可以向其提出行政指导建议书：（一）未按本规定第十一条提醒利益相关方注意有关免除或者限制责任内容的；（二）未按本规定备案交易规则的；（三）备案信息不完整、不真实的。"

杭州市人民政府于 2015 年 2 月 27 日通过的《杭州市网络交易管理暂行办法》第 22 条规定："第三方网络交易平台经营者应当与进入平台交易的网络交易经营者签订协议，明确双方在进入和退出平台、商品质量安全保障、知识产权保护、消费者权益保护等方面的权利和义务。第三方网络交易平台经营者制定或者修改平台服务规则可能对网络用户的利益产生重大影响的，应当事前征求平台内网络用户的意见。征求意见的期限不得少于 15 日。"

鉴于此，笔者认为，可以由微信平台发起倡导，与微商用户签订服务协议，凡是利用微信平台进行商业活动的微信用户，均须与运营商签订服务协议，一方面，对于 C2C 微商无须缴纳费用即可继续使用微信平台进行经营活动，B2C 微商是否缴纳费用则按照微信平台的管理规定实施；另一方面，C2C 微商必须与运营商签订服务协议，承诺首先运用微信钱包进行收支货款，而不是银行卡转账等其他方式。由于微商活动中的不诚信行为主要是由于微商的不诚信经营行为导致的，且绝大部分微商经营模式是款到发货，而不是货到付款，因此，对于作为消费者的微商用户则可不必强制其使用微信钱包。如此一来，微商用户的微信钱包中的钱相当于是其经营行为的一种担保，一旦出现不诚信经营的行为，微信平台便可以冻结微商用户的微信钱包，从而有利于纠纷的解决，也有利于赔偿消费者的损失，进而增强消费者利用微信平台购物的信心，使微商用户拓展业务变得更容易，也促使更多的消费者和经营者使用微信平台，达到一举多得的效果。

另外，对于不主动与微信平台签订服务协议的微商用户，微信平台一旦发现其有经营行为，就可以采取封号等措施，从而促使这一制度能够得以落实。由于 C2C 微商无须缴纳费用，且有利于其开拓市场，获得消费者的信任，笔者相信，绝大多数的 C2C 微商用户也是愿意签订这样的服务协议的。对于运营商来说，就是在微信平台上增加一个服务协议的签订环节，技术上容易操作且成本并不高，因此，这一制度也是可以实现的。

3. 与微商用户签订诚信经营承诺书，建立微商的信用评价机制。与微商用户签订诚信承诺书，同签订服务协议类似，对于运营商来说，就是在微信平台上增加一个诚信经营承诺书的签订页面，技术上也容易操作且成本低廉，容易实现。诚信承诺书的签订，意味着微商用户承诺进行诚信经营，有利于微商市场的净化，摒除不诚信经营的行为。而在签订诚信经营承诺书之后，一旦出现了不诚信经营的行为，微信平台就可以对微商启动信用评价机制，对其信用做出不利评价，即在微商用户的用户名片上作出信用评价，提醒消费者注意该微商曾经有过不诚信经营的行为，消费者看到这样的不利评价，自然会慎重选择与该微商进行交易，就会影响该微商的销售额。为了进行可持续的经营，微商自然会避免不诚信经营行为的出现。因此，笔者认为，建立微商的信用评价机制是微商诚信机制不可或缺的一部分。

同时，这一举措在现行法律法规中，也能找到相应的法律依据。例如：《网络交易管理办法》第 32 条规定："鼓励第三方交易平台经营者为交易当事人提供公平、公正的信用评价服务，对经营者的信用情况客观、公正地进行采集与记录，建立信用评价体系、信用披露制度以警示交易风险。"《网络零售第三方平台交易规则制定程序规定（试行）》第 6 条规定："（四）信用评价规则，指网络零售第三方平台经营者为交易双方提供信用评价服务，以及收集、记录、披露交易双方信用情况的规则。"

4. 针对微商的不诚信行为平台商依法建立纠错机制。《互联网用户账号名称管理规定》第 7 条规定："互联网信息服务使用者以虚假信息骗取账号名称注册，或其账号头像、简介等注册信息存在违法和不良信息的，互联网信息服务提供者应当采取通知限期改正、暂停使用、注销登记等措施。"《网络零售第三方平台交易规则制定程序规定（试行）》第 6 条规定："（六）信息披露规则，指网络零售第三方平台经营者对网络零售经营者进行实名登记、审核其法定营业资格的规则。（七）防范和制止违法信息规则，指网络零售第三方平台经营者防范和制止在其平台上发布违反国家法律法规规定的商品和服务信息、网络广告等规则。"

因此，结合我国现行法律法规的相关规定，笔者认为：对于不诚信行为过多，且经平台运营商提醒仍不加以改变的，或者不对消费者进行积极赔偿的微商用户，微信平台可以对其采取相应的纠错措施，如封杀账号，不再允许其使用微信平台、屏蔽虚假宣传的图片、从微信钱包中扣款用以赔偿消费者损失等措施。增加微商用户的不诚信成本，从而减少微商中的不诚信行为，维护良好的商业秩序。

事实上，腾讯已经有所行动。2013年下半年微信已经封杀了部分微商，所以现在微商们发营销帖也变得更有技巧、更为含蓄，例如只放图不放文字，不放产品价格等。2014年5月16日，腾讯还开展了名为"雷霆行动"的清理活动，打击在微信公众号和朋友圈里销售假货的微商和假海外代购。2015年2月15日，微信公众平台发布了《微信公众平台关于整顿非法分销模式行为的公告》，公告称，近期发现有用户在公众账号开展利用微信关系链发展下线分销的行为，并进行盈利或诱导用户关注，此模式多数具有欺诈等非法性质。在接收到大量的用户投诉后，为了维护广大用户的利益，维护公众平台的良好生态，依照《微信公众平台服务协议》，一旦发现此类账号，将会进行永久封号处理。[1]

5. 建立消费者投诉通道，积极配合消费者的维权活动。对于微商模式中消费者维权难的问题，我国现行法律法规中也有相应规定。例如：《网络交易管理办法》第28条规定："第三方交易平台经营者应当建立消费纠纷和解和消费维权自律制度。消费者在平台内购买商品或者接受服务，发生消费纠纷或者其合法权益受到损害时，消费者要求平台调解的，平台应当调解；消费者通过其他渠道维权的，平台应当向消费者提供经营者的真实的网站登记信息，积极协助消费者维护自身合法权益。"第33条规定："鼓励第三方交易平台经营者设立消费者权益保证金。消费者权益保证金应当用于对消费者权益的保障，不得挪作他用，使用情况应当定期公开。第三方交易平台经营者与平台内的经营者协议设立消费者权益保证金的，双方应当就消费者权益保证金提取数额、管理、使用和退还办法等作出明确约定。"《网络零售第三方平台交易规则制定程序规定（试行）》第6条也规定："（五）消费者权益保护规则，指保护消费者知情权、合理退货权、获得赔偿权等合法权益，保护消费者个人信息及交易记录的规则。……（八）交易纠纷解决规则，指网络零售第三方平台经营者解决与网络零售经营者、消费者之间争议的机制及规则。"

因此，笔者认为可以利用由微信平台建立消费者投诉通道的方式加以解决。对于消费者的投诉，微信平台应当积极回应，与微商用户沟通，进行相应的调查，从而解决此类纠纷。如果确实是微商用户存在不诚信的经营行为，

---

〔1〕 张琳："2015：微商元年"，载《光彩》2015年第3期。

微信平台还应积极配合消费者的维权活动，如向消费者提供微商用户的手机号码及所在地等信息，冻结微商用户的微信钱包等。

（三）企业应当积极进行自治建设

信用是企业的"通行证"，诚信是企业的生命之源。企业只有依法经营、诚实守信，积极进行自身诚信建设，才能够建立良好的市场信誉，得到消费者认可，从而发展壮大，获得长远发展。

1. 诚信经营。由于微信朋友圈基本是一个熟人社交圈，微商主要凭借人脉进行营销，其核心内容是人际关系以及粉丝关系等，并通过获取他人信任来为商品营销奠定基础。微商效益的产生要求微商个体能够维持老客户关系以提升商品复购率。[1]因此，诚信经营，积累诚信资本，也是微商谋求长远发展的内在要求。只有坚持诚信经营，才能够有效维护老客户关系，建立良好的口碑，老客户还可以介绍更多的新客户，形成良性循环，有利于微商业务的拓展，也有利于企业的可持续发展。

2. 依法经营。依法经营，是社会主义法治化的基本要求。微商在经营过程中，应当严格遵守法律法规的规定，否则将受到法律的惩罚，承担不利的法律后果。虽然在我国现行立法中，对于微商这一特殊主体的经营行为，只能依靠《民法通则》、《合同法》等相关法律法规予以规制，尚无具体、明确的规定，但立法机关已经注意到了这一问题，并起草了相应的法律法规。例如：商务部日前公布的《无店铺零售业经营管理办法（试行）（征求意见稿）》第3条规定："本办法所称无店铺零售，指不通过店铺，由厂家或商家直接将商品递送给消费者的零售业态。包括，电视购物、邮购、网上商店、电话购物和自动售货亭（自动贩卖机）等。本办法所称无店铺零售经营者，指从事无店铺零售的企业、其他经济组织或者自然人。本办法所称相关服务者，指为无店铺零售提供商品推广、展示、交易等服务的平台经营者。"第8条规定："无店铺零售经营者通过相关服务者从事销售活动，应当提交下列资料信息：（一）营业执照、经营许可证、授权经营证明以及法律、行政法规规定的其他证照信息；（二）居民身份证、联系电话、经营场所（住所）。经营者为自然人的，提供（二）所列信息；需要审批或备案的，应同时提供（一）所列信息。相关服务者应当对无店铺零售经营者提供的信息资料进行核

---

〔1〕 郭辰希："微商文化发展策略研究"，载《统计与管理》2015年第2期。

验，并留存复印件备案、备查。"第13条规定："无店铺零售经营者进行销售活动前，应当依法履行对消费者告知义务，并以显著方式披露如下信息：（一）经营者基本情况；（二）商品或服务信息；（三）交付及退换货方式；（四）依法取得的商品许可或授权经销信息；（五）民事责任；（六）联系电话及电子邮箱；（七）相关附加条件；（八）法律法规规定的其他需要披露的信息。"笔者相信，随着立法的完善，这方面的法律法规将会更加具体、明确、具有可操作性。

3. 拒绝传销。微商的运营模式，其中一种是通过发展代理商的形式，进行商品销售。代理商一般分为总代理、一级代理、二级代理和基层代理。各级代理商的拿货价格不同，在商品零售价固定的情况下，基层代理商基本上扮演了消费者的角色，其利润很低。因此，通过微商模式赚大钱的主要是总代理和一级代理。一些微商团队少则几百人，多则上万人，例如彩虹微商团队，其代理商多达2万多人，造就了很多的千万富翁。这些团队会对其代理商进行培训，教授他们发展下级代理商的方法，一些微商个体主要就是依靠发展下级代理商的方式获利，发展的下级代理商越多，收入越多，而且这些下级代理商多数为其亲戚朋友。因此，微商的这种模式与传销很类似。

根据《禁止传销条例》的规定，传销是指组织者或者经营者发展人员，通过对被发展人员以其直接或者间接发展的人员数量或者销售业绩为依据计算和给付报酬，或者要求被发展人员以交纳一定费用为条件取得加入资格等方式。其目的是牟取非法利益，扰乱经济秩序，影响社会稳定的行为。

微商与传销的不同点在于，微商的根本目的是为了卖货赚钱而不是通过诈骗赚钱。但是，现实却不容乐观。各地警方频繁破获一些微商诈骗的案件。例如，2014年7月合肥警方就破获一起微信传销案："自2014年以来，有人对外以上海某企业咨询有限公司名义，伙同他人在某市各中小酒店，以发展"微商城"的不同级别"代理商"为名，要求参加者缴纳费用获得加入资格，并按照一定顺序组成层级，直接以发展人员的数量作为计酬或者返利依据，引诱、胁迫参加者继续发展他人参加，骗取财物，初步估算涉案价值50万元以上。"[1]因此，微商在诚信经营的同时，也应当拒绝传销，遵守法律法规

---

〔1〕 南冥一鲨："微商：非法传销还是电商颠者"，载网易财经 http://money. 163. com/14/1010/07/A868L9K3002551G6. html，2015年6月1日访问。

的相关规定，合法经营。

（四）政府应当加强监管

建立微商诚信机制，离不开政府的积极引导和大力支持。具体来讲，政府应当尽快完成政府职能的转变，从管理型政府真正转变为服务型政府，对企业的管理也应当从过去的审批制转变为监管制，逐步形成企业自治、行业自律和政府监管并行的联动机制，建立起"事前预防——事中监管——事后惩戒"的监管体系。

1. 事前预防——广泛宣传，强化社会公众的诚信意识。诚实信用，是我国传统文化一直所倡导的行为准则。但是，随着时代的变迁，传统文化的颠覆，市场主体在缺乏法治文明状态下的利益刚性需求的推动，不诚信的经营行为具有一定程度的普遍性。

思想决定行为。要建立微商诚信机制，解决微商经营过程中的不诚信行为问题，首先需要加强思想道德建设。目前，电视广告中有关"诚实信用"主题的公益广告日益增多，这是一个非常好的开端，政府应当继续加大宣传，借助互联网、电视、报纸、杂志等多种媒介渠道进行广泛的"诚信"宣传和教育，强化社会公众的诚信意识，创造"人人守信"的社会氛围，在思想层面上对微商诚信机制有效发挥作用提供强有力的支撑。

2. 事中监督——实时监督，建立网购信用平台。市场经济就是信用经济，信用的好坏直接关系着资源配置、经济运行和市场交易安全等重大问题，因此，市场经济体制要实现良性运作，信用建设必不可少。建立微商诚信机制，自然也离不开网购信用平台的建设。

网购信用平台，是指由政府主导，针对包括微商在内的电商企业建立的，开放的，真实披露电商企业信用动态的，可供公众查询的信用平台。这一平台可以集信息收集、信息甄别、信息公开和公众查询功能于一身，实时发布企业的信用信息，包括企业的交易情况、企业存在的不诚信行为、消费者投诉情况等有关信用的信息。社会公众一方面可以通过该平台查询到企业的信用情况，另一方面也可以向平台提供相关信息。平台对于相关信息的真伪予以甄别后，即可向社会发布。

需要指出的是，网购信用平台信息的收集与发布，是对网络交易情况的真实反映，并不会侵害企业的利益，相反，良好的信用记录会提升企业的信誉度，促进网络交易的达成。这是因为对于企业来说，并不存在隐私权的问题。根据我国有关法律的规定，企业有商业秘密权。而根据国家工商行政管理总局《关于禁止侵犯商业秘密行为的若干规定》第 2 条的规定，商业秘密，是指不为公众所知悉、能为权利人带来经济利益、具有实用性并经权利人采取保密措施的技术信息和经营信息。显而易见，网络交易情况并不属于商业秘密。

这样一个公开透明的信用平台的建立，对网购中的不诚信行为起到强大的威慑作用，既有利于引导消费者选择与信用好的企业进行网络交易，也有利于企业加强自身诚信建设，减少不诚信行为的发生，维护良好的网络交易秩序。同时，我国也可以借鉴欧美发达国家的一些做法，例如，将网上的交易和网下的惩罚机制衔接起来，建立较为完善的网下信用系统，包括信用卡系统和发达的征信系统作为在线交易的保障。如果用户在网上交易中有欺诈行为，容易留下不良的信用记录，影响其在网下的经济活动。[1]

目前，我国立法机关已经考虑到了这一问题，例如：商务部日前公布的《无店铺零售业经营管理办法（试行）（征求意见稿）》第 25 条规定："国务院商务主管部门应当会同电信、新闻出版广电等主管部门，将无店铺零售经营者和相关服务者违反本办法的行为及行政处罚结果进行汇总，建立不良信用记录和信用评级制度，并实现信息共享。"第 26 条规定："国务院商务主管部门可依据本办法会同相关部门，建立无店铺零售商品流通安全追溯制度。"第 27 条规定："商务、电信、新闻出版广电等主管部门应当建立举报制度，设立并公布举报投诉电话。"第 28 条规定："无店铺零售经营者违反本办法相关规定，商务部门可会同相关部门给予警告并限期改正；逾期未改正的，商务部门可会同电信、新闻出版广电等主管部门向社会发布违规经营者信息。处理结果列入无店铺零售业不良信用记录。"第 29 条规定："相关服务者违反本办法相关规定，由电信、新闻出版广电等主管部门依法处理。处理结果列入无店铺零售业不良信用记录。"

虽然这一试行办法尚属征求意见稿，且层级较低，但也表明了立法机关对于建立网购信用平台的态度与决心，笔者相信，随着相关法律法规的完善，我国定会建立起一个国家级的网购信用平台。

---

〔1〕 杨淑君："从网购诚信走向网购信用——浅析淘宝网信用评价机制"，载《重庆邮电大学学报》2013 年第 9 期。

3. 事后惩戒——执法必严，违法必究。微商诚信机制的建立，在做到有法可依之后，必然要求有法必依和执法必严。如果没有良好的执行力，再好的法律规定也将是一纸空文，无法起到规制不诚信行为的作用。因此，在司法实践中，执法人员对于微商的不诚信行为应当依据法律的相关规定执行，一是对不诚信的微商通过网购信用平台予以公开，使其不诚信的行为暴露在阳光之下，断其谋取不法利益的路径；二是对其不诚信经营所得予以追缴，使其因不诚信经营不能获得利益，甚至还要丧失已有利益；三是建立不诚信经营的黑名单制度，对不诚信经营的微商，经行业协会认定，可禁止其继续从事微商经营的资格。

四、小结

建立微商诚信机制，是微商蓬勃发展的内在需求和必然要求。同时，微商诚信机制的建立，是一个复杂而庞大的工程，有赖于政府、微信平台和微商各方的共同努力。21世纪是互联网的时代，电子商务必然会发展出类似微商的很多新的商业营销模式。据统计，我国的微商群体已经达到数千万人之多。目前，国家非常重视网购诚信机制的建立，作为网购诚信机制中的重要组成部分的微商诚信机制的建立也将势在必行。笔者仅从有限的几个角度对微商诚信机制的建立问题进行了浅显的分析，以求达到抛砖引玉之效果。

城市公共空间商业化利用现状及法律问题调查报告[*]

贺明星　李青原　谢易奇　董　玫　李　璞^{**}

城市公共空间是指在建筑实体之间存在着的开放空间体，是城市居民进行公共交往，举行各种活动的开放性场所。城市公共空间的构成要素种类繁多，形态各异，分布广泛，包括街道、广场、公园、绿地、运动场等。

目前，随着经济发展和城市化进程推进，城市公共空间出现了商业化发展的趋势：许多住宅区周围的道路被规划为收费停车场；城市道路两侧和公共建筑物外围出现了商业广告；城市公共广场和公园被企业有偿冠名；还有一些公共区域则由政府划给流动摊贩进行经营活动。

诚然，这些现象的出现一定程度上满足了城市生活的需要，能够推进城市经济的发展，以此获得的经济利益能够用来完善城市基础设施建设，是具有必然性的。但公共区域商业化利用可能产生的噪音、光污染和治安威胁也给附近居民的生活带来一定不便，需要予以规范和管理。

---

　* 教育部人文社科研究规划基金项目《城市公共空间商业化利用法律制度研究》（项目批准号：14YJ820024）的中期研究成果暨北京工商大学研究生科研学术创新基金项目阶段性研究成果。

　** 贺明星，北京工商大学法学院硕士研究生；李青原，北京工商大学法学院硕士研究生；谢易奇，北京工商大学法学院硕士研究生；董玫，北京工商大学法学院硕士研究生；李璞，北京工商大学法学院硕士研究生。

城市公共空间是市民社会生活的场所，是城市实质环境的精华、多元文化的载体和独特魅力的源泉。公共空间建设的整体质量直接影响到城市的发展、大众的满意度以及社会的安定。因此，如何更好地利用城市公共空间，寻求一种在提高城市公共空间利用率的同时满足人民生活水平要求的公共空间合理规划模式，进行规范、高效的管理，妥善解决社会矛盾，以维护社会秩序，创造安宁生活，既能满足城市发展需求又能兼顾居民利益，需要我们予以思考。

针对这一问题，我们采取随机抽样的方法向北京、上海、广州、武汉、长沙、昆明、石家庄、哈尔滨、成都、宜宾、常德等城市的居民发放了调查问卷，问卷共计400份，收回有效问卷397份。受访人群年龄多在18~35岁，大部分为学生、企业职工、公务员事业单位职工及自由职业者。

一、对城市空间商业化利用的基本态度

对小区周边规划收费停车位的问题，20%的受访者表示不同意，因为这会占用人行道路。80%的受访者则持赞成态度。随着我国经济快速发展、居民生活水平显著提高，家庭拥有机动车的数量大幅增加。与此同时，在城市规划方面，停车场的数量却远远跟不上机动车增加的脚步。小区周边停车难成为了困扰城市居民的一大问题。针对停车位是否应当收费，受访者们有不同意见。多数人认为小区周边的停车位对小区居民不应该收费，也有部分居民认为要按照市场行情收费，不需要优惠。

虽然目前停车位数量不足，给居民生活带来了一定不便，在建立免费公共绿地或收费停车场之间，71.3%的居民还是选择了建立公共绿地、社区公园，以满足日常休闲运动的场地需要，同时净化空气，美化生活环境。47%的城市居民赞成政府收费准许发布的城市道路两侧或公共建筑外的户外广告和小彩旗广告，18%的居民则认为这样的广告可以有但不能过度，19%的居民对这一问题表示无所谓，剩余16%的受访者则不赞成这种城市公共空间商业化利用形式。

针对政府在道路两侧设置一定区域划给流动摊贩使用的措施37.6%的受访者表示赞成；31.3%的受访者表示理解；21.4%的受访者反对政府的这种做法；剩余的受访者表示这对其生活没有什么影响，无所谓。同意或理解政府部门将公共道路两侧一些区域划分给流动摊贩的居民认为，在不占道经营的前提下，流动摊贩的存在确实为居民生活提供了便利。反对者则坚持允许

流动摊贩在道路两侧摆摊会阻碍交通，影响车辆行驶和行人安全。此外，由于缺乏相应的监管措施，小区的治安环境也会受到威胁。

如今，许多城市广场或道路旁边的大型建筑物外墙都会有巨幅电子屏，经常播放一些商业广告。34%的受访者认为这样不仅可以增加城市收入，也能够增加城市亮丽，是一种独特的城市风景。38%的受访者觉得巨型电子屏会导致光污染，有损城市形象，还影响了附近居民的生活起居，不值得赞许。28%的受访者表示自己没有受到影响，无所谓。

当一个城市想增加公共绿地或景观公园建设但资金不足时，28.3%的居民主张政府可以增加税收，由财政出钱建设维护，公园绿地由市民无偿使用；38%的居民提出由政府招标，引入私人资本，绿地或公园建成后交给私人公司运营，市民交费使用，由政府进行监管；余下33.7%的居民选择让政府在批准房地产项目时，要求开发商建设公共绿地，建成后政府来管理，允许市民无偿使用，开发商可以把这部分建设成本纳入房价。

综合上述调查结果，可以看出，城市居民对自己是"城市主人"的意识正在逐渐觉醒。只要城市公共空间的商业化利用能够更加便利生活，提升居住的幸福感，不会带来严重的负面影响，居民们还是抱着支持态度的。

二、城市公共停车位商业化运作问题分析

在本部分中，我们针对城市环境中公共停车位的商业化运作问题进行分析，通过对调查问卷的数据结果进行统计分析，我们初步得出市民对于城市公共停车位商业化运作问题以及公共停车位价格问题的基本态度。

（一）针对住宅区周边环境停车位商业化运作的态度

1. 对住宅区周围道路划收费停车位的态度。首先，我们针对居民小区周边道路划分停车位的问题调查结果进行分析。根据调查，在被调查的市民当中，有29.3%的市民认为在收费比一般的停车收费要低的情况下，应该在小区周围道路划收费停车位，以解决居民停车难的问题，而33.1%的市民认为对小区周边居民停车不应收费，还有28%的市民认为应该按照市场行情收费，不应对小区居民优惠，另外还有9.4%的市民认为不应划停车位收费，占用了人行道路。从这个数据结果可以看出，除了认为不应该划停车位的市民外，其他认为可以划停车位的选项的分布基本平均，对于小区周边道路划分的停车位是否应该收费、应该收费多少的问题，市民没有绝对一致的态度。但认为对周边居民停车不应收费的人群数量最高，认为应当比一般的停车收费要低的人群数量次之，认为不应该对周边居民优惠而按照市场价格定价的人群数量最少。这说明，大多数的人认为小区周边道路划分的停车位的收费不应等同于一般停车位的收费，应该优惠甚至免费。此外，还有少量的市民考虑到对于小区周边道路交通便捷的影响，不支持在小区周边划停车位。

另一个问卷问题的结果显示，在谈到小区周边道路划收费停车位对生活有何影响时，38.4%的居民认为在小区周边道路划收费停车位给生活带来了不方便，28.8%的居民则认为小区周边的收费停车位给生活带来了便利，另外有32.6%的居民认为无所谓，没有影响。从这个角度来看，大多数居民还是认为在小区周边道路划收费停车位给他们的生活带来了便利或者至少对生活没有太大的影响，而认为带来不方便的居民占到少数。

我们认为，在小区周边道路划收费停车位对于周围居民来说是利大于弊的，这点从问卷数据反映的居民态度可以看出，只有9.4%的居民从占用人行道路的角度考虑，不支持划分收费停车位，也只有明显占少数的38.4%的居民认为收费停车位给他们的生活带来了不方便。因此，为了满足大多数居民的需求，在尽量不影响小区周边道路交通的前提下，进行停车位的商业化运作有其必要性。

2. 对住宅区周围空地利用选择的态度。同时，我们也对居民对于住宅区周围空地是否可以建成收费停车场的态度进行了调查。在"建公园绿地或社区公园"和"建收费停车场"两个选项中，有71.3%的市民的态度倾向于小区附近的空地应该建成公共绿地或者社区公园，相反只有28.6%的市民认为应建成对周边小区居民优惠的收费停车场。从这个数据结果可以看出，绝大多数市民在自己小区周边空地利用的态度都倾向于绿地或者公园这些改善生活环境的选择，而对于对自己有优惠的收费停车场的选择兴趣并不高。

（二）针对城市道路进行停车位商业化运作的态度

针对小区附近以外的城市道路进行停车位商业化运作的市民态度我们主要从对停车位收费高低的态度和对于企业经营城市道路停车位两个方面进行分析。

1. 对临时停车位和公共停车场收费高低的态度。在对城市道路临时停车位和公共停车场目前收费价格的态度上，有17.2%的市民认为收费价格太高，38.1%的市民认为收费价格偏高，37.6%的市民认为收费价格适中，6.8%的市民认为收费价格偏低。根据这一组数据可以清楚地看出，约55.3%的过半数市民认为目前临时停车位和公用停车场的收费偏高或者过高，对于收费价格存在不满的态度；剩下45.7%的市民认为对于临时停车位和公共停车场的收费合理或偏低。

2. 对城市道路停车位商业化运作的态度。对于这个问题我们在问卷中假设了一定的情形："政府把某地段城市道路停车收费交给一个企业经营，该企业向政府交了费用后，把该停车位使用权全部出售给一个证券公司作为内部停车场。"对于这一情况，有71.7%的市民认为企业不能把停车位使用权交给特定人使用，只能让不特定的居民使用，剩下28.2%的市民认为企业已经承包了，有权自主决定让谁使用。由此可见，绝大多数市民对于城市道路停车位承包给企业之后的经营自主权并不持完全肯定的态度，对于有碍大多数市民使用利益的经营选择持否定态度。

参考绝大多数市民的态度，城市道路停车位作为城市公共市政设施，不宜完全交给特定的单位或者个人使用，而应充分发挥城市道路停车位为社会大众服务的社会效果。经营城市道路停车位的企业的经营自主权也应受到一定的限制，在不违背大多数市民利益的前提下，可以进行适当的商业化运作。

三、城市公共绿地、公园、广场商业化利用模式的情况分析

在本部分中，我们将通过城市居民对城市公共绿地、公园和广场的商业化利用的态度和需求归纳总结分析出城市公共绿地、公园和广场的商业化利用模式，协调和解决城市公共绿地、公园和广场的商业化利用与居民的利益冲突。

（一）调查问卷信息归纳和总结

1. 居民对有偿使用城市公共绿地、公园和广场的态度。对调查问卷中"认为哪些城市公共空间可以交给企业有偿收费经营"这个问题的调查结果显示：30.4%的居民选择了城市绿地、社区公园可以有偿商业化利用。在七个选项中，该两个选项能占到如此高的比例，表明大多数人赞成城市公共绿地、公园和广场的商业化利用。可以看出，随着经济水平和思想观念的发展和革新，公共区域的商业化利用思想和举措已被大多数人所接受。

在被调查的所有居民当中，37.6%的人认为小区附近的城市绿地广场或社区公园免费使用，人多点没关系；43.9%的人认为适当收费，人少一点好；

18.5%的人觉得是否收费、人多人少无所谓。从结果中可以看出，在所有被调查者中，选择收费的比免费的人群多，主要是考虑到一个拥挤程度的问题。如果因为人太多，大部分的人还是愿意花钱，从而限制一部分不能消费或者不愿意消费的居民进入广场或公园，从而能够更好地享受公共空间和服务设施。对于这一点，我们认为可能是由于一些客观原因导致的，诸如人们经济消费水平提高、环境承载量的限制等。

2. 居民对把城市公共绿地、公园和广场交由企业管理的态度。如果把小区附近的城市绿地广场或社区公园交给企业经营，购买门票才能进入，一部分居民因为经济能力不足就不去了，对这类人群是否有不公平对待的嫌疑。对于这个问题，有32.8%的人认为，按市场配置规则，仍实行有偿进入，不可能考虑所有人利益，除此之外，有34.7%的人认为，低收入人群办理相关确认手续后，凭证免费进入，其他人购票进入；剩余32.5%的人认为要考虑弱势群体利益，恢复免费使用。可以分析得出，67.5%的都赞同按市场配置规则对城市绿地广场或社区公园进行商业化利用，对于弱势群体可以有相应的变通措施。被调查者中有一个普通小区的阿姨，说附近的公园人特别多，健身设备不够用，还有一些流浪汉直接睡在公园的长椅上，非常影响正常的活动和通行，希望有关部门或者管理者能够采取措施，通过收费或更好的方式来解决这样的问题。

对于"广场以企业名字冠名，企业向政府缴纳费用"的问题，14.7%的人不赞成，42%的人赞成，21.8%的人无所谓，21.5%的人认为可以接受，但收费用途应专用于道路建设维护。可以看出，城市公共绿地、公园和广场的商业化利用主体是政府和企业，本应由政府管理的公共区域因为种种原因交由企业打理，类似于企业通过投标招标获得城市公共绿地、公园和广场的经营权。并且，若冠名企业对公园设施进行了更新，36.5%的人认为对自己的生活和利益没有影响，34.6%的人认为带来便利，有好处。这样的调查结果表明城市公共绿地、公园和广场交由企业进行商业化利用，企业通过商业化手段能够更加充分的利用这些区域来为居民服务。虽然需要交纳一定的费用，但能享受更好的服务，在经济水平和消费水平普遍提高的今天，已经能够被大多数人所认同和接受。

3. 城市公共绿地、公园和广场商业化利用模式。城市公共绿地、公园和广场商业化利用的主体可以是政府，也可以是企业。在调查中，有这样一个问题"一个城市如想增加公共绿地或景观公园建设，但政府财力不够"，28.3%的人选择由政府通过增加税收，财政出钱建设、维护，市民无偿使用的模式；38%的人选择由政府批项目，引入私人资本建设，绿地公园建成后交给私人公司运营，收费使用，政府监管模式；33.7%的人选择政府向开发商批地产项目时，作为条件，要求开发商建设公共绿地，建成后由政府管理，市民无偿使用，但开发商会把这部分建设成本纳入房价成本模式。

从调查结果来看，大部分人还是选择由企业进行商业化经营。对于第一种模式，在社会主义市场化经济发展的今天，十八届四中全会要求为人民减负，首要减的就是税收，而且税收是针对全体人民的，对于并没有享受到该绿地公园的居民并不公平；另外，地方财政需要开支的项目特别多，其中大部分财政资金用在了城市经济发展上，单靠财政来建设和维持绿地公园并不现实。第三种模式中，房价已然非常高，再将绿地公园的建设费用转嫁到房价上，对于购房居民来说负担太大，而且未购房的居民也能享受绿地公园的服务，对购房居民来说太不公平了。所以，大部分人选择了第二种模式，把绿地公园交由企业进行商业化利用。正常情况下，企业有技术，有资金，能更好地对绿地公园进行建设开发，再由政府监管，对弱势群体设立优惠措施，切实监管企业的建设开发行为，并对违规建设进行处罚，这种模式既能使绿地公园的商业化利用拉动经济发展，又能造福于城市居民，提高城市居民的生活质量。

（二）公共绿地、公园和广场商业化利用与居民利益冲突与协调

我们调查小组在发放城市公共空间商业化利用的调查中一并对周围居民发放了400份调查问卷，其中有效397份。在对问卷的分析中我们发现城市公共绿地、公园和广场商业化利用与居民有利益冲突，冲突主要集中在商业化改造和收费上。

在企业对公园设施进行更新是否有影响的调查中，28.9%的人认为企业对公园设施进行更新造成不愉快的感受，没什么好处。不同的居民对公园广场的利用程度不一样，一些只是为了通行目的，一些为了散步锻炼等，所以对企业更新公园设施会有不同感受。这就要求企业在对公园广场进行改造时充分征求民意，尽量满足大众化需求，可以在一些单独的区域满足居民的特殊要求。此时政府也要发挥监管作用，对公园广场建设的质量、安全等问题严格把关，可以对企业改造项目各项事宜召开听证会、居委会查访等方式积极了解民意，维护广大居民的生活权益。

　　根据调查，37.6% 的人支持城市公共绿地、公园和广场应当免费使用。这一结果说明大多数人支持公园广场的商业化利用，但还是不愿意付费享受公园广场。商业化利用的一大特点就是收费，但这也就与所有人都有无偿的使用公共空间的权利相冲突，如何解决该问题，则是城市公共绿地、公园和广场商业化利用的关键问题。针对这个问题，可以采取由政府批项目，引入私人资本建设，绿地公园建成后交给私人公司运营，收费使用，政府监管模式，按市场配置规则，仍实行有偿进入，但对于低收入人群办理相关确认手续后，凭证免费进入。这样，既实现了城市公共绿地、公园和广场的商业化利用，拉动了经济的发展，提高了居民的生活质量，又维护了少数低收入者的生活权益。

四、道路两侧流动摊贩商业化利用

（一）受访者态度

　　关于道路两侧流动摊贩商业化利用问题，在我们"城市公共空间商业化利用现状及社会需求调查问卷中"共涉及两个问题，分别在第二部分"您对城市公共空间商业化利用的基本态度"中第五题以及第三部分"城市公共空间商业化利用现状的感受"第三题。针对第二部分第五题，我们希望受访者能够针对政府部门设置一定区域划给流动摊贩使用发表自己的看法。在收回的有效调查问卷中，针对在一些道路两侧政府部门设置一定区域划给流动摊贩使用的受访者态度中，共有 383 人对此问题做出了选择，其中 145 人赞成、82 人反对、120 人表示理解，另有 36 人表示无所谓，这些数据约占总体受访者比例 37.6%、21.4%、31.3% 以及 9.4%。针对第三部分第三题，我们希望受访者能够针对城市道路两侧流动摊贩活动占道问题给自己的生活带来的影响发表看法。在收回的有效调查问卷中，共有 375 人对此问题发表了看法。其中有 61 人认为流动摊贩虽然占用了一部分道路，但是给自己的生活带来了便利，没有什么不好的，这部分人占总人数的 16.3%；有 193 人认为流动商贩占道问题有利有弊，但是总的来说利大于弊，持这种观点的人占总人数的 51.5%；有 98 人对占道问题认为是弊大于利的，这部分人占总人数的 26.1%；有 23 人认为流动摊贩占道经营对他们的生活没有任何好处并且影响了自己的生活质量，这部分占总人数的 6.1%。

　　通过对调查问卷数据的分析我们可以清晰地看到，大多数的受访者认为流动商贩能够的经营活动能够在一定程度上给自己的生活带来便利。但同时我们也应当看到，很多人认为流动商贩不当的经营方式也影响了自己的生活质量。总体来说，大家希望能够在享受到流动摊贩带给自己便利的同时，政府能够进行合理规划减少占道现象的发生，从而促进流动商贩发展正规化。

（二）经营模式

通过对受访者的调查，我们发现，有37.6%的民众表示希望政府能够在城市空间中规划出一些专用区域供流动摊贩进行售卖活动。流动摊贩的经营现状有三个问题：第一，他们的经营方式常常是采取流动方式，随意的更换地方；第二，流动摊贩的经营时间也具有随意性。第三，流动摊贩不受政府监管，不愿意办理营业执照。

针对经营行为方面。流动商贩经常游走在各个街道，他们通常采用可移动的交通工具搭载他们的货物，并且在人员密集的街道驻扎。这样带来的问题就是占道问题，受访者中很多人都表达了对占道问题的意见。不当的占道行为不但影响民众的出行，而且容易造成安全隐患。因此，政府有必要进行管理，规范流动商贩的经营行为。

针对经营时间方面。流动商贩出现的时间通常也具有不确定性，但总规律是人员稠密时间出现的频率较高。例如上下学时间、上下班时间以及晚上人们遛弯的时间。特别是在夏天，因为通常人们具有消夏纳凉的习惯，因此有些流动商贩常常会经营到很晚，因此他们的经营活动有可能影响周边居民，如声音、废气等。

针对流动商贩监管问题。流动商贩通常被冠以"无照游商"的名号，这通常与他们不愿意进行工商注册有关。由于流动商贩经常是被生计所迫的人，如果工商行政管理部门按照通常对商主体的管理方式对流动商贩进行管理可能对这一部分人造成过重的负担。因此，政府部门应当具体问题具体分析，为流动商贩制定个性化的管理方式。

综上，我们认为，政府部门可以通过让流动商贩以其活动的区域为限进行工商行政登记，但是对于相关的费用可以进行减免。同时，政府为流动商贩密集区划分出一定区域并规定一定的时间段给流动商贩进行经营。这样可以有效的解决上述三个问题。

（三）利益冲突

1. 流动商贩与民众的利益冲突。流动商贩能够给民众的生活带来便利，例如售卖蔬菜、生活用品的流动商贩，因其价格低廉并且距离民众生活地点较近而受到大家的欢迎。但与此同时，我们也看到一些售卖不合格产品的现象发生，如售卖容易引起火灾的"热得快"、不卫生的食品等。由于流动商贩流动性非常强，并且民众无法获得售货凭证，当人们购买了不合格产品时无法进行维权，消费者的权益无法进行保护。另外一点就是我们的流动商贩的经营活动可能会扰民，这一点在前文已经有所论述，在此不再赘述。

2. 流动商贩与城管的利益冲突——破坏市容。流动商贩占道经营、破坏街道卫生等行为使得其与城市管理部门的利益冲突十分明显。城管经常依照《无照经营取缔办法》以及《行政处罚法》等规定对流动商贩进行处罚，这也经常激化了行政管理部门与流动商贩之间的关系。

针对上述利益冲突问题，我们认为可以寻求以下的解决方式。由于流动商贩的活动区域虽然具有较强流动性，但这种流动性不会涉及很大面积，因此，政府部门可以通过让流动商贩以其活动的区域为限进行工商行政登记，但是对于相关的费用可以进行减免。同时，政府为流动商贩密集区划分出一定区域并规定一定的时间段给流动商贩进行经营。当然，拥有了营业执照的流动商贩售卖行为也应当受到政府部门的监督管理以确保其所售卖的产品符合质量标准，从而保护消费者的合法权利。

五、城市公共空间商业化利用的条件

调查问卷的第四个部分旨在调查分析商业化利用的条件，即如何使城市居民接受配合商业化利用的进程，及如何更好的开展城市公共空间的商业化利用。并且从城市居民的角度出发来探究城市公共空间商业化利用条件的有效模式，更具针对性的提出意见与建议。

(一) 可利用的区域类型

在对"你认为下列哪些城市公共空间可以交给企业有偿收费经营实行商业化利用?"，这个问题的回答中，有 20.4% 的人选择了公共建筑户外，排在七个选项的首位，紧随其后的是社区公园，占 16.9% 的比例。其次是道路两侧，占 14.7% 的比例。地下通道、过街天桥、城市绿地依次排后，都占有13% 左右的比例。可以看出，除了公共建筑户外、社区公园拥有比较高的支持率外，其他场所的支持率都比较平均。

之所以会出现这样的数据，是因为公共建筑户外、社区公园的商业化利

用，基本上都是对大部分人有利的，可以为居民提供更多的便利。比如在公共建筑户外、社区公园设置水吧、餐厅等营利性场所，不管是来往的上班族或是休闲游玩的人，都会觉得更加的方便。与绝大部分人的利益相符。且一般的公共建筑户外、社区公园已经出现一些商业化利用现象，人们对此更易接受。但是地下通道、过街天桥、城市绿地，部分人会考虑到其本来的公共属性，商业化利用有可能会给生活带来不便影响。加之地下通道、过街天桥人流较多，但是面积又比较狭窄，进行商业化利用，说不定会更显拥挤。道路两侧兼具这两种属性，因此支持率居中，在利用中更要注意各方条件。

由此可以看出，对于城市公共空间商业化利用的区域选择，应该首先从公共建筑户外、社区公园等这类商业化利用后对绝大多数居民都会带来便利，且接受度高的区域入手。

（二）居民权利要求

在关于"大型建筑物外墙有巨幅电子屏，晚上产生亮光，你怎么看"这一题中，只有16.3%的人认为政府部门可以自行决定是否同意，无需补偿他人。其余绝大部分人都认为政府不能一意孤行。37.2%的人认为可以设置电子屏，但是对光污染应当给予居民补偿，24.6%的人认为应征求各方意见后再做决定，21.9%的人认为未经受影响大多数居民同意，不得安置电子屏。可以看出居民在对公共城市商业化利用的问题的大多认为与自己相关。应有表达自己意见的权利，对于权益受损的部分，应当得到补偿。

此外，在"政府把某地段城市道路停车收费交给一个企业经营，该企业向政府交了一定费用后，把该停车位使用权全部出售给一个证券公司作为内部停车场。你的观点是"这一题中，有71.7%的市民认为企业不能把停车位使用权交给特定人使用，只能让不特定的居民使用，剩下28.2%的市民认为企业已经承包了，有权自主决定让谁使用。之所以会出现大部分人不同意企业的做法的现象，除了人们的整体知识水平素质提升外，更有关于自身利益的原因。现在生活水平提高，大部分的家庭都有了自己的代步工具，有的家庭甚至不止一辆，随之而来的问题就是，停车紧张，特别是在发达一些的城市。停车位显得格外抢手，道路两旁的公共停车位，就更是如此了。想在交通发达、商业繁华的区域停车，那就是难上加难了，此时要是出现题目中所描述的情形，不仅不利于商业化利用的正常进行，也不利于政府形象的树立。

从这两题中可以看出，公共空间商业化利用，关乎每个人的切身利益，在进行商业化利用的同时，要保证居民有表达意见的权利，并且不能对其本来的既得利益进行严重损害，同时，居民还有要求政府对其权益受影响而进行补偿的权利。

（三）城市公共空间商业化利用的模式

城市公共空间的商业化利用，按照进程来分至少有前期准备，中期实施，后期评估三个环节，但是本文着重要进行分析的是前期准备阶段的问题。只有做好了顶层设计才能更好进行实施。毕竟万事开头难，在前期准备阶段就将会遇到的问题解决掉，后续的进程会更加的从容不迫。

1. 城市公共空间商业化利用的规划目录公示制度。在"你认为，有的城市对哪些道路、绿地、公园、广场等公共空间实行商业化配置，交给企业经营，要事先公布目录，你认为这一做法有没有实际意义"一题中，只有32.5%的人认为没有实际意义，36.1%的人认为有实际意义，其余31.4%的人认为有没有实际意义要看目录是怎么编制的。乍看之下，觉得似乎人群占比很平均，但实则不然，可以这样认为，有近70%的人认为政府是有必要发放规划目录的，只要目录编制的科学，并且居民的参与权得到保障，对城市的公共空间商业化利用会有很大的实际意义，不仅可以提高公众的参与度，收集市民意见，修改利用内容，更可以使下一步的商业化利用得到更多市民的支持。对商业化利用的进程起着助推的作用，更能树立起政府问政于民、问需于民的形象。

2. 对弱势群体利益的保障。在"某个城市绿地公园原来是免费的，后由于成本较高不好维持，交给企业经营，购买门票才能进入。一部分人因为经济能力不足就不去了，你认为怎么办"这一题中，有32.8%的人认为，按市场配置规则，仍实行有偿进入，不可能考虑所有人利益，除此之外，有34.7%的人认为，低收入人群办理相关确认手续后，凭证免费进入，其他人购票进入；剩余32.5%的人认为要考虑弱势群体利益，恢复免费使用。近70%的人认为商业化利用要考虑弱势群体的利益。因为城市公共空间，毕竟本来就具有公共属性，商业化利用也不能放弃原有的公益属性。适当引入市场配置规则。

所以在商业化利用中要切实做好对弱势群体的利益保障，明确弱势群体的范围，推进商业化的同时，确保公共属性的本质不变。

3. 定价机制。在"政府对城市公共空间商业化利用，交给企业经营后，价格由企业定市场价还是由政府统一定价"一题中，有56.4%的人认为要定市场价，43.6%的人认为应由政府统一定价。由此看出，认为应交由市场定价的人稍占多数，但还是有近半数的人认为应由政府定价。这半数的人应该还是考虑到城市公共空间的公共属性，认为应由政府定价更有益于广大市民的价格；此外仍能看出受中国计划经济时代的政府控价思维的影响很大。但是随着市场的开发，经济的发展，市场定价才应是主导，可以更好地调节供需，调控市场。但是在商业化的发展初期，还是要重视政府的调控职能，在市场主导定价的基础上，由政府调控进行辅助。

总而言之，城市公共空间商业化利用前期，先要公示规划方案目录，吸收公众意见建议，同时保障弱势群体利益，维护公共空间的公共属性，其次要交由市场主导定价，政府辅助调控。

六、小结

城市公共空间商业化利用主要涉及城市道路两侧、城市绿地、社区公园、公共建筑户外、地下通道、过街天桥和其他公共空间；商业化利用与居民利益冲突主要集中于收费、交通状态和环境卫生等方面，根据以上分析两者冲突的主要原因可归结为城市公共空间商业化发展与城市居民的城市舒适生活权利的利益冲撞。根据调查，大多数的城市居民对城市公共空间商业化利用总体上持支持态度，但对城市公共空间商业化利用区域和模式应当加以限制和监管，尽量减少对城市生活带来的负面影响，又促进城市商业化发展，达到城市公共空间商业化发展与城市居民的城市舒适生活权益协调，实现最大程度的"共赢"。

图书在版编目（ＣＩＰ）数据

商法研究. 2015 年卷/吕来明主编. —北京：中国政法大学出版社，2016.2
ISBN 978-7-5620-6633-0

Ⅰ.①商… Ⅱ.①吕… Ⅲ.①商法—研究 Ⅳ.D913.990.4

中国版本图书馆 CIP 数据核字 (2016) 第 038676 号

出 版 者　　中国政法大学出版社

地　　址　　北京市海淀区西土城路 25 号

邮寄地址　　北京 100088 信箱 8034 分箱　邮编 100088

网　　址　　http://www.cuplpress.com（网络实名：中国政法大学出版社）

电　　话　　010-58908285(总编室) 58908433（编辑部）58908334(邮购部)

承　　印　　固安华明印业有限公司

开　　本　　720mm×960mm　1/16

印　　张　　20

字　　数　　310 千字

版　　次　　2016 年 2 月第 1 版

印　　次　　2016 年 2 月第 1 次印刷

定　　价　　58.00 元